기독교인문학으로
기독교 다시 읽기

백그라운드 뒤에서 배경 찾기

기독교인문학으로 기독교 다시 읽기
: 백그라운드 뒤에서 배경 찾기

김함 지음

초판1쇄 인쇄	2017년 4월 1일
초판1쇄 발행	2017년 4월 8일
발행처	도서출판 이레서원
발행인	문영이
출판신고	2005년 9월 13일 제2015-000099호
기획	이혜성
편집	송혜숙, 오수현
영업	박생화
총무	곽현자

경기도 고양시 일산동구 중앙로 1160 오원플라자 703호
Tel. 02)402-3238, 406-3273 / Fax. 02)401-3387
E-mail: jireh@changjisa.com
Website: jireh.kr / Facebook: facebook.com/jirehpub

책값은 표지에 있습니다.

ISBN 978-89-7435-485-5 03230

신저작권법에 의해 한국 내에서 보호받는 저작물이므로 저작권자의 서면 허락 없이 이 책의 어떠한 부분이라도 전자적인 혹은 기계적인 형태나 방법을 포함해서 그 어떤 형태로든 무단 전재하거나 무단 복제하는 것을 금합니다.

이 도서의 국립중앙도서관 출판예정도서목록(CIP)은 서지정보유통지원시스템 홈페이지(http://seoji.nl.go.kr)와 국가자료공동목록시스템(http://www.nl.go.kr/kolisnet)에서 이용하실 수 있습니다. (CIP 제어번호: 2017006788)

기독교인문학으로
기독교 다시 읽기

백그라운드 뒤에서 배경 찾기

김 함 지음

이레서원

| 차 례 |

- 머리말 *6*
- 서문 *11*

1부 | 백그라운드의 뒤편

1. 성탄절과 김함의 여관 ...*18*
2. 꿈꾸는 자와 꿈을 해석하는 자 ...*23*
3. 삼손의 심리 부검 ...*37*
4. 베드로의 대변신 ...*48*
5. '네 손에 붙이신 전쟁'에서 주의할 점 ...*61*
6. 기름 잘못 부어 세운 왕? ...*67*
7. 양들의 착각 ...*75*
8. 세리의 불편한 진실 ...*83*
9. 사람의 계명, 작은 자를 위하여 ...*90*
10. 표적 또는 지혜 그리고 십자가 ...*98*
11. 30배 60배 100배의 결실 ...*107*
12. 그리스도인이라면 괴짜가 되라 ...*115*

2부 | 기독교인문학을 넘어서

1. 기독교인문학이란 무엇일까? ...*130*
2. 십자가 스토리 ...*140*
3. 오직 믿음으로? ...*147*
4. 사랑이 아니라 믿음으로 구원받는 이유 ...*152*
5. 어린아이의 지혜 ...*164*

6. 부활의 진실 ...174
7. 예배와 피 흘림 ...186
8. 비전과 재물 ...194
9. 위험 가운데 평안하기 ...204
10. 말씀과 빛 ...214
11. 종교 개혁과 티무르 ...228

3부 | 한마디 해도 될까요?

1. 이 시대의 새로운 순교자 ...236
2. 벼랑 끝에 서는 용기 ...244
3. Three(3)-Han(한=1) 캠페인 ...250
4. 20-50-100만 프로젝트 ...256
5. 개척 교회 살리기 프로젝트 ...263
6. 성도 없는 목회 → 보내는 목회 ...268
7. 총회장 선출의 비결 ...273
8. 한국 교회 갱신의 묘수 ...277
9. 셋이 가서 네 개 시키기 ...282
10. 크리스천 운전 수칙 ...286
11. 크리스천 여행 수칙 ...289
12. 크리스천 전인통합훈련이란 무엇인가? ...292

• 크리스천 전인통합훈련 커리큘럼 ...294

| 머리말 |

지금이 아닌 언젠가 여기가 아닌 어딘가
나를 받아 줄 그곳이 있을까
가난한 나의 영혼을 숨기려 하지 않아도
나를 안아 줄 사람이 있을까
목마른 가슴 위로 태양은 타오르네
내게도 날개가 있어 날아갈 수 있을까
별이 내리는 하늘이 너무 아름다워
바보처럼 나는 그저 눈물을 흘리며 서 있네
이 가슴 속의 폭풍은 언제 멎으려나
바람 부는 세상에 나 홀로 서 있네

풀리지 않는 의문들 정답이 없는 질문들
나를 채워 줄 그 무엇이 있을까
이유도 없는 외로움 살아 있다는 괴로움
나를 안아 줄 사람이 있을까
목마른 가슴 위로 태양은 타오르네
내게도 날개가 있어 날아갈 수 있을까

별이 내리는 하늘이 너무 아름다워
바보처럼 나는 그저 눈물을 흘리며 서 있네
이 가슴 속의 폭풍은 언제 멎으려나
바람 부는 세상에 나 홀로 서 있네

지금이 아닌 언젠가 여기가 아닌 어딘가
나를 받아줄 그곳이 있을까

자우림이 부른 '샤이닝'이라는 노래의 가사이다. 말하자면 유행가 가사이다. 마치 한 편의 아름다운 서정시와 같은 이 노랫말을 보고 어떤 감상을 느꼈는가? 나는 이 노래를 처음 들었을 때 하마터면 눈물을 흘릴 뻔했다.

"바람 부는 세상에 나 홀로 서 있네."

살아가면서 이런 느낌을 받아 본 적이 있는가? 만약 한 번도 이런 느낌을 받아 본 적이 없다면, 적어도 인생에 대하여 충분히 경험했다고 말할 수는 없을 것 같다. 나의 삶은 지금도 이런 느낌으로 가득하다. 이 세상에서 누가 나를 이해해 줄 것이며, 누구에게 도움을 요청할 수 있겠는가? 가족도 의지가 되지 못하고 친구도 보탬이 되지 못하는 이 절대 고독 앞에서 나는 도대체 어떻게 해야 할까?

물론 우리는 이미 알고 있다, 오직 예수 그리스도만이 답이라는 사실을. "바람 부는 세상에 나 홀로 서서", 부를 이도 갈 데도 없이 어떤 위로와 도움도 기대할 수 없을 때, 그때 이 세상에서 오직 그분만이

나를 떠나지도 나를 버리지도 않고 곁에 있어 주신다. 벼랑 끝에 서서, 아무 두려움도 없이 물끄러미 벼랑 아래를 내려다보고 있을 때, 다시 삶의 용기를 주시는 그분, 예수 그리스도이시다.

이런 느낌을 값싼 감상이나 우울증 환자의 정서 과잉이라고 무시하는 것은 어리석은 일이다. 그것은 어떤 심리 현상이라기보다는 차라리 존재와 인생의 본질이라고 할 수 있다. 자기 존재의 본질과 대면했을 때, 사람은 누구나 이런 반응을 보일 수밖에 없다. 그 자리에 서기까지의 과정은 제각기 다를지라도, 주님은 바로 그럴 수밖에 없는 '나'를 위해 십자가에서 죽으셨다.

여기서 말하고 싶은 것은, 찬송가나 성가나 CCM뿐 아니라 유행가를 통해서도 자기 존재의 본질과 만날 수 있다는 사실이다. 자신이, 이 세상에 홀로 와서 홀로 살다가 홀로 죽을 수밖에 없는 '단독자'(單獨者)라는 사실을 깨닫고 나면, 그때 사람은 비로소 신을 찾지 않을 수 없게 된다. 구원의 빛이 어디로부터 오겠는가? 인간적인 감정과 거룩한 정서를 구분하고, 성(聖)과 속(俗)을 나누어서, 과연 주님을 감동시키려는 것인지 자기를 만족시키려는 것인지 모르겠다.

어디 유행가뿐이겠는가? 철학, 문학, 역사뿐 아니라 정신분석, 언어학, 천문학, 물리학, 생물학, 명리학, 오컬트와 타 종교를 통해서도, 사람은 자기 존재의 본질을 깨달을 수 있다. 그런데 정말 중요한 것은, 그렇게 존재의 본질과 대면한 사람들에게, 예수만이 위안을 줄 수 있는 게 아니라는 점이다. 물론 위로와 구원은 전혀 다른 문제이다. 위로받을 수는 있어도 구원받을 수 없다면 당연히 궁극적인 대답이 될 수 없다. 그러나 그것을 어떻게 그들에게 이해시킬 수 있을까?

예수와 성경과 교회와 직접 연결되어 있는 것처럼 보이는 것들만 거룩하고, 그 밖의 것은 다 속되다고 가볍게 여긴다면, 그리스도교는 세상으로부터 배척받고 더욱 쪼그라들게 될 것이다. 이른바 비기독교적인 것, 심지어 반기독교적인 것들까지 이해하지 못하고서는, 우리의 미래도 어둡다고 볼 수밖에 없다. 타 종교(미신까지 포함해서)를 믿는 사람들도 자신들의 믿음에 대한 증거를 가지고 있다는 사실을 인정하고 존중해 줄 필요가 있다. 그렇지 않으면 그들도 우리를 부인하게 마련이다.

"내 마음에 있는 악마를 쫓아내면 천사도 함께 떠날까 두렵다."(릴케)

원래의 맥락과 좀 다르기는 하지만, 마음속에 있는 악마는 쫓아낼 수 있는 게 아니다. 그대로 놓아 둘 수밖에 없겠지만, 마음속에 함께 있는 천사가 이길 수 있도록 도와야 한다. 물론 질 때도 많지만! 도대체 얼마나 많은 사람들이 "바람 부는 세상에 홀로 서서", 알지도 못하는 대상 또는 잘못 알고 있는 대상으로부터의 구원을 기대하며, 고통스러워하고 있을까? 그들에게 주님을 소개하고, 그들을 주님께로 이끌어 가자. 조금 다른 각도에서, 성경을 보고 예수를 보자. 때로는 찬송가 대신 유행가도 불러 보자.

이 책의 많은 부분들이 설교에서 인용했던 것들이다. 인문학적인 소양(특히 상담심리학)을 배경으로 조금은 다른 시각에서 기독교를 바라본 결과물이다. (나의 생각으로는) 그냥 묻어 버리기 아까운 내용들인데 듣는 사람이 너무 적다 보니, 이렇게 책으로라도 읽게 하는 것이 좋겠다 싶었다. 단, 이 글들은 전통적인 해석의 토양 위에 읽혀져야 더욱 의미가 있다고 생각된다. 어디까지나 보조적인 자리에 머물러 있기를 소원하는 바이다.

읽다 보면, 반드시 인문학적 내용들과 직접 연결되지 않는 것처럼 보이는 것들도 있을 것이다. 하지만 40년 가까이 그저 취미 삼아 해 왔던 인문학적 잡독(아무 거나 닥치는 대로 읽는 것)이 없었다면, 이 책은 전혀 다른 내용으로 채워졌을 것이라고 생각한다. 추측하건대 아예 책을 쓸 생각도 하지 않았을 가능성이 더 높다. "책을 쓰는 것은 남는 것이 없는 장사"로 믿어 왔던 내가, 두 달 만에 이제는 죽을 때까지 책을 쓰면서 살아야겠다고 생각하는 것을 보면, 이야말로 오랫동안 기도하며 바라 왔던 하나님의 기적일지도 모르겠다.

분산되어 있는 힘을 하나로 모으지 못해서 수년째 미뤄 왔던 일을, 그나마 만들어서, 어쨌든 시즌 하나를 마친 것 같다. 감사합니다.

김함 목사

| 서문 |

어두운 밤과 환한 밤

세상은 더 나아질 수 있는가?

오늘도 많은 그리스도인들이 주님의 뜻에 순종하여, 하나님 나라의 영광을 이루기 위해 여기저기에서 이런저런 모양으로 수고하고 있음을 알고 있다. 때로는 피와 땀의 희생으로, 때로는 경제적 유익의 포기로, 그리고 경우에 따라서는 생명까지 바치는 결단으로, 예수 복음의 참뜻을 실현하기 위하여 드리는 모든 애씀과 노력은 실로 눈물겨울 정도이다. 참으로 감사한 일이 아닐 수 없다.

오늘의 기독교는 이러한 헌신자들을 통하여 세워졌다고 해도 과언이 아니다. 또한 앞으로도 사역자들의 헌신은 그치지 않고 계속될 것이며, 기독교 역시 더욱 힘 있게 세워져 나가게 될 것으로 믿어 의심치 않는다. 모든 그리스도인은 주님께 헌신하는 사람들을 본받아, 구체적인 자기 삶의 현장에 작은 하나님 나라를 세우기 위하여, 진정과 신령을 다해 나가지 않으면 안 될 것이다. 그런데.

묻고 싶다. 그렇게 하면, 피와 땀의 희생과 경제적 유익의 포기와 생명까지 바치는 결단으로 헌신해 나가면, 세상이 더 나아질 수 있을까? 모든 부조리와 갈등과 분열과 미움이 조금씩 잦아들고 마침내 우리 사는 이 세상이 좀 더 살기 좋은 세상으로 바뀌게 될까? 그렇게 믿고, 그렇게 믿어지기 때문에, 오늘도 더 나은 세상을 만들기 위하여 모두들 불철주야 기도하고 부르짖고 땀 흘리면서 헌신을 멈추지 않는 것인가?

자, 어떻게 생각하는가?

이 질문에 대한 대답은 그리 간단하지 않다. 역사와 문명은 시간이 지남에 따라 발전하게 마련이라는 시각으로 보면, 대답은 "그렇다"라고 할 수 있을 것이다. 하지만 이런 생각은 결국 진화론적인 신념일 뿐이다. 오늘날의 세상이, 300년 전이나 500년 전의 세상보다 물질적으로 더 풍요해졌는지는 몰라도, 더 선하고 더 아름답고 더 살기 좋은 세상이라는 증거는 어디에도 없다. 그리고 기독교적인 가치관을 기준으로 본다면 대답은 당연히 그리고 단호하게 "아니다."

만약 세상이 점점 더 살기 좋아지고, 사람들의 성품이 점점 더 선해지고, 서로 사랑하고 나누고 용서하는 분위기가 점점 더 활발해진다면, 도대체 어떤 일이 벌어지게 될까? 물론 하나님께서 크게 기뻐하실 것이고, 모든 사람들이 기뻐하고 감사할 것이며, 정말 살 만한 세상이요 함께할 만한 사람들이라고 외치게 될 것이다. 하지만 그렇게 되면, 한 가지 아주 중요한 문제가 남게 된다.

그것은, 주님께서 다시 오시지 못한다는 것이다. 아니, 다시 오시지 못한다기보다는 다시 오실 이유가 없어지게 된다. 세상이 점점 더 좋아지고 사람들은 점점 더 선해져서, 갈등과 분열이 없어지고 사랑이 가득한 이 땅에, 주님께서 무엇 때문에 다시 오시겠는가?

주님께서 다시 오실 때는 심판주로 오신다고 했다. 이 세상이 너무나 악해져서 더 이상 회복을 기대할 수 없게 될 때에, 주님께서 오셔서 모든 악을 심판하신다는 것이다. 물론 주님께서 재림하시기 위한 충분조건으로서 세상이 악해져야 한다는 것은 아니다. 다시 말해서 주님께서 이 세상의 타락을 예정하신 것이 아니라 단지 예지하셨다는 의미이다.

그러므로 분명히 말하고 싶다. 우리가 아무리 헌신에 헌신을 거듭해도 세상은 더 좋아지지 않을 뿐 아니라 오히려 점점 더 악해질 것이다. 부패한 인간 본성은, 탐욕과 이기심을 자극하는 후기 자본주의의 사회 제도와 시스템에 편승하여 더욱 기승을 부릴 것이고, 구조화된 악이 만연하면서 개인적 도덕과 윤리는 설 자리가 더욱 좁아지게 될 것이다.

더 나아지지 않을 세상을 위하여

그렇다면 결코 더 나아지지 않을 세상을 위하여 우리가 노력해야 하는 이유는 무엇인가? 무엇 때문에 우리 그리스도인은 불편과 고통을 감수하면서 희생과 헌신을 계속해야만 하는가? 세상이 악해지는 속도를 조금이라도 늦춰 보기 위하여? 그것도 틀린 말은 아니다. 개인적인 도덕과 품성이라도 지키기 위해서? 그도 맞는 말이다. 그러나 가장 중요한 이유는 다른 데 있다.

지금은 밤이다. 어떤 열심과 도구와 에너지를 가지고도 밤을 낮으로 바꿀 수는 없는 법이다. 태양과 같은 광명체를 만들어 사용한다면 모를까 그러지 않고서는 불가능한 일이다. 결국 우리가 할 수 있는 일은 아침이 오기를 기다리는 것뿐이다. 그렇다고 그리스도인 모두가 40일 동안 금식하며 집중하여 기도한다고 해서 아침이 오는 속도가 더 빨라질 것 같지는 않다.

이 질문에 대한 대답은 논리적인 설명보다는 비유로 제시하는 것이 더 나을 듯하다.

지금은 밤이라고 하였다. 밤이므로 사방이 캄캄한 것은 당연한 일이다. 하지만 천지가 캄캄하다고 해도 지금 잠들 것이 아니라면 전깃불이든 촛불이든 어둠을 밝혀야 할 것이다. 한 개비의 성냥불을 가지고도 칠흑 같은 어둠을 밝히기에는 충분할 것이다. 타오르는 시간이 너무 짧고 밝히는 영역이 너무 좁다는 점을 제외하고는 말이다.

한 번에 촛불 100개를 켜 본 적이 있는가? 30년쯤 전에 안암동에서 "모딜리아니의 아내"라는 음악 카페를 운영한 적이 있었다. 어느 성탄절 전날 밤, 멋진 성탄절 트리와 장식을 하기에는 돈도 없고 여유도 없어서, 생각해 낸 것이 촛불 100개를 한꺼번에 켜 보자는 것이었다. 작은 영업용 초는 비싸지 않았다. 그래서 전깃불을 모두 끄고 작은 초 100개로 카페를 밝혔는데, 참 장관이었던 것으로 기억한다.

내가 꼭 가 보고 싶은 곳이 있는데, 그건 고비 사막이다. 밤이 되면 거긴 별들의 장관이 펼쳐진다고 들었다. 바닥에 누워서 하늘을 쳐다보고 있노라면, 쏟아질 듯 수없이 많은 별들로 인하여 마치 자신이 별들 사이를 헤엄치고 있는 듯한 느낌이 든다는 것이다. 그런 하늘을 보고 싶다.

어릴 때는 그 비슷한 별들의 풍경, 즉 은하수를 본 적이 여러 번 있었다. 다만, 우리나라는 산이 많아서 하늘이 좁은 편이다. 하지만 고비 사막은 하늘이 너무 넓어서 하늘에 빠지는 것 같은 착각에 빠진다고 한다. 그런 별들의 장관을 꼭 보고 싶다.

이 캄캄한 천지에 누군가가 등불 하나를 밝힌다. 꺼질 듯 깜박거리는 하나의 등불은 차라리 외롭고 애처롭기까지 하다. 그런데 여기저기서 등불이 하나씩 켜지면서 숫자가 하나둘 늘어간다. 열 개, 스무 개, ……, 백 개. 아름다운 밤풍경이 펼쳐지게 된다. 등불의 숫자가 천 개, 만 개를 넘어서면 그것은 풍경이 아니라 장관이라 할 만하다.

물론 등불이 천만 개일지라도 지금은 낮이 아니라 여전히 밤이다. 그러나 그저 몇 개의 촛불이 깜박거리는 밤과 수백만 개의 등불이 반짝거리는 밤은, 같은 밤일 수 없다. 그것이 바로 하나님의 영광이요, 우리 각자는 모두 단 한 개의 등불을 책임진 사람들이다.

밤을 낮으로 바꿀 수는 없을지라도, 어두운 밤 그대로 내버려 둘 수는 없다. 그것은 주님의 뜻이 아니다. 우리는 어두운 밤을 밝혀 환한 밤으로 바꾸어야 한다. 수천만 개의 등불로 뒤덮인 환한 밤의 장관을 주님께 보여 드려야 한다. 그것을 위하여 우리는 오늘도 피와 땀의 희생으로, 경제적 유익의 포기로, 그리고 경우에 따라서는 생명까지 바치는 결단으로, 예수 복음의 참뜻을 실현하기 위하여 열렬히 애쓰며 노력하고 있는 것이다.

1부 | 백그라운드의 뒤편

●
성탄절과
김함의 여관

아기 예수가 태어난 마구간은 김함의 여관에 있었다.
김함은 평범한 사람으로서 아무런 업적도 남기지 못했다.
그는 그저 자신의 본분을 다하며 그 정신을 자손에게 계승했다.

전승에 따르면 아기 예수는 김함(כִמְהָן Chimham 킴함)의 여관 마구간에서 태어났다고 한다.

바르실래의 아들

김함이라는 이름은 성경에서 길르앗 사람 바르실래의 아들로 등장한다(삼하 19:31~40). 그는 스스로 어떤 말이나 행동을 하지 않았고, 오직 주변 사람들의 언행을 통해 간접적으로 언급될 뿐이다. 그만큼 무슨 대단한 업적을 남기거나 다른 사람들의 주목을 받지 못한, 말하자면 우리 가운데 하나와 같이, 지극히 평범한 사람에 지나지 않는 인물이었던 것 같다.

다윗이 압살롬의 반란을 피해 요단 강 동쪽으로 건너갔을 때, 길르앗 사람 바르실래는 나이가 많았음에도 불구하고 소기, 마길 등과 더불어 다윗에게 절대적인 후원과 지지를 보냈다. 바르실래는 요단 강 동쪽 지역의 유력한 호족들 가운데 하나였던 것 같다. 아마도 그로부터 다른 많은 호족들이 다윗 쪽으로 돌아서게 되었으리라. 이와 같이 바르실래의 전폭적인 지원 위에 다윗은 군대를 재정비하고 반란군과 싸워서 승리할 수 있었다.

압살롬의 난이 평정된 후, 다윗이 예루살렘으로 돌아가기 위해 요단 강 서쪽으로 다시 건너왔을 때, 바르실래도 함께 건너왔다. 바르실래는 거기서 환송을 마치고 다시 자기 집으로 돌아갈 예정이었다. 이렇게 강 동쪽 기슭에서 작별하지 않고, 함께 강을 건넌 다음 강 서쪽 기슭에서 왕을 배웅하는 것은, 왕과 하나님에 대한 바른 자세라고 하지 않을 수 없다. 그는 함께 예루살렘으로 가자는 왕의 제의를 사양하고, 그 대신에 자기 아들 김함을 다윗에게 부탁한다.

"청하건대 당신의 종을 돌려보내옵소서 내가 내 고향 부모의 묘 곁에서 죽으려 하나이다 그러나 왕의 종 김함이 여기 있사오니 청하건대 그가 내 주 왕과 함께 건너가게 하시옵고 왕의 처분대로 그에게 베푸소서 하니라"(삼하 19:37)

다윗은 바르실래의 부탁을 즐거이 수용했던 것 같다. 구체적으로 그에게 어떤 상급을 주었고 또 어떻게 대접했는지는 알 수 없지만, 다윗의 신실함은 은인이나 다름없는 바르실래의 아들 김함에 대해서도 유감없이 발휘되었을 것으로 짐작하기에 어렵지 않을 것이다. 다윗은 임종 시에도 아들 솔로몬에게 그를 잘 돌봐주라고 유언했다.

> "마땅히 길르앗 바르실래의 아들들에게 은총을 베풀어 그들이 네 상에서 먹는 자 중에 참여하게 하라 내가 네 형 압살롬의 낯을 피하여 도망할 때에 그들이 내게 나왔느니라"(왕상 2:7)

게롯김함

김함이 바벨론 시대까지 가문을 보존했던 것은 분명하다. 가레아의 아들 요하난과 여러 군 지휘관이 바벨론을 피하여 애굽으로 도망갈 때, 베들레헴 근처에 있는 게롯김함에 머물렀다고 한다(렘 41:16~18). 게롯김함은 김함의 여관, 별장, 산장 등으로 번역될 수 있다.

> "가레아의 아들 요하난과 그와 함께 있던 모든 군 지휘관이 느다냐의 아들 이스마엘이 아히감의 아들 그다랴를 죽이고 미스바에서 잡아간 모든 남은 백성 곧 군사와 여자와 유아와 내시를 기브온에서 빼앗아 가지고 돌아와서 애굽으로 가려고 떠나 베들레헴 근처에 있는 게롯김함에 머물렀으니 이는 느다냐의 아들 이스마엘이 바벨론의 왕이 그 땅을 위임한 아히감의 아들 그다랴를 죽였으므로 그들이 갈대아 사람을 두려워함이었더라"(렘 41:16~18)

그 후로 참 많은 세월이 흘렀다. 이스라엘은 앗수르와 바벨론에 의해 멸망했고, 유대 민족은 바벨론에 포로로 끌려갔다가 70년 뒤에야 풀려났다. 바사 제국과 헬라 제국이 번갈아 중동 지역의 패권을 차지

했고, 그 틈바구니 속에서 약소민족 이스라엘은 이리 몰리고 저리 쏠리는 가운데 간신히 명맥을 유지하고 있었다. 잠시 독립을 성취한 듯 보인 적도 있었지만, 결국은 로마의 자치령으로 떨어지고 말았다. 1천 년이 넘는 긴 세월이 흐르는 동안 김함의 가문과 그 후손들이 어떻게 되었는지는 알 길이 없다.

그런데 그 위대한 로마 제국의 첫 번째 황제 옥타비아누스, 위대한 아우구스투스 황제 때에, 아기 예수께서 그곳 김함의 여관 마구간에서 태어나셨다는 것이다. 옛날 건물이 그대로 남아 있었는지, 리모델링되거나 재건축되었는지, 주인이 바뀌었는지는 알 수 없지만, 하나님께서 다윗 왕을 통해 주셨던 김함의 영지에서 메시아 예수께서 탄생하신 것이다. 누가 이를 우연이라고 말할 수 있겠는가? 하늘에서는 하나님께 영광이요, 땅에서도 김함에게 영광이 아닐 수 없는 일이다.

이 의미심장한 사건은, 바르실래의 이해득실을 따지지 않는 충성으로부터 비롯되었다고 할 수 있다. 그 당시 다윗을 돕는다는 것은 자기와 가문 전체의 명운을 걸어야 하는 일이었다. 이는 물론 압살롬의 편에 서는 것도 마찬가지이다. 그러나 상황은 다윗에게 매우 불리하게 돌아가고 있었던 것이 사실이다. 그러한 때에 길르앗의 유력한 호족 바르실래의 다윗 지지 선언은, 시세의 흐름을 바꾸어 놓을 만한 가치가 있었을 것으로 짐작된다.

많은 세월이 지났지만 하나님은 바르실래의 충성을 잊지 않고 계셨던 것 같다. 또한 나서기보다는 뒤에서 조용히 자신의 본분을 다하며 왕과 하나님을 힘써 섬기는 김함의 겸손한 자세가 하나님의 마음에 들었을 것이다. 아버지의 품성이 아들에게 전해지는 것은 당연한 일이 아니겠는가? 물론 그렇지 못한 아들도 많은 것이 사실이지만, 김함의 후손들은 그렇지 않았던가 보다. 하나님께서는 그런 김함의 가문을 기억하고 계셨던 것이다.

그리스도인의 역사의식

우리는 여기서 당대에 끝나지 않고 세대를 이어 계속 이어지는 하나님의 섭리를 볼 수 있다. 앞서기를 좋아하는 열심으로, 뭔가 그럴 듯한 것을 이룬 것처럼 보였지만, 그 모든 업적이 다음 세대로 이어지지 못하고 당대로 끝나 버리는 경우가 얼마나 많은가? 김함은, 뚜렷이 이룬 것 하나 없는 것처럼 보였지만, 조용히 자기 본분에 충성을 다하며 그 정신을 후대에 전하기를 게을리하지 않았던 것 같다. 그 결과가 오늘 성탄절의 이 기쁜 소식이라니!

그리스도인은 이렇게 자기 당대만을 생각할 것이 아니라, 세대를 넘는 역사의식을 가질 필요가 있다. 비그리스도인들 가운데서도 이런 역사의식은 드물지 않다. 하나님의 나라는 당대만을 위한 것이 아니며, 당대에 완성되는 것도 아니다. 나의 생애가 끝나도 하나님의 일은 계속되어야 한다. 성탄절을 단순한 축제가 아니라 조금은 다른 시각으로 볼 수 있었으면 좋겠다.

참고로 김함은 김씨이다(?) ㅆ

꿈꾸는 자와
꿈을 해석하는 자

요셉은 꿈꾸는 사람이 아니라 꿈을 해석하는 사람이다.
꿈이란 근본적으로 높아지고자 하는 소망의 표현일 뿐……
요셉은 왜 22년 동안 아버지를 찾지 않았을까?

흔히 요셉을 가리켜 '꿈꾸는 사람'이라고들 하지만, 그것은 정확한 표현이 아니라고 생각된다. 꿈꾸는 자 요셉에게서 우리가 얻을 수 있는 것은 아무것도 없다. 꿈꾸는 자 요셉은 형들에게 미움을 받았고, 아버지 야곱에게 꾸중을 들었으며, 끝내 형제들에게 버림받아 노예로 팔리는 불행을 겪었다.

사람의 인생은 꿈을 꾸면서 살아가는 과정이라고 할 수 있다. 이 세상에서 꿈꾸지 않는 사람은 아무도 없다. 그러나 꿈도 꿈 나름이다. 꿈을 꾸는 것이 중요한 것이 아니라 어떤 꿈을 꾸느냐가 중요한 것이다.

부자는 더 부유해지기를 꿈꾸고, 독재자는 더 큰 권력을 꿈꾸고,

학자는 더 많은 지식을 꿈꾸고, 마피아 보스는 더 큰 조직을 꿈꾸며, 그리스도인은 기적과 같은 은혜와 축복을 꿈꾼다. 근본적으로 사람의 꿈은 자신의 욕구를 채우고 자기 영광을 이루고자 하는 이기심에 바탕을 두고 있게 마련이다. 그것이 바로 타락한 인간의 부패한 본성이다.

그리스도인에게 일어나는 거의 모든 문제의 원인은 자기 영광을 추구하는 데서 시작된다. 그러나 영광은 오직 하나님께 속한 것이다. 아담과 하와의 타락 역시 자기 영광을 추구한 데서 비롯되었다. 요셉의 꿈 역시 형들 위에 서겠다는 자기 영광의 꿈에 지나지 않았음을 이해할 필요가 있다. 그래서 그 꿈이 형들의 반발과 시기심과 복수심을 자극하는 결과를 초래하였음은 우리가 이미 알고 있는 바와 같다. 사람의 영광이란 반드시 다른 사람의 반감을 사게 되어 있다.

요셉의 꿈이 일종의 예언의 꿈으로서, 요셉 자신으로부터 생성된 것이 아니라고 생각하기 쉽지만, 그렇지 않다. 이 세상에 그런 꿈은 없다. 이른바 예지몽이 존재하지 않는다는 뜻이 아니라, 모든 꿈은 근본적으로 일종의 예언적 성격을 가지고 있다는 의미이다. 여기서 우리가 수면 과학이나 정신분석학의 꿈 분석에 대하여 이야기하고 있는 것이 아니므로, 심리학적인 해석을 제외하고 말한다면, 모든 꿈은 결국 미래에 대한 소망이라고 말할 수 있다.

꿈을 해석하면서 달라지는 인생

요셉의 인생이 달라진 것은 꿈을 꾸었기 때문이 아니라 꿈을 해석하면서부터이다. 요셉의 꿈은 결국 형들을 능가하겠다는, 그리고 아버지와 어머니까지 넘어서겠다는, 자기 욕심에 기초한 소망에 지나지 않았다. 그 소원이 결국 이루어지기는 했지만, 요셉이 의도하던 대로 이루어지지 않고 하나님께서 뜻하신 대로 이루어졌음에 주목할 필요가 있다. 비록 중첩되는 부분이 있는 것은 사실이지만, 나의 의도대로가 아니라 하나님의 뜻대로 이루어진 꿈이, 나의 마음에 더 합하다는 고백이 우리 모두의 입에서 나올 수 있어야 한다. 그리스도인의 꿈은 그런 것이다. 그런 것이어야 한다.

꿈꾸는 자 요셉은 그 꿈으로 인하여 말할 수 없는 불행을 겪었지만, 꿈을 해석하는 자 요셉은 그 해석으로 말미암아 애굽의 총리가 되었다. 요셉의 원래 꿈은 애굽의 총리가 되는 것이 아니었지만, 애굽의 총리가 됨으로써 원래의 꿈을 다 이루게 되었다. 그러나 원래의 꿈이란 지금의 요셉에게는 별다른 의미가 없다. 다만 요셉이 지금의 상태에 더욱 만족스러워한다는 것은 분명한 사실이다. 하나님께서 하시는 일은 언제나 이와 같다.

17세에 노예로 팔린 요셉은 30세에 당시의 최강대국 애굽의 총리가 되었다. 그 13년 동안 요셉의 내면에 어떤 변화가 있었을까? 그가 겪었던 고난과 역경의 과정들을 생각한다면, 살이 떨리는 고통과 뼈를 깎는 절제와 결단이 있었으리라 짐작하기에 어렵지 않을 것이다. 하물며 외국인임에랴! 물론 당시 애굽 왕조가 이집트인 왕조가 아니라 힉소스인 왕조였던 것은 사실이다. 아무튼 꿈을 꾸는 요셉이 꿈을 해석하는 요셉으로 변화하는 데 꼬박 13년이 걸린 셈이다.

이 기간을 단순한 인내의 세월로 볼 수만은 없다. 바로가 요셉에게 총리를 맡겼다 해도 요셉이 그것을 감당할 만한 능력이 없었다면, 얼마 지나지 않아서 실각할 수밖에 없었을 것이기 때문이다. 이것은 단순히 개인적인 일처리 능력만을 의미하지는 않는다. 요셉은 아무런 정치적 배경도 후원 세력도 가지지 못한 혈혈단신의 죄수 출신 외국인에 지나지 않았다. 그런 요셉이 어떻게 오랜 기간 총리로서 장수할 수 있었을까? 그러므로 그의 변화는 결코 단순한 개인적 품성의 변화만은 아니었다고 가정할 수 있다.

그러나 더욱 중요한 것은 타인의 꿈을 해석해 주는 것이 아니라 자기 꿈을 해석하는 것이다. 자기 꿈을 해석하지 못하는 사람이 어떻게 남의 꿈을 해석할 수 있겠는가? 바로의 꿈을 해석하기 전에 이미 바로의 술과 떡을 맡은 관원장의 꿈을 해석해 주었던 요셉이었다. 그러므로 요셉은 관원장의 꿈을 해석해 주기 이전에 이미 자기 꿈을 해석하고 있었다고 보는 것이 자연스럽다.

꿈꾸는 자에서 꿈을 해석하는 자로

형들에 의해 노예로 팔린 요셉은 얼마나 황당하고 고통스러웠을까? 꿈꾸는 사람 요셉은 그때부터 자신의 꿈을 돌아보기 시작했을 것이다. '무엇 때문에 내가 오늘 이 비참한 지경에 처하게 되었을까? 앞으로 나의 운명은 어떻게 전개될 것인가?' 귀공자에서 졸지에 노예로 전락한 요셉이 할 수 있는 것은, 일에 몰두하는 것과 하나님께 기도하는 일밖에 없었을 것이다. 버림받은 괴로움을 잊어버리기 위하여 그리고 상전들의 신임을 얻기 위하여 요셉은 일에 몰두하였으리라.

다른 종들은 상전들이 보이지 않으면 꾀를 내고 게으름을 피웠지만, 요셉은 누가 보든지 보지 않든지 한결같이 일에 몰두했다. 시위대장 보디발에게뿐 아니라 간수장에게까지 신임을 얻었던 것을 보면, 요셉이 얼마나 표리 없이 일에 열심을 내었을지 짐작할 수 있다. 그러나 하루 일이 끝나고 잠자리에 들 때가 되면, 피곤한 육신이 깊은 잠의 나락으로 빠져들어 가는 가운데서도 얼마나 억울하고 분하고 서러웠을 것인가! 그때 아마도 요셉은 눈물로 하나님의 이름을 부르며 몸부림치지 않았을까?

요셉의 위대함은 그러한 상황에서 절망하거나 좌절하지 않고, 하나님을 부르며 그분께 매달리되 지금까지 자신의 인생을 하나님의 섭리에 비추어 돌아보면서, 자기 삶을 열심히 감당해 나갔다는 데 있다. 요셉은 열심을 내기만 했던 것이 아니었다. 단순한 열심만으로는 그러한 신임을 이끌어 낼 수 없다. 성실이 함께하지 않으면 안 된다. 바로 이 부분이 하나님의 뜻에 합당한 요셉의 의로움이라고 할 수 있다.

사람이 꿈을 해석하기 시작하면 자신의 꿈이 어떤 꿈인지 이해하게 마련이다. 자신의 꿈이 자기 영광을 추구하는 꿈인지 하나님의 뜻에 순종하는 꿈인지 스스로 깨닫게 된다. 그러므로 꿈을 해석하기 시작하면 꿈의 내용이 수정되고 변화하게 된다. 그리고 꿈의 내용이 변화하면 인생이 바뀌게 되는 것이다.

> "하나님이 큰 구원으로 당신들의 생명을 보존하고 당신들의 후손을 세상에 두시려고 나를 당신들보다 먼저 보내셨나니 그런즉 나를 이리로 보낸 이는 당신들이 아니요 하나님이시라 하나님이 나를 바로에게 아버지로 삼으시고 그 온 집의 주로 삼으시며 애굽 온 땅의 통치자로 삼으셨나이다"(창 45:7~8)

요셉의 해석이 놀랍지 않은가? 이때는 요셉이 애굽의 총리가 된 지 9년이 지난 때였다. 그러니까 요셉이 형들에 의해 노예로 팔린 지 22년이 지나고 있는 시점이었다. 요셉의 나이 39세. 이미 인생의 귀천과 표리, 밝은 것과 어두운 것을 충분히 경험한 요셉이었다. 그러므로 그의 입에서는 적어도 60은 넘은 사람에게서나 나올 듯한 그런 지혜와 성찰이 흘러나오고 있는 것이다.

꿈과, 꿈의 성취

사람의 인생은 충분히 영광을 누릴 만큼 그렇게 길지 않다. 영광의 자리에 오르기 위해 청춘을 바쳐 혹시 그 자리에 이른다 해도, 아주 잠깐 그 자리에 머물 수 있을 뿐 영광은 곧 다른 사람의 몫이 되어 버린다. 그러므로 사람의 복은, 오직 영광을 하나님께 돌리고 하나님께서 주신 꿈을 좇아 사는 것이라고 할 수 있다. 모든 결과를 하나님께 맡기고, 꿈을 꾸면서 꿈을 이루고자 노력하면서, 그 과정 가운데 주님과 동행하였으므로 행복하였노라 고백하는 것이 최선이다.

또한 꿈을 충분히 성취하지 못했다 해도 그 인생은 실패한 인생이 아니다. 그것은 사람들의 평가이지 하나님의 평가가 아니다. 어차피 성취의 영광은 하나님의 몫이 아니었던가? 얼마나 하나님의 방식으로 최선을 다했느냐가 중요하다. 반드시 성공할 수 있다고 말하지 말라. 무슨 수를 써서라도 절대로 성공해야 한다고 말하지 말라. 최선을 다했으나 실패하는 경우도 무수히 많음을 인정하자.

그러나 하나님의 기뻐하심을 의심하지 않기 바란다. 성공과 실패에 대한, 사람과 하나님의 기준은 그렇게 전혀 다르다. 한 달란트 가진 종이 비록 그 한 달란트를 잃었다 해도, 그가 주인의 뜻에 따르려고 열심을 다했다면 주인은 분명히 그를 칭찬했을 것이다.

> "한 달란트 받았던 자는 와서 이르되 주인이여 당신은 굳은 사람이라 심지 않은 데서 거두고 헤치지 않은 데서 모으는 줄을 내가 알았으므로 두려워하여 나가서 당신의 달란트를 땅에 감추어 두었었나이다 보소서 당신의 것을 가지셨나이다"(마 25:24~25)

우리의 주인은 시시하고 쩨쩨한 분이 아니심을 믿어야 한다. 그분은 효율과 성과에 매우 둔감하신 분이다. 오직 최선을 다했느냐 하는 것과 누구를 위해 그렇게 최선을 다했느냐 하는 것만을 보신다. 그러므로 신중한 것은 좋은 일이지만 지나치게 조심스러워하는 것은 주인의 뜻에 어긋나는 일이라고 말하고 싶다.

요셉은 왜 아버지 야곱을 찾지 않았는가?

성경의 기록을 보면, 요셉은 노예로 팔린 뒤 22년 동안 아버지 야곱을 찾지 않은 것으로 되어 있다. 왜 그랬을까?

처음 13년 동안은 노예와 죄수의 신분이었으니까, 아버지를 찾지 않은 것이 아니라 찾지 못한 것으로 이해할 수 있다. 그러나 애굽의 총리가 되고 나서 9년의 세월이 지나도록 아버지를 찾지 않은 것은 이해하기 어렵다. 너무 바빠서 찾아 볼 여유가 없었다고 말할 수도 있다. 사실 노예와 죄수 출신의 이방인 요셉은, 수많은 과제와 정적들에 둘러싸여 있었을 것으로 짐작된다. 잠깐이라도 한눈을 팔거나 마음을 놓고 있었다가는 언제 어디서 파국을 맞게 될지 모르는, 위태한 상황 가운데서 살아가야 했을 것이다. 그래서 아버지를 찾아갈 수 없었으리라.

그러나 직접 찾아가지 못하는 상황이라면, 대신 다른 사람을 보낼 수는 있지 않았을까? 그래서 사랑하는 아들이 죽었을 것으로 알고 비탄에 잠겨 있을 늙은 아버지에게, 자신이 살아 있음을 알리는 것이 마땅히 가장 먼저 해야 할 도리가 아니었을까?

그러나 요셉은 그러한 도리를 행하지 않았다. 아버지 야곱이 있는 헤브론까지는 직선거리로 500km 정도밖에 떨어져 있지 않았음에도 말이다. (요셉이 있는 곳은 학자에 따라 조금씩 차이가 있기는 하지만 아마도 힉소스 족이 이집트를 다스리던 15왕조의 아바리스 – 카이로에서 북동쪽으로 50~100km 정도 떨어져 있는 – 가 아닌가 짐작된다.) 왜 그랬을까?

이러한 질문에 대한 대답은 성경에 나와 있다.

> "흉년이 들기 전에 요셉에게 두 아들이 나되 곧 온의 제사장 보디베라의 딸 아스낫이 그에게서 낳은지라 요셉이 그의 장남의 이름을 므낫세라 하였으니 하나님이 내게 내 모든 고난과 내 아버지의 온 집 일을 잊어버리게 하셨다 함이요 차남의 이름을 에브라임이라 하였으니 하나님이 나를 내가 수고한 땅에서 번성하게 하셨다 함이었더라"(창 41:50~52)

요셉이 첫아들을 낳고 이름을 므낫세라고 지었는데, 그 의미는 "지금까지 겪었던 모든 고난과 아버지의 집 일을 잊어버렸다"는 뜻이다. 성경은 친절하지는 않지만 꼭 알아야 할 것을 숨기지도 않는다. 참 오묘하다.

요셉이 겪은 끔찍한 경험은, 비록 총리에까지 오르는 대반전이 있었다 해도, 그의 마음 깊숙한 곳에 강력한 트라우마로 남아 있었다. 이는 이성과 의지로 극복할 수 있는 문제가 아니다. 그것은 찰싹 달라붙어서 마치 처음부터 하나였던 것처럼 떨어지지 않는, 강력 접착제와 같은 것이라고 할 수 있다.

요셉은 어떻게 해서든 이 트라우마로부터 벗어나기 위하여 발버둥쳤을 것으로 짐작된다. 새로운 각오를 다지고, 무섭게 결단하고, 40일 동안 금식하고, 새벽마다 기도했을 것이다. 그럼에도 문제 해결의 가능성이 보이지 않자, 다른 사람들과 같이 요셉 역시 애써 잊어버리는 쪽으로 방향을 잡을 수밖에 없었다. 그러한 요셉의 마음이 장

남의 이름을 짓는 가운데 충실하게 반영된 것으로 보는 것이 옳다.

물론 잊어버리는 것 역시 마음대로 되는 것은 아니다. 과업에 몰두하는 낮 시간 동안에는 잊어버린 것처럼 보였을지도 모르지만, 밤이 되면 여전히 살아서 요셉의 마음을 헤집고 다녔으리라.

노예 출신 죄수 출신 외국인 총리 요셉은, 낮 동안에는 정치적인 입지의 확대와 총리로서의 직무를 위해 동분서주하고, 밤에는 아버지와 동생 베냐민에 대한 말할 수 없는 그리움 가운데서도 가족들로부터 버림받았다는 외로움과 억울함과 분노를 추스르느라 고통을 받을 수밖에 없었다. 이러한 양가감정은 사람의 마음을 출구 없는 좁은 동굴 가운데로 몰아넣고, 이러지도 저러지도 못하는 극단적인 혼란을 야기하게 마련이다.

양가감정이란 정반대인 두 가지 이상의 감정이 함께 공존하는 심리 상태를 말한다. 아버지를 그리워하면서도 왠지 가까이 갈 수 없게 하는 어떤 거대한 장벽 같은 것이 느껴진다. 가까이 가면 거절당할 것 같고, 더 큰 상처를 받을 것 같고, 뭔가 폭발하거나 파괴당할 것 같은 이상야릇한 마음, 형들로부터 버림받았지만 결국 아버지로부터 버림받은 것이나 다를 것이 없다. 아버지는 '나'를 지켜주지 못했으니까. '형들'의 대표는 결국 아버지이다. 형들로부터 버림받은 것은 결국 가족으로부터 버림받은 것이며, 아버지는 가족의 대표가 아닌가?

그런데 우리 모두는 이러한 양가감정을 가지고 있다. 부모와의 관계, 자녀와의 관계, 배우자 또는 애인과의 관계, 그리고 하나님과의 관계 역시 예외가 아니다. 감정이 이렇게 복잡해지는 이유는 여러 가지로 이야기할 수 있겠으나, 핵심을 말한다면 결국 각자의 이기심 즉 자기애 때문이다. 사랑하지만 자기의 사랑에 상대가 충분히 반응해 주지 않는다면 원망이 생기게 마련이다. 하나님을 사랑한다고 하지만 결국은 자기 자신을 더 사랑할 수밖에 없는 것이 인간이라는 존재이다. 그걸 깨달을 때 우리는 비로소 겸손해질 수 있다.

사람의 사랑 가운데 하나님의 사랑에 가장 가까운 것은, 무기력한 아기에 대한 엄마의 사랑이라고 할 수 있다. 왜냐하면 엄마는 아기에게 아무것도 기대하지 않는다. 그러나 아이가 성장하면 얘기가 달라질 수밖에 없다. 무언가를 기대할 수 있는 대상에게는 완전한 사랑을 주기가 어려워지는 법이다. 자신이 주는 사랑에 대한 일정한 반응을 기대할 수밖에 없을 것이기 때문이다. 그러므로 진정한 사랑이란 아무것도 기대하지 않고 자신을 내주는 것이라고 말할 수 있다. 주님께서는 그렇게 하셨다.

인생의 심각한 굴곡과 대반전의 과정을 거쳐 애굽의 총리가 되고 므낫세를 낳고 다시 9년의 세월이 흐른 뒤에야 요셉은 형들을 만날 수 있었다. 요셉이 기획하고 추진한 일이 아니었다. 하나님께서 섭리하신 일이었다. 무수한 날 동안 드려진 요셉의 기도에 대한 응답이 아닐 수 없다. 언제나 너무 늦게 응답하시는 하나님, 그러나 기대보다 더 큰 치유와 회복을 준비하시는 하나님! 요셉은 단순히 개인적인 마음의 상처를 치유했을 뿐 아니라, 이스라엘 민족의 생성이라는 역사적 장면의 목격자요 인도자로서의 길로 나아가게 되었다.

요셉의 부르짖음

"요셉이 큰 소리로 우니 애굽 사람에게 들리며 바로의 궁중에 들리더라"(창 45:2)

트라우마가 치료되는 결정적 순간, (물론 형들과의 첫 대면으로부터 치유는 이미 시작되고 있었지만, 그때는 형들을 죽이거나 또는 심각한 고난 가운데로 밀어 넣을 가능성도 있는 상황으로서, 치유가 아니라 트라우마가 더욱 심각해질 가능성도 있었다고 본다) 요셉은 바로의 귀에 들릴 만큼 큰 소리를 지르며 울음을 터뜨렸다.

요셉이 있던 곳의 공간적 조건이 어떠했는지는 잘 알 수 없지만, 절대 권력자 바로의 귀에 들릴 만큼 큰 소리로 울었다는 것은, 요셉이 전후좌우 아무것도 고려하지 않고 자기 내면의 목소리에 충실했다는 의미이다. 바로가 듣든지 말든지, 정적들이 꼬투리로 삼든지 말든지, 폭탄이 터지든지 말든지 상관하지 않고, 오직 자기감정이 시키는 대로 따랐다는 것이다. 이는 그만큼 요셉의 트라우마가 컸으며, 인내할 수 있는 수준을 벗어났다는 의미이다.

이는 평소의 요셉의 모습이 아니었다.

평소의 요셉은 자기감정을 절제하고 내면을 잘 표현하지 않는 성품이었다. 그는 '사람' 중심이 아니라 '일' 중심의 사람이며, 목표지향적인 인간이라고 할 수 있다. 그런 요셉이 급기야 사랑과 증오의 충돌로부터 오는 모든 갈등을, 내면으로부터 터져나오는 단말마의 부르짖음으로 태워 버리고 말았다는 것은, 치유와 회복의 한 단계 더 높은 곳으로 올라섰다는 뜻이다.

이제 요셉은 비로소 편한 마음으로 형들을 볼 수 있게 되었다. 이제는 아버지 야곱의 이야기를 입에 올릴 수도 있고, 직접 만날 수도 있을 것 같았다. 아니, 정말 한시라도 빨리 만나 보고 싶은 마음이었다. 동생 베냐민에 대해서야 처음부터 무슨 거부감 같은 것이 있을 리가 없었다.

고통을 겪어 온 세월이 길었던 만큼 지금 느껴지는 자유로움과 감격은 뭐라고 표현할 수 없었다. 이제야 요셉은 유대 민족의 생성이라는 위대한 과업을 선두에서 이끌어 나갈 만한 그릇이 되었다고 말할 수 있을 것이다.

때로는 참지 않는 것이 더 중요할 때가 있다. 사람 앞에서 그리고 하나님 앞에서 큰 소리로 부르짖으며 자기 마음을 토로할 필요가 있다. 점잖지 못하다고, 경건치 못하다고, 하나님에 대한 예의가 아니라고, 창피하다고 억누르고만 있을 것이 아니라, 참지 말고 터뜨려 버리는 것이 더 좋을 수도 있다. 그러한 모습을 용납하고 공감하고 손가락질하지 않는 문화와 분위기도 중요하다.

요셉은 가족으로부터 버림받은 트라우마로 인해 22년 동안이나 사랑하는 아버지와 동생의 곁으로 돌아갈 수 없었다. 처음 13년 동안은 종과 죄수의 신분이었기 때문에 당연히 돌아갈 수 없었지만, 나중 9년 동안은 그저 잊으려고 애쓰면서 기억에서 지우고 싶으나 지워지지 않는 고통과 괴로움 가운데 살았다. 그러나 하나님의 섭리 가운데 형들을 만나게 되고, 결국은 자신의 트라우마를 극복하고 하나님 앞에 서게 되었다. 이제야 진정 요셉은 자신의 꿈을, 자신이 원하던 모습이 아니라 하나님께서 원하시는 모습대로 이루게 되었다.

요셉은 꿈을 꾸는 자에서 꿈을 해석하는 자로, 그리고 마침내 꿈 자체가 되었다.

삼손의
심리 부검

삼손의 인생은 실패인가 성공인가?
머리털에 대한 비밀을 누설한 것이 죽어 마땅한 죄인가?
삼손의 비극은 이미 처음부터 예정되어 있었다?

삼손 이야기의 구조는 단순하다. 조금 전까지만 해도 세상에 아무도 두려울 것이 없었던 용사 삼손이, 머리털을 잘리더니 갑자기 힘과 용맹을 잃고 볼품없게 블레셋 사람들에게 사로잡혀, 두 눈을 뽑히고 감옥에 갇혀 소 대신 맷돌을 돌리는 신세로 전락하고 말았다는 스토리는, 허무하다 못해 참담하기까지 하다.

그러나 모두가 알다시피 그게 끝이 아니었다. 몇 달 후 머리털이 다시 자란 삼손은, 블레셋의 신 다곤에게 드리는 큰 제사에 끌려 나가 재주를 부리다가, 신전의 두 기둥을 무너뜨려 수많은 블레셋 사람들과 함께 장렬히 산화하였다는 이야기이다.

삼손은 나실인이었다. 규례에 따르면 나실인은 포도주를 마시지 말고, 머리털을 밀지 말며, 시체를 접촉하지 말라고 되어 있다(민 6:1~8). 이 세 가지 규례는 반드시 지켜져야 하며, 만약 한 가지라도 어기면 더 이상 나실인이라고 할 수 없으며, 따라서 하나님 앞에 거룩한 자라 일컬음을 받을 수 없게 된다.

이 규례는 매우 엄격하여 포도주뿐 아니라 포도주로 만든 식초와 건포도, 포도씨, 포도나무조차 가까이하지 말아야 하며, 부모 형제의 시신조차도 가까이하면 안 되게 되어 있었다.

그러나 삼손은 스스로의 결단으로 나실인이 된 것이 아니라, 자신의 뜻과는 상관없이 부모의 뜻으로 그리고 하나님의 뜻에 따라 나실인이 되었음을 주목할 필요가 있다. 더욱이 삼손은 평생 나실인이었다. 일정 기간 동안만 자발적으로 서원한 것을 지키면 되는 한시적 나실인과 달리, 죽을 때까지 이 규정에 묶여 있는 평생 나실인에게, 남모를 고충이 있었을 것을 짐작하기는 별로 어렵지 않다.

삼손의 심리 분석

성경에 기록된 내용을 보면 삼손은 다소 불안정한 성격임을 알 수 있다. 그는 혼자 행동하기 좋아하고, 충동적인 경향이 강하며, 팜므파탈 같은 여자에게 약한 면모를 보여 주고 있다.

자신이 사사임에도 불구하고 삼손은 조직과 시스템에 대해서 아무런 관심이 없었다. 문제가 생기면 언제나 혼자 나가서 적들을 물리

치곤 했다. 이는 물론 자신의 힘에 대한 신뢰가 있었기 때문이지만, 그 결과 삼손은 이스라엘 민족으로부터 분리되었으며, 동족들로부터도 지지를 받지 못하는 상태에 이르게 되었다. 삼손이 마지막으로 부르짖은 말은, 자기 두 눈을 뺀 원수를 갚게 해 달라는 것이었다. 그만큼 그는 자기중심적인 성격이었다.

무슨 계획도 전략도 없이 그저 마음이 내키는 대로 행동하는 삼손의 행태를 보면, 맡겨진 역할이 너무 무거워 이리저리 휘청거리는 미숙한 비행 청소년을 보는 것 같은 느낌이다. 딤나의 블레셋 여자, 가사의 기생, 들릴라와 같은 여자들에게 끌리는 경향을 보면 모성과의 관계에 뭔가 문제가 있는 것으로 보이는데, 아무튼 삼손의 여성에 대한 관념은 상당히 왜곡되어 있으며, 이는 아내가 없는 것으로도 짐작할 수 있다고 하겠다. 이러한 성격이 결국은 삼손을 파국으로 몰고 가는 데 결정적인 역할을 하게 된다.

삼손은 머리털에 대한 비밀을 누설함으로써 또는 머리털을 밀리게 됨으로써, 자신의 모든 능력을 잃고 말았다. 그렇다면 사랑하는 여자에게 자기 힘의 비밀을 가르쳐 준 것이 과연 그렇게 큰 죄라고 할 수 있는가? 인간적인 측면에서 본다면 분명히 동정의 여지가 있어 보인다. 자신을 위험에 빠뜨릴 수도 있는 여인을 사랑한 것은 어리석음의 극치라 할 수 있겠지만, 죽어 마땅한 죄라고 하기는 어렵다.

물론 비밀을 누설함으로써 머리털을 밀리게 된 것은 나실인의 서원을 깨뜨린 것이라고 말할 수도 있을 것이다. 그러나 나실인의 서원은 진작 깨뜨려져 있었음을 알아야 한다. 왜 삼손이 머리털을 다 밀리도록 그냥 자고 있었겠는가? 분명히 그는 술에 취해 있었을 것이다. 아마도 삼손은 이미 오래전부터 술에 취하지 않으면 잠들 수 없는 상태에 빠져 있었는지도 모른다.

그가 그런 상태에 빠지게 된 사유를 이해하는 것은 사실 별로 어려운 일이 아니다. 그는 시체를 접하면 안 되는 나실인이었다. 그러나 생각해 보라. 그는 시체를 접하지 않는 것은 고사하고, 살아 있는 적들을 시체로 만드는 용사요 투사가 아닌가? 지금까지 그의 손으로 죽인 자가 얼마나 되는지 셀 수도 없을 정도이다. 20년을 사사로 지내는 동안 얼마나 많은 전투가 있었으며, 얼마나 많은 죽음이 있었겠는가? 온몸을 적의 피로 적시는 살인의 경험이 무수히 반복되는 동안, 삼손의 인간성은 어떤 영향을 받았을까?

그러나 조직적으로 움직이지 않는 삼손은, 블레셋을 물리치기는 했지만 그들을 정복할 수는 없었다. 세월은 흘러가고, 문제는 근본적으로 해결된 것이 아니며, 상황은 계속 블레셋과 대치하는 현상 유지의 연장이었다. 유아독존적인 성격과 비상식적으로 뛰어난 능력으로 인해, 가족도 없고 자녀도 없고 경쟁자도 없고 추종자도 없는 세월을 살아가는 동안, 삼손은 많은 살인으로 인한 점진적 인성 붕괴와 함께, 서원을 범했다는 죄책감과 세상에 혼자라는 고독감과 싸우며 조금씩 허물어져 갔으리라.

사건의 진행 과정

삼손은 들릴라에게 왜 자신의 비밀을 발설하였을까? 물론 그녀의 재촉과 조름에 못 이겨 그렇게 된 것이 사실이다. 그러나 그동안 한 번도 패해 보지 않았던 경험이 그를 교만하게 한 것도 사실이다. '설마 누가 나를 어쩌랴' 하는 교만과 '설마 네가 나를 배신하랴' 하는 방심이 합쳐져서, 능력이 자신에게서 나오는 것이 아님을 깨닫지 못하였던 것이다. 또한 삼손은 보기 드물게도 자기를 두려워하지 않는 이 여인에게서 유일한 위로와 휴식을 발견하고 있었기 때문에, '아무려면 어때? 이젠 정말 지쳤어' 하는 자포자기적인 심정도 있었을 것으로 짐작된다.

그러면 삼손의 능력이 과연 머리털에서 나왔겠는가? 머리털이 아니라 나실인의 구별을 통하여 드리는 하나님에 대한 순종과 의뢰에서 나왔음을 우리는 모두 알고 있다. 이 일이 있기 전에 삼손은 이미 나실인의 서원 가운데, 시체를 접촉하지 말라는 규례와 포도주를 마시지 말라는 규례를 지속적으로 범하고 있었다. 오직 머리털을 밀지 말라는 규례 하나만을 지키고 있었을 따름이다. 그래서 그 나실인의 서원이 완전히 깨어지자 하나님께서 그를 떠나셨고, 따라서 능력도 그를 떠나 버린 것이 아니겠는가?

이 일은 어느 날 갑자기 일어난 것이 아니라, 20년의 세월을 두고 점차로 이루어진 일이었다. 세 가지 서원 가운데 하나를 범하면 능력의 1/3이 줄어들고, 둘을 범하면 2/3가 줄어들었다면 삼손 스스로 경계했겠지만, 거듭하여 지속적으로 규례를 범해도 능력은 전혀 줄어들지 않았다. 그러므로 삼손은 으레 그러려니 하면서 나태해져 있었음에 틀림없다. 자기를 돌아보지도 않고, 하나님과 더 가까워지려는 아무 노력도 기울이지 않은 채, 그저 자신의 고독과 아픔만을 과대 포장한 채 하루하루를 살아가고 있었다.

오늘날 우리 가운데서도 이런 경우는 흔하게 찾아 볼 수 있다. 나이를 먹고 지위가 높아짐에 따라 현재의 상황에 안주하게 되고, 주님을 사랑하는 마음도 처음 같지 않다. 그뿐만 아니라 하나님 나라를 향한 열정 역시 사그라들고 있다. 그럼에도 불구하고 하나님의 은혜는 변함이 없다. 심지어 불의와 타협하고 사랑의 계명보다 자신의 유익을 앞세우는데도 하나님의 허락하신 은사는 줄어들지 않는다. 그래서 방심하고 자신을 돌아보기를 게을리하는 이른바 큰 종들이 얼마나 많은지 모른다. 그러나 하나님께서 어찌 그 모든 범죄와 불의와 불순종을 헤아리지 못하시랴!

삼손이 처음부터 하나님께 불성실했던 것은 아니었던 것 같다. 삼손도 처음에는 하나님을 위한 충성심으로 가득한 청년이었을 것이다. 그러나 세월이 흘러가면서, 앞에서 언급했던 여러 가지 이유로 인해, 차츰 게을러지고 권태와 허무감에 빠지게 되었다. 그러므로 지나치게 큰 능력과 은사는 도리어 위험한 결과에 이르게 할 수 있음을 알아야 한다. 차츰 나태해지는데도 은혜와 능력과 은사가 줄어들지 않는다면, 돌이킬 이유를 찾을 수 없을 것이다. 그러므로 지나치게 높은 데 눈을 두지 말고 분에 넘치는 은사를 사모하지 말라.

삼손 이야기의 본질

그런데 삼손 이야기의 본질은 이러한 상황과 조건 가운데 있는 것이 아니다. 삼손의 이야기는 처음부터 이렇게 진행될 수밖에 없는 구조를 가지고 있었다. 인생의 본질적인 부조리와 마찬가지로, 삼손은 근원적인 모순을 가지고 출발할 수밖에 없었다. 처음부터 그는 완전한 승리를 거둘 수 없게 되어 있었다. 하나님께서 허락하신 유례없는 삼손의 능력은 이 스토리의 본질적인 요소가 아니다.

앞에서도 언급했듯이, 하나님께서는 삼손에게 위대한 무력을 주시는 동시에 시체를 접촉할 수 없는 나실인으로 삼으셨다. 이것은 모순이다. 또한 포도나무조차 가까이하지 말라 하시면서 그를 사사로 삼으셨다. 사사는 이스라엘 민족의 최고 지도자이며 집단 공동체의 의장이다. 그리고 포도와 포도주는 이스라엘의 생존에 꼭 필요한 생산물 가운데 하나일 뿐 아니라, 오늘날 한국 교회에서 문제시하는 술과는 다른 개념이다. 따라서 이 역시 근본적인 모순이 아닐 수 없다.

그러면 사무엘도 평생 나실인이요 사사가 아니었느냐고 반문할지 모른다. 그렇다. 사무엘은 평생 동안 나실인의 서원을 철저히 지켰을지 모른다. 또는 그도 인간이니 서원을 범한 적이 있었을 수도 있다. 하지만 그랬다 할지라도, 사무엘은 돌이켜 하나님 앞에서 나실인의 구별된 거룩함을 지켜 나가기 위하여 온 힘을 다 쏟았으리라 짐작된다. 다만 사무엘의 시대와 달리 삼손의 시대는 블레셋의 지배를 받고 있었다는 점에서, 매우 불투명하고 혼란스러웠을 것이라는 점을 감안할 필요는 있다고 본다. 물론 동일한 시대였다 하더라도, 삼손은 사무엘보다 좀 더 제멋대로 행동했을 것으로 생각된다.

아무튼 삼손이 스스로의 의지와 노력으로 지킬 수 있는 규례는, 오직 머리털을 밀지 않는 한 가지뿐이었다고 할 수 있다. 아니, 직접 전쟁터에 나가지 않고 군사 조직을 지휘하여 승리를 추구할 수도 있고, 장로들의 회의는 항상 대리인을 내세워 주재하면 되지 않느냐고 주장할 수도 있겠다. 하지만 디지털 시대가 아닌 당시 상황에서 20년 동안 그런 식으로 일을 처리한다는 것은 불가능하다. 결국 용사이면서 나실인일 수는 없고, 나실인이면서 사사이기도 어렵다는 것이다. 삼손은 이 두 가지 모순을 함께 가지고 있었다.

도대체 하나님의 뜻은 어디에 있었을까? 삼손에게 강력한 전사의 능력을 주시면서 시체를 접촉하지 못하는 나실인으로 정하신 하나님의 뜻은 어디에 있는가? 삼손에게 포도주를 가까이 못 하게 하시면서 사사로 삼으신 하나님의 뜻은 어디에 있는가? 하나님께서는 도대체 무슨 뜻으로 삼손에게 이렇게 행하셨을까? 자기 뜻대로 할 수 없는 두 가지 조건과 자기 뜻대로 할 수 있는 한 가지 조건을 허락하시면서, 당신의 뜻을 실현하라고 하시는 하나님의 참뜻은 어디에 있는가? 그것을 아는 것이야말로 그리스도인에게는 참으로 중요한 일이 아닐 수 없다.

그런데 가만히 생각해 보면 상호 모순된 내면적 조건과 외부 환경 가운데 살아가는 것은 삼손만이 아니다. 삼손뿐 아니라 우리 역시 인생 자체를 그렇게 살아가도록 되어 있는 것이 아닐까? 하나님께서 사람의 인생을 그렇게 설계해 놓으신 것이 아닌가?

"하나님이 모든 것을 지으시되 때를 따라 아름답게 하셨고 또 사람들에게는 영원을 사모하는 마음을 주셨느니라 그러나 하나님이 하시는 일의 시종을 사람으로 측량할 수 없게 하셨도다"(전 3:11)

여기서 영원을 사모하는 마음과 시종(始終)을 알지 못하는 현실은 서로 배치된다. 영원을 사모하는 마음이 있으면 반드시 그 시작과 끝을 궁금해하게 마련이다. 짐승에게는 영원을 사모하는 마음이 없으므로 당연히 자기 존재의 시작과 끝을 궁금해하는 마음도 없다. 그러므로 짐승에게는 이와 관련된 어떤 혼란과 고통도 없다. D. H. 로렌스가 "죽어 가는 작은 새는 자기를 동정하지 않는다"고 했는데, 존재에 있어서의 갈등이나 죽음에 대한 두려움과 관련해서는 분명히 그들이 인간보다 더 강자이다.

누군가 "나는 만족한 돼지가 되기보다는 불만족한 인간이 되겠다"고 했다지만, 얼핏 훌륭한 말씀인 것은 사실이나 철저하게 자기(인간) 중심적인 발언이 아닐 수 없다. 이 말이 정당성을 가지기 위해서는 돼지에게도 물어보아야 하는데, 돼지는 대답할 능력이 없으므로 결국 영원히 미해결로 남을 수밖에 없다. 그러나 인간이냐 돼지냐가 아니라 만족이냐 불만족이냐를 기준으로 삼는다면 얘기는 근본적으로 달라진다. 만약 그 불만족이 생명을 위협하는 수준이 된다면 그때도 그렇게 말할 수 있겠는가? 자기 자신은 또 몰라도 생사의 분기점에 서 있는 자녀나 친구에게도 불만족한 인간으로 그냥 죽으라고 할 수 있겠는가?

이런 이야기들을 하다 보면 자연스럽게 알베르 카뮈의 부조리의 철학을 떠올리지 않을 수 없다. 《시지프의 신화》에서 그가 했던 말 가운데 "부당한 논리를 통해서라도 설명할 수 있는 세계는 친밀한 세계"라는 말의 의미가 절실하게 공감된다. 자, 정당한 논리가 아니라면 안 된다고 할 것인가, 아니면 어떻게든 설명하는 것이 더 중요하다고 할 것인가? 설명할 수 없는 세계는 인간이 살아갈 수 없는 세계이다.

논리의 정당성을 고집하면서 인생을 부정할 것인가, 부당한 논리로라도 설명하면서 삶을 긍정할 것인가, 그것이 문제이다. 다만, 그는 훌륭하게 문제 제기를 했지만, 스스로 무신론자였기에 대안 제시에는 실패했다고 본다. 《시지프의 신화》 초두에서 카뮈는 "인생은 살 만한 가치가 없다"는 명제를 결론이 아니라 출발점으로 삼겠다고 했지만, '부조리에 반항하는 인간'의 개념 정도로는 문제 해결에 턱없이 모자란다고 하지 않을 수 없다.

하나님께서는 인생의 시작과 끝을 모르게 하시려면 영원을 사모하는 마음을 주시지 말든지, 영원을 사모하는 마음을 주시려거든 인생의 시작과 끝을 알 수 있게 하시든지, 둘 중 하나를 선택하셔야 했다. 하지만 하나님은 그렇게 하지 않으셨다. 우리는 우리 자신을 규정하는 내면적 조건과 우리를 둘러싼 상황을 가장 중요하게 생각하지만, 하나님은 그렇지 않으시다. 하나님께서는 우리에게 주어진 조건과 상황 안에서 "네가 어떻게 하는지 보겠다"고 말씀하신다.

그러므로 나실인은 스스로 절제의 덕목을 갖추어 나가지 않으면 안 된다. 시체를 접촉하면 안 되는 자로서 전쟁을 수행해야 하고, 술을 마시면 안 되는 자로서 공동체를 이끌어야 하는 이러한 부조리 가운데에서, 삼손은 진정 영적 긴장과 균형의 끈을 놓지 말았어야 했다. 나실인의 규례 가운데 두 가지를 범했다는 사실보다는, 그럴 수밖에 없는 실존적 현실 앞에서 어떤 태도로 하나님께 나아갔느냐 하는 점이 더 중요하다. 그렇지 않다면 규례 가운데 하나를 범하는 그 순간 이미 모든 능력이 사라졌어야 마땅하기 때문이다. 그런 점에서 삼손은 실패한 것이다.

　머리털을 밀지 않은 것은 나실인으로서 삼손의 믿음의 마지막 상징이었다. 그것이 훼손되었다는 것은 구별된 나실인으로서의 모든 서원이 완전히 무너졌음을 의미한다. 설령 나실인 규례를 범했다고 해도, 일정한 절차와 과정을 통하여 다시 하나님 앞에 거룩함을 회복할 길이 열려 있음에도 불구하고, 삼손은 자포자기의 길을 선택하였다. 삼손은 자기 뜻대로 할 수 없는 조건에 집착하기보다는, 자기 뜻대로 할 수 있는 조건을 받아들임으로써 하나님의 자비와 긍휼을 구하여야 했다.

　그렇다면 오늘날 영적 나실인으로서 우리 그리스도인들은 어떻게 살아야 하는가? 포스트모더니즘 후기 자본주의 사회 가운데 살면서, 어떻게 이 세상과 구별되는 그리스도인의 정체성을 나타내며 살 수 있을 것인가? 어떻게 복음의 능력을 회복하며 이 세상에 하나님 나라를 이루어 나갈 수 있겠는가? 어떻게 하면 삼손과 같이 실패하는 인생이 아니라, 모든 연약과 무능에도 불구하고 주님과 동행하는 복된 믿음의 삶을 살 수 있을 것인가? 그것이 문제로다! 그것이 고민이로다!

베드로의
대변신

주님 부활 후 베드로의 변신은 정말 드라마틱하다.
바울은 변신하지 않았다. 다만 방향을 바꾸었을 뿐.
베드로의 변신은 불과 52일 만에 이루어졌다.

성경에서 가장 드라마틱한 캐릭터를 하나 골라야 한다면 아마도 베드로가 아닐까 생각해 본다. 모두가 알다시피 베드로는 주님의 수제자로서 초대 교황으로 알려져 있다. 그러나 그가 과연 주님의 수제자인지 아닌지는 잘 알 수 없다. 만약 그가 정말 주님의 수제자라면 그 근거는 무엇일까?

베드로가 첫 번째 제자가 아닌 것은 분명하다. 왜냐하면 베드로는 자신의 형제인 안드레의 소개로 주님을 만났기 때문이다. 그렇다면 그는 다른 제자들보다 나이가 더 많았거나, 또는 주님의 제자가 되기 이전부터 이미 동료들 사이에서 주도적인 위치에 있었을 가능성이 크다.

가톨릭 쪽에서 주장하는 대로 "주는 그리스도시요 살아 계신 하나님의 아들"(마 16:16)이라는 그의 고백 때문에 수제자로 인정을 받았다는 것은 어딘지 좀 허술하고 엉성해 보인다. 개인에게 천국 열쇠를 맡긴다는 것도, 또 열쇠를 맡았으니까 당연히 그가 교황이라는 것도 어불성설이지만, 어쩌다가 한번 정답을 맞혔다고 해서 덜컥 수제자로 삼는다는 것도 주님다운 처사와는 거리가 멀다.

수제자란 일반적으로 여러 제자들의 맏형으로서 나이뿐 아니라 실력도 품성도 다른 제자들의 모범이 되고, 장차 스승의 뒤를 계승하여 그의 가르침과 학풍을 이어 나갈 사람을 일컫는 말이다. 수제자란 그런 사람이다. 그러나 위대한 신앙 고백으로 주님의 수제자요 초대 교황이라는 명예까지 획득했다는 베드로의 그 이후의 행적은, 아무튼 매우 실망스럽다 하지 않을 도리가 없다.

"베드로가 대답하여 이르되 모두 주를 버릴지라도 나는 결코 버리지 않겠나이다 예수께서 이르시되 내가 진실로 네게 이르노니 오늘 밤 닭 울기 전에 네가 세 번 나를 부인하리라 베드로가 이르되 내가 주와 함께 죽을지언정 주를 부인하지 않겠나이다"(마 26: 33~35上)

이렇게 큰소리를 탕탕 쳤던 베드로가 불과 몇 시간 만에 어떻게 돌변해 버렸는지는 우리 모두가 이미 알고 있는 바와 같다.

"조금 후에 곁에 섰던 사람들이 나아와 베드로에게 이르되 너도 진실로 그 도당이라 네 말소리가 너를 표명한다 하거늘 그가 저주하며 맹세하여 이르되 나는 그 사람을 알지 못하노라 하니 곧 닭이 울더라"(마

26:73~74)

베드로는 주님을 그냥 부인한 것이 아니라 자신을 저주하면서까지 부인했다고 성경은 기록하고 있다. 어떻게 사람이 이렇게까지 망가질 수 있을까? 자신이 무슨 말을 하고 있는지조차 깨닫지 못하고 있는 사람처럼 베드로는 그렇게 행동하고 있었다. 그런데 그 순간 베드로는 주님과 시선이 마주쳤다고 한다.

"주께서 돌이켜 베드로를 보시니 베드로가 주의 말씀 곧 오늘 닭 울기 전에 네가 세 번 나를 부인하리라 하심이 생각나서 밖에 나가서 심히 통곡하니라"(눅 22:61~62)

왜 닭은 또 하필이면 그때 울었을까? 닭 우는 소리가 들리는 순간 주님과 눈이 마주친 베드로! 그제야 주님께서 하셨던 말씀을 기억해 낸 베드로는 울음을 참지 못하고 밖으로 뛰어나가 통곡하였다. 이제야 베드로는 자신이 무슨 짓을 하고 있었는지 깨닫게 되었던 것이다. 그랬던 베드로였다. 베드로는 그런 사람이었다. 그런데 그 베드로가 잠시 후 어떻게 변화하는지 주목해 보라. 베드로는 수많은 군중 앞에서, 로마 당국도 대제사장과 서기관과 바리새인들도 두려워하지 않고 담대하게 외치고 있다.

"그런즉 이스라엘 온 집은 확실히 알지니 너희가 십자가에 못 박은 이 예수를 하나님이 주와 그리스도가 되게 하셨느니라 하니 그들이 이 말을 듣고 마음에 찔려 베드로와 다른 사도들에게 물어 이르되 형제들아 우리가 어찌할꼬 하거늘 베드로가 이르되 너희가 회개하여 각

각 예수 그리스도의 이름으로 세례를 받고 죄 사함을 받으라 그리하면 성령의 선물을 받으리니 이 약속은 너희와 너희 자녀와 모든 먼 데 사람 곧 주 우리 하나님이 얼마든지 부르시는 자들에게 하신 것이라 하고 또 여러 말로 확증하며 권하여 이르되 너희가 이 패역한 세대에서 구원을 받으라 하니 그 말을 받은 사람들은 세례를 받으매 이 날에 신도의 수가 삼천이나 더하더라 그들이 사도의 가르침을 받아 서로 교제하고 떡을 떼며 오로지 기도하기를 힘쓰니라"(행 2:36~42)

과연 베드로의 변신은 놀랍다. 그의 변신은 불과 52일 만에 이루어졌다. 오순절은 초실절부터 계산하여 50일째 되는 날로서, 칠칠절이 끝난 다음 날을 의미한다. 그리고 주님은 초실절 새벽에 부활하셨다. 베드로가 저주의 맹세까지 하면서 주님을 부인했던 날은 초실절 이틀 전 밤중이었다. 그러므로 한없이 비겁했던 베드로가 겨우 52일 뒤에, 주님을 위해서라면 아무도 두려워하지 않는 용기 있는 사람으로 변신하게 된 것이다.

이러한 변신을, 주님의 부활을 목격하였기 때문이라거나, 오순절 마가의 다락방에서 성령의 기름 부으심을 체험했기 때문이라는 식으로, 얼렁뚱땅 설명하려고 하지 말자. 충동적이고 욕심 많고 비겁하던 사람이, 52일 만에 절제력 있고 자족하고 용기 있는 사람으로 변하는 경우는 이 세상 어디에도 없다. 만약 그것이 가능하다면, 어째서 우리는 수십 년이 지나도록 여전히 자신의 굴레를 벗어나지 못하고 있단 말인가?

아무리 기적을 체험하고 성령으로 충만해도 근본적인 인성은 바꾸지 않는 법이다. 하나님의 기적과 성령의 능력이 부족해서가 아니라, 기적과 능력을 담는 그릇인 사람이 불완전하고 연약하고 무능하기 때문이다. 그런데 베드로에게서 그 일이 일어난 것이다. 어떻게 그런 일이 가능했을까? 베드로처럼 연약한 사람이 어떻게?

예를 들어 사도 바울은 비록 주님의 제자들을 핍박했을지언정, 처음부터 용감하고 의지력과 인내심이 강한 사람이었다. 그렇기 때문에 바울 사도의 회심은 그저 방향이 바뀐 것일 뿐, 근본적 품성의 변화가 있었다고 보기는 좀 애매하다. 바울은 자신이 박해하던 예수가 진정한 메시아라는 사실을 깨닫는 순간, 자신이 이미 가지고 있던 열정과 추진력과 인내심과 의지력을 기존의 방향에서 전환하여 새로운 방향으로 집중하기 시작했다.

하지만 베드로는 경우가 다르다. 그에게서는 근본적인 인간성의 변화가 일어났다. 그래서 베드로는 성경 인물 가운데 가장 드라마틱한 캐릭터의 하나라고 분명히 말할 수 있다.

우리는 베드로를 가리켜 흔히 무식한 어부라고 얕잡아 보는 경향이 있다. 바울은 어쩐지 만만치 않을 것 같지만, 베드로 정도는 어떻게 맞먹어 볼 만하다고 생각하는 것이다. 그러나 그것은 사실일 수가 없다. 베드로는 결코 무식하고 가난한 어부가 아니었다.

예수님 시대의 고라신, 가버나움, 벳새다 등 갈릴리 북부 지역은 교통의 요지요 비옥한 토지를 가진 매우 부요한 지역이었다. 고고학 발굴에 따르면, 당시 갈릴리 호수에는 어업 독점권을 가진 다섯 가문이 있었는데, 베드로는 그중 한 가문 출신일 가능성이 매우 높다고 한다. 또한 벳새다 출신인 베드로가, 처가가 있는 가버나움에서 어업에 종사하고 있는 것은, 어떤 비즈니스적인 이유가 있었을 것이라는 주장도 있다.

가버나움과 벳새다는 인접해 있기는 해도 행정 관할이 달라서, 가버나움은 헤롯 안디바, 벳새다는 헤롯 빌립이 통치하고 있었다. 그렇기 때문에 벳새다에서 잡은 물고기를 가버나움에 내다 팔기 위해 관할을 넘어갈 때마다 물어야 하는 일종의 관세를 물지 않기 위해서라는 것이다. 그러므로 베드로는 지역 유지요 자신의 배를 소유할 만큼 상당히 부유한 계층에 속한 사람일 가능성이 높다.

물론 베드로에게 좀 단순하고 엉성하며 경솔한 면이 있는 것은 사실이다. 그는 마음속에 있는 것을 그냥 담아 두지 못하고 바로 입 밖에 내어야 직성이 풀리는 스타일이었다. 그러면서 어쩌면 마음속으로 자신의 그런 경향을, 남자다움과 솔직함이라는 이름으로 합리화하고 있었을지도 모른다.

"나는 그래도 거짓말은 하지 않아!"
"남자가 뭘 그렇게 쩨쩨하게 이것저것 재고 그래?"

주님께서 붙잡혀 가면서 베드로가 처했던 곤경은 야고보와 요한 그리고 다른 제자들과 별로 다르지 않았다. 그들도 역시 두렵고 당황스러운 나머지 거의 패닉 상태에 빠졌었다. 그런데 베드로가 유난히 돋보이는 이유는, 그가 그렇게 큰소리를 탕탕 쳤기 때문이다. 그렇지 않았더라면 베드로 역시 당황스러운 가운데서도 국면이 어떻게 돌아가는지 관찰하면서 수습책을 궁리하는 사람으로 남을 수 있었을 것이다.

그러나 베드로는 자신의 평소 성품대로, 주님 앞에서 가장 먼저 호언장담을 해 버렸다. 그리고 그 결과는 저주의 맹세까지 하면서 주님을 세 번이나 부인하는 것으로 끝나고 말았다. 정말 처참하게 망가진 베드로였다.

그런데 여기서 가장 중요한 부분을 놓치지 말자. 참으로 중요한 점은 그런 것이 아니다. 유월절 만찬의 자리에서 베드로는 자신의 생명을 바쳐 주님을 지키겠다고 분명히 선언했다. 베드로의 그 선언은, 과연 생각 없는 한 사내의 허풍에 지나지 않는 것이었을까? 아무 데나 나서서 잘난 체하기 좋아하는 목소리 큰 남자의 헛소리일 뿐이었을까?

그렇지 않다.

그때 베드로는 진심으로 그렇게 생각했고 또 그러리라고 다짐했을 것이다. 그가 놓친 것은 오직 하나, 자신이 과연 그렇게 할 수 있을 것인가 없을 것인가에 대한 고려였다. 그는 자신이 할 수 없는 것을 약속했다. 그리고 당연히 그 약속은 지켜지지 못했다. 여기서 우리는 인간의 육신이 얼마나 연약한가에 대하여 다시 한 번 확인하지 않을 도리가 없다. 우리 모두 지금까지 살아오면서 자기 자신의 진심을 수백 번도 더 배반했었다는 사실을 인정하지 않을 수 있을까?

베드로 역시 그러했다. 진심으로 주님을 사랑했던 베드로는, 자신이 그렇게 추락하리라고는 한 번도 생각해 보지 못했음에 틀림없다. 베드로가 다른 제자들과 같이 도망치지 않고 대제사장의 집으로 갔다는 것은, 그가 얼마나 주님을 사랑하고 또 그분의 안위에 대해 관심을 가지고 있었는지를 잘 말해 주는 증거라고 할 수 있다. 그러나 그렇게 어처구니없이 무너진 것을 보면, 그가 말고의 오른편 귀를 베어 버린 것도 주님을 지키기 위한 용기의 발휘라기보다는, 엄습해 오는 두려움 앞에서 충동적으로 도출된 자기 방어적인 공격성의 발로로 보는 것이 자연스럽다.

마음에 품어 입으로 시인한 말이 육신에 의해 부정될 때, 그것은 타자에 대한 부정이 아니라 자기 존재에 대한 부정이며, 삶의 동기와 의지와 자존감에 심각한 상처를 입히게 마련이다. 사람을 가장 무력하게 만드는 때가 바로 (자신의 결점이나 품성이 아니라) 자신의 존재 자체에 절망하고 좌절할 때이다. 상황에 대한 절망과 좌절도 물론 힘들고 고통스러운 일이지만, 그것은 거기서 벗어나기 위하여 발버둥친 결과 때로는 새로운 성취를 위한 동력이 되기도 하는 법이다. 그러나 자기 자신에 대한 절망과 좌절은 그렇지 않다.

이때 사람은 삶의 의욕과 동기를 잃고 아무런 노력도 기울이지 못하는 상태가 되며, 어느 누구와도 대면하고 싶지 않은 고립된 심리에 사로잡히게 된다. 만약 그 절망과 좌절이 하나님과 관련되어 있다면, 대면하고 싶지 않은 대상에는 당연히 하나님도 포함된다. 이러한 자기 좌절은 일정한 시간이 지나기 전에는 쉽게 회복되기가 어려운 법이다. 그렇지만 그러한 좌절로부터 회복되는 데 베드로의 성격은 아마도 얼마간의 도움이 되었을지 모른다.

그런데 주목하여 볼 것은 주님의 방식이다. 베드로에 대한 주님의 처방은 성급히 질책하는 것도 아니고, 섣불리 위로해 주는 것도 아니고, 그냥 내버려 두는 것도 아니었다. 주님의 방법은, 깊은 사랑의 관심을 갖고, 베드로가 혼자 해결하도록 기다려 주는 것이었다. 베드로는 주님께서 기다려 주시는 동안, 주님의 개입을 원하기도 하고 주님께서 개입할까 두려워하기도 하면서, 진정한 자기 자신과 대면하였을 것이다. 그 결과 그는 자신을 비난하기도 하고 용서하기도 하는 가운데, 좌절과 희망 사이를 오갔을 것으로 짐작된다.

주님께서는 베드로의 자기 성찰이 무르익었을 때 그에게 말을 거셨다. 주님의 말씀은 베드로를 비난하는 것도 아니고 용서하는 것도 아니었다.

> "그들이 조반 먹은 후에 예수께서 시몬 베드로에게 이르시되 요한의 아들 시몬아 네가 이 사람들보다 나를 더 사랑하느냐 하시니 이르되 주님 그러하나이다 내가 주님을 사랑하는 줄 주님께서 아시나이다 이르시되 내 어린 양을 먹이라 하시고 또 두 번째 이르시되 요한의 아들 시몬아 네가 나를 사랑하느냐 하시니 이르되 주님 그러하나이다 내가 주님을 사랑하는 줄 주님께서 아시나이다 이르시되 내 양을 치라 하시고 세 번째 이르시되 요한의 아들 시몬아 네가 나를 사랑하느냐 하시니 주께서 세 번째 네가 나를 사랑하느냐 하시므로 베드로가 근심하여 이르되 주님 모든 것을 아시오매 내가 주님을 사랑하는 줄을 주님께서 아시나이다 예수께서 이르시되 내 양을 먹이라 내가 진실로

진실로 네게 이르노니 네가 젊어서는 스스로 띠 띠고 원하는 곳으로 다녔거니와 늙어서는 네 팔을 벌리리니 남이 네게 띠 띠우고 원하지 아니하는 곳으로 데려가리라"(요 21:15~18)

이때가 주님께서 제자들 앞에 세 번째 나타나신 때였다. 세 번째 나타나신 주님께서는 다른 말 없이 오직 "네가 나를 사랑하느냐?"고 물으셨다. 만약 다른 말씀이었다면 베드로는 쉽게 반응할 수 없었을지도 모른다. 그러나 주님은 베드로가 대답할 수 있는 질문을 하셨다.

물론 "나를 사랑한다면서 어떻게 그런 행동을 할 수 있느냐?"라는 두 번째 질문을 예상할 수 있는 여지가 전혀 없는 질문이라고 할 수는 없지만, 40일 가까운 기간의 자기 대면의 시간이, 그러한 부담을 감당할 수 있는 내면의 공간을 베드로에게 허락하였으리라. 그래서 베드로는 "제가 주님을 얼마나 사랑하는지 주님께서 잘 아시지 않습니까?"라는, 다소 궁색하기는 하지만 지혜로운 대답을 할 수 있었을 것으로 생각된다.

주님은 이미 제자들 앞에 두 번 나타나셨지만, 베드로에게 아무 말씀도 하시지 않았던 것 같다. 그래서 베드로는 실망하여 다른 제자들과 함께 예루살렘을 떠나 갈릴리에 돌아와 있었을 것이다. 베드로는 자기 자신에게 너무 좌절한 나머지 도저히 스스로를 용서할 수 없는 그런 마음 상태였으리라 짐작된다. 그런데 주님께서 아무 말씀도 하시지 않으니, 감히 엎드려 용서를 빌 엄두도 나지 않아 이러지도 못하고 저러지도 못한 채 크게 상심하고 있었을 것이다. 따라서 자신에 대한 절망과 주님을 사랑하는 마음 사이에서 극에 달한 절박감에 시

달리고 있었던 베드로였다.

하지만 베드로는 아직 자신의 마음을 밖으로 드러내 표현하지 못하고 있었다. 그 이유가 무엇이든, 자존심 때문이든 생존 욕구 때문이든, 베드로의 마음은 마치 창문 없는 감옥에 갇혀 있는 듯한 상태였다고 본다. 이런 상태에서는 전혀 치유와 회복을 기대할 수 없는 법이다.

성경을 보면 주님께서 세 번째 나타나셨을 때 베드로는 배에 있다가 바다로 뛰어들었다고 한다(요 21:7). 여기서 베드로가 물속에 뛰어든 것은, 이제 자신에 대한 충성심 또는 자기애(自己愛)의 울타리를 버리고, 스스로의 깊은 속마음을 표현한 것이라고 볼 수 있다. 그리고 바로 그때 주님께서 나타나셔서 베드로에게 말을 거시는 것이다. 전이었다면 베드로는 겉옷을 두를 겨를도 없이 물속에 뛰어들었을지 모른다. 그러나 이제 그는 자신을 객관적으로 인식하기 시작하고 있는 것 같다.

이렇게 극한까지 자기 성찰을 경험한 베드로였다. 이는 단순히 자신의 한계를 인식했다는 것만을 의미하지는 않는다. 무엇보다도 그는 주님을 깊이 사랑하고 있었다. 주님을 사랑하는 마음이 없었더라면 베드로는 절대로 우리가 알고 있는 베드로가 되지 못했을 것이다. 주님의 눈으로 본다면 역시 가장 중요한 것은 당신에 대한 사랑이 아닐까 한다.

때와 상황에 따라서 주님을 부인할 수도 있고 도망칠 수도 있는 것이 사람이다. 하지만 주님에 대한 사랑이 있는 한 어떻게든 다시 회복될 수 있고 변화될 수 있는 것이 또한 사람이다. 그러므로 사람의 눈으로 볼 때는 그저 허풍을 떠는 것처럼 보일지 모르는 베드로이지만, 주님은 오히려 그런 그의 단순함과 솔직함을 사랑하실 수 있는 것이다. 베드로는 주님을 깊이 사랑하고 있었으니까!

이러한 배경 가운데 오순절에 마가의 다락방에서 놀라운 성령 강림 사건이 일어났다. 앞에서도 언급한 바와 같이 베드로의 놀라운 변신은 성령의 기름부으심만으로는 설명할 수 없다. 주님과 동고동락했던 3년의 신앙생활, 극단까지 경험한 자기 성찰, 주님의 가장 지혜로운 상담자적 터치, 그리고 그 위에 놀라운 성령의 기름 부으심이 더해진 결과, 베드로는 그야말로 환골탈태(換骨奪胎)하여 비로소 주님의 수제자가 될 수 있었던 것이다.

이제 베드로는 더 이상 허풍이 심하고 생각 없이 행하고 비겁하고 단순 무식한 과거의 베드로가 아니다. 주님을 위하여 십자가를 지되 감히 주님과 같은 모양으로 당할 수 없다 하여, 거꾸로 매달리기를 자청하는 믿음의 용사로의 변신에 성공한 것이다. 물론 그렇다고 해서 베드로가 베드로가 아니게 되었다는 것은 아니다.

> "야고보에게서 온 어떤 이들이 이르기 전에 게바가 이방인과 함께 먹다가 그들이 오매 그가 할례자들을 두려워하여 떠나 물러가매"(갈 2:12)

이를 보면 베드로에게는 아직도 여전히 유대인들과 율법에 대한 두려움에서 자유롭지 못한 부분이 있다. 지금도 여전히 베드로는 우리 자신과 같은 모습을 가지고 있다. 하지만 주님께서 우리에게 완벽한 모습을 원하시는 것은 아니라는 점에 주목할 필요가 있다. 완벽한 모습이 아닐지라도 베드로는 주님을 위하여, 하나님 나라의 영광을 위하여 살아가는 진정한 그리스도인으로 거듭난 것이 분명하다. 그것으로 충분하다. 그리고 우리도 그렇게 될 수 있고 또 마땅히 그렇게 되어야 한다.

'네 손에 붙이신 전쟁'에서 주의할 점

이기는 전쟁에서는 아군은 아무도 안 죽는가?
지는 전쟁에서 전우들과 함께 죽는다면 외롭지는 않을 거다.
승리한 전쟁에서 나만 죽어 돌아온다면 억울하지 않겠는가?

한 시대를 살아가는 동안 우리는 자연인으로서, 나라와 민족의 1인으로서, 공동체의 구성원으로서 어떤 형태로든 전쟁을 피할 수 없다. 당장에만 하더라도 북한과의 전쟁 가능성이 상존하고 있고, 가까이로는 걸프전과 월남전의 예를 들 수도 있다. 지금 진행 중인 전쟁만 해도 아프가니스탄과 시리아 등에서 벌어지고 있는 것이 현실이다.

전쟁에는 여러 가지가 있을 수 있다. 여기서 국지전, 전자전, 전격전, 참호전, 화생방전 등등 전쟁의 형태나 취업 전쟁, 무역 전쟁, 입시 전쟁 등 경쟁의 비유적인 표현들에 대하여 설명하고자 하는 것은 아니다. 형태나 내용은 아무래도 상관없다. 중요한 것은 그것을 어떻게 받아들이느냐이다. 어차피 피할 수 없는 이런저런 종류의 전쟁과 더불어 살아갈 수밖에 없는 인생이다. 그 가운데서 우리는 그리스도인으로서 어떤 태도를 취해야 하는가? 그것이 중요하다.

전쟁에는 두 가지가 있다. 이기는 전쟁과 지는 전쟁이 그것이다. 지는 전쟁을 누가 하고 싶겠는가마는, 전쟁에는 분명히 이기는 자와 지는 자가 있게 마련이다. 그러나 때로는 뻔히 지는 줄 알면서도 싸움을 마다하지 않는 것이 인간이라는 존재이다. 물론 마땅히 그리해야 할 때도 있는 법이다. 그러나 어쨌든 전쟁은 목숨을 걸고 하는 게임이다. 이기든 지든 최선의 노력을 경주하지 않으면 안 되는 것이 바로 전쟁이다.

이기는 전쟁과 지는 전쟁

기왕 전쟁이 벌어졌다면 지고 싶은 사람은 아무도 없을 것이다. 그뿐 아니라, 이길지 질지 모르는 전쟁도 아니고 분명히 승리를 확신할 수 있는 전쟁이라면, 얼마나 신나고 사기가 오를지 모를 일이다. 그러면 무엇이 승리에 대한 그러한 확신을 심어 줄 수 있을까? 말로 해서는 들어먹지 않는 상대를 힘으로 굴복시키기 위해 벌이는 것이 전쟁이라면, 어찌 되든 결국은 힘이 더 센 쪽이 이길 수밖에 없을 것이다.

승리의 가능성을 계산할 때 우리는 여러 가지 요인을 고려하게 마련이다. 병력의 수, 항공기와 전차와 대포의 숫자와 성능, 함정과 미사일의 실상, 국력의 차이 등등 여러 가지를 종합하여 전략을 짜게 될 것이다. 그리고 나서 이 전쟁의 승리 가능성이 얼마나 높은지 낮은지, 패배의 가능성이 높다면 그냥 굴복할 것인지 그래도 싸울 것인지, 아니면 동맹국을 끌어들일 것인지 등등을 결정하지 않으면 안 된다.

그런데 여기서 하려는 이야기는 이기는 전쟁에 대한 것이다. 이기는 전쟁에 무슨 특별한 주의 사항이 필요할까 생각할지도 모르지만, 그렇지 않다. 이기는 전쟁도 지는 전쟁 못잖게 여러 가지 준비할 것이 적지 않다. 누가 승리를 보장해 줄 수 있다는 것인지 의심스러울 수도 있겠다. 하지만 그리스도인이라면 최고의 승리에 대한 보장은 역시 하나님께서 함께하신다는 사실일 것이다.

"여호와께서 또 그 성읍과 그 왕을 이스라엘의 손에 붙이신지라 칼날로 그 성읍과 그 중의 모든 사람을 쳐서 멸하여 한 사람도 남기지 아니하였으니 그 왕에게 행한 것이 여리고 왕에게 행한 것과 같았더라"(수 10:30)

하나님께서 친히 이렇게 약속해 주신다면 도대체 무엇이 두려울 것이며, 거리낄 것이 무엇이겠는가? 전쟁에 대한 두려움은 멀리 사라지고 용기백배하여, 승리가 보장된 그 영광의 전쟁터를 향하여 앞으로 앞으로 전진하리라!

그러나 중요한 것은 바로 이 대목이다. 이렇게 묻고 싶다.

"하나님께서 우리 손에 붙이신 전쟁에서는 우리 편은 아무도 안 죽는가?"

승리하는 전쟁에서 살아남기

왜 우리는 승리하는 전쟁에서 자신은 절대 죽지 않을 것으로 착각하는가? 전멸에 가까운 패전 가운데서도 살아남는 사람이 있고, 도무지 비교가 되지 않을 것 같던 상대와의 전쟁 가운데서도 전사하는 사람이 있는 법이다. 왜 그 전사자가 자신은 아닐 거라고 생각하는가? 전쟁에 나가서 죽고 사는 것은 승리나 패배냐에 달려 있는 것이 아니라는 사실을 분명히 인식할 필요가 있다.

이기는 전쟁에 나가서 동료들은 모두 승리의 영광과 함께 전리품을 가득 안고 살아 돌아왔는데, 오직 나만 혼자 죽어서 돌아온다면, 그 억울함과 후회가 어떠할 것인가? 다들 재회의 감격을 누리는 가운데 나의 가족들은 또 어떻게 되겠는가? 많은 집에서 웃음이 터져 나올 때 우리 집에서만 한숨 소리가 새어 나온다면 그 노릇을 어찌할까? 홀로 외로이 죽어 혹시 명예롭게 국립묘지에 안장된다 하더라도, 가족과 친구들에게 아픔의 기억으로나 남을 뿐 아무 의미도 없다.

그럼 왜 승리하는 전쟁에 나가서 살아남지 못하고 죽는 것일까? 아무래도 패배하는 전쟁보다는 승리하는 전쟁이, 살아남을 수 있는 기회가 더 많지 않겠는가? 그럼에도 불구하고 승리하는 전쟁에 나가서 쉽게 전사하고 마는 것은, 전쟁의 속성을 꿰뚫어 보지 못하고 승리의 기분에 취해 교만해져서, 안전에 부주의했기 때문이라고 생각된다.

전쟁의 승패란 묘한 것이다. 승리하는 쪽은 언제나 마지막 살아남은 자가 더 많은 쪽이다. 적보다 더 많이 전사했어도 적보다 더 많이 살아남았다면, 패배한 것이 아니다. 따라서 큰 병력과 작은 병력 사이의 전쟁에서는, 종종 더 많은 전사자를 내고도 승리를 거머쥐게 되는 경우가 적지 않다. 그것이 바로 인해 전술의 특징이다.

이기는 전쟁이든 지는 전쟁이든 언제나 전쟁은 위험한 것이다. 잠시라도 방심했다가는 귀한 목숨을 잃게 마련이다. 하나님께서 함께하심을 확신한다 하더라도, 삼가 겸손하게 마음을 낮추고 전후좌우를 살피며 최선의 성실을 다하는 것이 마땅할 것이다.

이는 다만 자기 목숨을 보전하기 위해서만은 아니다. 오히려 하나님께서 함께하신 승리의 영광에 참여하기 위해서라고 할 수 있다. 하나님께서 지켜 주실 것이다? 그런 믿음은 훌륭한 것이지만, 하나님께서는 먼저 우리 자신이, 하나님께서 지켜 주실 만한 자가 되기를 원하신다는 사실을 기억하라.

오늘날 우리 그리스도인들의 영적 전쟁에서도 이런 원리는 다르지 않다. 하나님께서 함께하신다는 약속에 대한 확신, 이미 여러 차례 경험했던 승리의 경험으로 인해 교만해져서, 하나님의 깃발이 어디에 있는지 하나님의 뜻에 합당한지 아닌지 충분히 생각해 보지 않고, 여기저기서 전쟁을 일으키는 사람들이 얼마나 많은지 모른다. 패배한 사람들을 무시하고 가볍게 여기며, 하나님의 의와 긍휼을 실천하기보다는 자신의 승리를 자랑하려는 자들로 넘쳐나는 오늘날, 우리가 따르는 것은 도식화된 기독교인가 아니면 살아 계신 우리 주님 예수 그리스도인가?

그러므로 99번 싸워 이겼으나 마지막 100번째 싸움에 져서 총체적으로 패배하는 자와, 99번 싸워서 졌으나 마지막 100번째 싸움에 이겨서 총체적으로 승리하는 자 가운데, 어느 쪽이 더 하나님의 뜻에 합당하겠는지 생각해 보라. 작은 싸움에 99번 이기는 것이 큰 싸움에 한 번 이기는 것보다 못하다는 말이다.

이기고 있을 때 조심하라. 지금 이기고 있다고 앞으로도 끝까지 이기리라는 보장은 어디에도 없다. 하나님께서는 그런 보장을 즐겨 하시지 않는 분이시다. 또한 지금 지고 있다고 앞으로도 끝까지 지리라고 생각하지 말자. 지금 지고 있다고 의기소침해하는 사람은 분명히 이기고 있었다면 교만했을 사람이다.

조심하라. 조용히 자신을 돌아보라. 긴장을 풀지 말고 준비물을 점검하라. 냉철하게 현실을 직시하면서, 좌로나 우로나 치우치지 말고 마땅히 행해야 할 바를 감당하라. 그러한 절제가 당신을 승리하는 전쟁에서 전사하지 않을 수 있도록 지켜 줄 것이다.

기름 잘못 부어
세운 왕?

기름 부어 세웠는데 왕이 되지 못했다면 누구 책임인가?

기름 부어 왕으로 세웠더니 전쟁에 나가 죽어 버렸다면 누구 잘못인가?

기름만 부으면 누구나 왕이 되는 것인가?

위대한 왕 다윗! 그리스도인이라면 누구나 하나님의 가장 큰 은혜를 입은 사람으로 다윗을 꼽는 데 주저하지 않을 것이다. 다윗은 이름 없는 목동에서 몸을 일으켜 통일 이스라엘 왕국의 가장 위대한 왕이 되었을 뿐 아니라, 메시아의 조상으로서 모든 유대인들과 그리스도인들이 한결같이 우러르고 부러워하는 몇 안 되는 성경 인물들 가운데 한 사람이다. 몇 가지 중대한 범죄에도 불구하고 하나님은 그를 용서하셨고, 예수 그리스도를 통하여 하나님의 자녀가 된 우리도 그를 용서했다.

그래서일까? 정말 많은 어머니들이 아들을 위해 기도할 때 이렇게 기도한다.

"저의 아들이 다윗과 같은 믿음의 용사가 되게 하여 주시고, 머리가 될지언정 꼬리가 되지 않게 하여 주시고, 아버지께서 기름 부어 세우신 믿음의 종과 같이 평생을 하나님과 동행하게 하여 주옵소서!"

멋지고도 아름다운 이런 기도문은, 그러나 얼마나 기도자의 진실을 충실히 담고 있는지 의문이다. 자신이 하는 기도가 본질적으로 무엇을 의미하는지 기도자 스스로 깨닫지 못하고 있는 경우는 허다하다. 겉으로 드러난 영광만을 보고 속에 숨어 있는 고난과 고통의 과정을 보지 못한다면, 하나님의 뜻을 왜곡하고 복음의 진리를 자기 입맛대로 해석하여 주님의 십자가를 배반하는 결과를 가져오기 쉽다.

다윗의 영광 뒤에는 20여 년에 걸친 고난과 고통의 과정이 있었다. 하나님께서 기름 부어 세웠음에도 불구하고, 다윗은 20년간 자신뿐 아니라 아내들과 어린 자녀들의 생명까지 위협을 받으면서 쫓겨 다녀야 했다. 원수인 블레셋에 몸을 의탁하기도 하고, 짐짓 미친 사람의 행세를 해야 할 때도 있었다.

어찌 보면 다윗의 목숨은 겨우겨우 연명해 온 것이기도 했다. 자, 물어 보자. 당신 자신이나 당신의 자녀들이, 다윗이 당했던 것과 같은 고초를 감당해도 좋다고 말할 수 있겠는가? 그렇게 말할 수 있다면, 당신의 기도는 하나님의 뜻에 합당한 기도라고 할 만하다.

만약 다윗에게 기름 부을 때 사무엘이, 앞으로 그가 겪어야 할 향후 20년의 일을 미리 말해 주었다면, 과연 다윗의 반응은 어떠했을까? 혹시 기름 부음을 거부하며 지금 이대로 만족한다고 외치지는 않았을까? 제발 나를 그냥 내버려 둬 달라고 사정하지는 않았을까?

유익한 고난, 무익한 고난

우리 모두 일정한 고난을 통과한 경험이 있을 것이다. 또는 지금 고난 중에 있거나, 앞으로도 남은 생애를 통하여 몇 차례 더 감당해야 할지도 모른다. 하지만 엄밀히 말해서 그런 고난은 하나님으로부터 온 것이 아니다. 그런 고난은 결국 우리 자신의 욕심, 어리석음, 연약에 이끌려 앞으로 나아가다가 넘어지거나 실패하는 경우에 따른 결과가 대부분이다. 하나님께서는 단지 그런 결과를 선을 이루기 위해 사용하실 뿐이다.

그러므로 그 고난의 끝에 대한 전망은 하나님에 대한 신뢰에 달려 있다고 하겠지만, 고난 자체는 스스로의 죄의 결과이므로, 믿음과 인내와 지혜로써 잘 감당할 수밖에 다른 길이 없다. 고난이 유익하다고들 하지만, 그것은 참고 기다리는 길밖에 다른 방법이 없기 때문에, 힘을 내기 위해 하는 이야기일 뿐이다. 만약 그렇지 않다면, 지금이라도 빨리 고난의 길로 스스로 뛰어들 일이지 왜 그냥 그 자리에 남아 있는 것인가?

인간의 육체는 본질적으로 고난과 고통을 회피하게 되어 있다. 예수님조차도 "내 아버지여 만일 할 만하시거든 이 잔을 내게서 지나가게 하옵소서"라고 기도하시지 않았던가? 물론 "나의 원대로 마시옵고 아버지의 원대로 하"시라는 조건을 붙이시기는 했지만 말이다.

그러나 원하지 않았음에도 불구하고, 어쩔 수 없이 이러한 고난과 고통으로 내몰릴 때가 있다. 아니, 사람의 일생은 그런 고난과 고통의 연속이라고 해도 과언이 아니다.

끝까지 피하고 싶었던 고난과 고통 앞에 어쩔 수 없이 서게 되었을 때, 우리는 이렇게 말한다.

"그때 다른 선택을 했다면 결과가 달라졌을 텐데……."
"내가 좀 더 주의를 기울였어야 했어."
"너무 쉽게 생각했나 봐. 어쩐지 이상하게 잘 나가더라니!"

하지만 아무리 후회해도 결과를 돌이킬 수는 없는 법이다. 이제 선택할 수 있는 길은 오직 두 가지뿐이다. 여기서 끝낼 것인가 아니면 다시 시작할 것인가? 포기하지 않고 다시 시작한다면, 지난번 실패를 거울삼아 다시는 똑같은 실수를 범하지 않으리라 다짐해 보지만, 그러나 새로운 도전이 실패한다면 그것은 똑같은 실수를 범했기 때문이 아니라 새로운 실수를 저질렀기 때문일 것이다.

인생은 세상의 모든 실수를 다 경험해 볼 만큼 충분히 길지 않다. 또한 새롭게 다시 시작한다고 해도, 지금의 실패를 수습하고 다시 시작할 여건을 마련하려면, 일정 기간 동안 이 고난과 고통을 감수하지 않으면 안 될 것이다.

그런데 하나님께서는 이러한 고난과 고통을 선하게 사용하셔서, 우리를 훈련시키시고 하나님의 자녀에 합당한 믿음의 사람으로 성장하도록 하는 기회로 삼으신다. 스스로의 욕심, 어리석음, 연약의 결과이므로 누구를 탓하겠는가? 그렇지만 아무리 큰 유익이 있다 한들 이 고난과 고통을 기꺼워할 사람이 어디 있을까?

지금 고난과 고통으로 인하여 가쁜 숨을 몰아쉬는 사람에게 필요한 것은, 고난과 고통으로 인하여 얻게 될 먼 훗날의 유익에 대한 설명이 아니라, 지금 당장 그 고난과 고통을 경감시킬 수 있는 어떤 구체적인 도움이다. 고난과 고통으로 인하여 얻게 될 먼 훗날의 유익은 주님과의 관계에서 스스로 깨달아질 일이요, 사람과의 관계에서는 구체적인 도움이 더 절실하다는 말이다.

누구든지 함부로 타인을 위로하려고 하지 말라. 주님께서 하시는 위로와 붙드심에 오히려 방해가 될 수도 있다. 조금이나마 구체적으로 도움을 줄 자신이 없다면, 그저 그를 위해 기도하되 그 자신의 기도와 합력할 수 있도록, 구체적인 대화를 통하여 공감의 여지를 키우도록 하라. 예를 들어 언제 어디서 어떤 방식으로 함께 기도할지에 대하여 대화를 나누라는 말이다.

도움이 필요한 모두에게 동일한 방식을 적용하기는 어렵겠지만, 친소(親疎) 관계를 따라서 항상 몇몇 사람(구체적으로 어떤 사람들인지는 언제든 바뀔 수 있다)을 위해 기도하는 것을 평생의 사역 가운데 하나로 삼으라.

다윗이 선택받은 이유

고난을 당했을 때 하나님으로부터 멀어지는 사람이 있고 하나님과 더욱 가까워지는 사람이 있다. 당신은 어떤 사람인가? 고난으로 인하여 하나님으로부터 멀어지는 사람은 스스로 하나님의 자녀가 아님을 밝히는 것이요, 따라서 하나님의 선하게 사용하시는 섭리의 유익을 누릴 수 없다. 반면에 고난으로 인하여 하나님과 더욱 가까워지는 사람은, 하나님의 자녀로서 모든 유익을 누리고 훗날에 하나님의 영광을 위한 감동적인 간증을 할 수 있게 될 것이다.

역사에 가정은 없다는 말이 있다. 이미 지나간 일은 당연히 그렇게 될 수밖에 없었던 것처럼 보이는 법이다. 하나님께서 기름 부어 세우셨으니 당연히 왕이 될 수밖에 없었던 것이라고 말이다. 그러나 아직 진행 중인 일은 어떠한가? 조마조마하고 두렵고 때로는 의심하면서 그렇게 그렇게 지나가는 것이 아니던가? "내 인생이 이렇게 끝이 나는구나" 하며, 마음 깊은 곳으로부터 포기할 수밖에 없었던 그런 순간은 없었는가? 분명히 하나님의 뜻을 따라 시작한 일인데 왜 이렇게 안 풀리지?

인생에서 생략되는 것은 아무것도 없다. 거쳐야 할 과정은 반드시 거치지 않으면 안 된다. 성령의 기적을 분명히 인정하지만, 그조차도 전체 과정을 생략하는 것이 아니라 지극히 작은 과정에서 제한적으로 일어나는 법이다.

주님이 가신 길을 더듬어 보라. 주님께서 하나님의 아들이라는 프리미엄으로 무엇 하나 생략하신 적이 있었던가? 만약 그랬다면 그분은 그런 십자가의 길을 굳이 걸어가실 필요가 없었을 것이다. 따라서 주님의 제자라면 마땅히 어떤 과정이 생략되기를 기대하지 말아야 할 것이며, 또 그런 기도를 하지도 않는 것이 하나님의 뜻에 더 합당하리라 생각된다.

그런데 하나님은 왜 하필 다윗을 선택하셨을까? 다윗의 믿음을 보고? 물론 그렇다. 그러나 하나님께서 과연 다윗의 믿음만을 보고 그를 왕으로 선택하셨을까? 당시 이스라엘에서 가장 믿음이 뛰어난 사람이 다윗이었을까? 그래서 하나님께서 사무엘로 하여금 다윗에게 기름을 붓고 이스라엘의 왕으로 삼게 하셨을까?

하지만 여기서 분명히 말할 수 있는 것은, 다윗만큼의 믿음을 가진 사람은 지금도 드물지 않다는 사실이다. 물론 하나님의 섭리를 우리가 모두 이해할 수는 없는 노릇이다. 그럼에도 불구하고 하나님께서 다윗의 믿음만을 보시고 그를 선택하시지 않은 것은 분명하다.

다윗만한 믿음의 소유자는 그때나 지금이나 드물지 않다. 그러나 20년간 온갖 고초를 다 겪으면서도 흔들리지 않고, 오직 기름 부으신 약속을 신뢰하며, 처음 목적한 대로 하나님만을 좇을 수 있는 사람은 다윗밖에 없다. 하나님께서 다윗을 선택하신 진짜 이유는 바로 그것이다. 그래서 다윗의 가증한 범죄에도 불구하고 하나님께서는 다윗을 버리시지 않는 것이다.

이제 어머니들에게 묻고 싶다. 당신의 자녀가 과연 다윗과 같은 자녀인가? 믿음만이 아니라 타고난 품성이 하나님의 마음에 합한 자인가? 또 그렇다고 해도, 정말 다윗이 겪은 것과 같은 고난을 당해도 좋다고 여겨지는가? 그렇다면 계속 그렇게 기도하라. 반드시 하나님의 응답을 얻을 것이다.

그러나 그렇지 못하다면 다르게 기도하라. 하나님께서 어머니들의 기도에 응답하지 않으셨기에 망정이지, 만약 일일이 응답하셨다면 아마도 대혼란이 벌어졌을 것임은 의심할 바가 없다.

고통을 자원할 사람은 아무도 없다. 우리는 이기기 위해서가 아니라 벗어나기 위해 고난을 감당하는 법이다. 그러므로 내가 원해서가 아니라 하나님께서 원하시기 때문에 고난 가운데 서 있는 사람, 주님의 뜻이라는 그 한 가지 명분 때문에 고난 가운데 스스로 뛰어드는 사람은, 정말 믿음의 사람이라고 하지 않을 수 없다.

그러나 너무 실망할 필요는 없다. 하나님께서는 이미 완성되어 있는 자를 부르시기보다, 부르셔서 완성시키기를 즐겨하시니까!

양들의 착각

양을 키우는 목적은 무엇인가?
털과 젖과 고기와 가죽이 없는 양이 존재할 필요가 있을까?
양은 사람이 아니라 짐승이다.

양과 염소는 사촌 간이다. 양도 뿔이 있고 염소도 뿔이 있다. 둘 다 풀을 먹고 되새김질을 하며 젖을 생산한다. 얼핏 보면 양이나 염소나 그게 그거다. 세상에는 여러 종류의 양과 염소가 있는데, 때로는 겉모습만으로 분간하기 어려울 때도 많다. 더구나 생물학적인 구분이라면 몰라도 영적인 구분이라면, 진실을 밝혀내는 것은 더욱 어려워질 수밖에 없다.

우리는 그리스도인을 여러 가지 이름으로 부르지만, 가장 대표적인 이름 가운데 하나는 '주님의 양'이라는 명칭이다. 그렇게 부를 수 있는 이유는 아마도 양의 순종적인 성품에서 기인한 바가 크다고 본다. 그러나 거의 모든 그리스도인들이 오해하고 있는 것이 바로 이 부분이다. 도대체 주님께서 양을 키우는 이유가 무엇인지에 대해서는 생각하지 않는다.

양의 라이프스타일

종말의 이 시대를 그리스도인으로서 어떻게 살아가야 할 것인가 하는 문제는 결코 가볍게 여길 문제가 아니다. 이 땅에 양으로 태어나서 사람처럼, 때로는 염소처럼, 그리고 가끔은 양처럼 살아가야 하는 우리의 숙명, 꿈과 욕망, 아픔과 슬픔을 어찌 한두 마디로 표현할 수 있겠는가? 그러다 보니 자신이 사람인지 양인지 염소인지 분간하지 못하는 경우까지 생길 수 있다.

자, 양들의 소망이 어떠한 것일지 생각해 보라. 저 푸른 초원 위에 그림 같은 집을 짓고, 날마다 평화롭게 싱싱한 풀을 뜯으며 청명한 하늘 아래 아름다운 삶을 노래하면서, 사랑하는 주인과 함께 한 백 년 천수를 누리며 살고 싶지 않겠는가? 모든 고통과 문제는 주인이 다 맡아 해결해 줄 것이니, 눈물과 이별과 다툼이 없는 그런 생을 살고 싶지 않은 양이 어디 있을까?

양들은 주인을 믿고 따르며 신뢰하게 마련이다. 그들의 순종은 주인에 대한 믿음으로부터 출발한다. 평소에 주인이 그들을 어떻게 대하였기에 그런 믿음이 형성될 수 있었을까? 이 주인은 매우 신실한 주인으로서, 모든 열정과 성실을 다하여 그들을 보살피고 배려하고 사랑했을 것이다. 최악의 경우에는 자신의 생명에 대한 위협까지도 도외시하며, 그들을 위해 헌신했을 것이다. 그러니 어찌 양들이 주인을 믿고 따르지 않을 수 있었겠는가?

이 무리 가운데는 염소도 섞여 있었겠지만, 아마도 주인이 양과 염소를 차별해서 대우하지는 않았을 것으로 짐작된다. 주인은 염소에게도, 역시 양에게 하듯이 그렇게 보살피고 배려하고 사랑했을 것이다. 그런 주인이다. 그럼에도 불구하고 주인에 대한 충성과 순종에 있어서 양과 염소가 다르게 행동하는 것을 보면, 역시 태생적 한계를 어찌할 수는 없는가 보다.

아무튼 양들의 이러한 소망은 이해할 만하지만, 복음의 근본이라는 관점에서 보면 도무지 받아들여질 수 없는 망상이 아닐 수 없다. 주인과 함께 천수를 누리고자 하는 양들을 키워야 하는 주인이 있다면 그 고충이 어떨지 상상이 되지 않는다. 털이든 젖이든 고기든 가죽이든 필요한 것을 얻기 위해, 오늘도 주인은 양 떼를 몰고 아침 일찍부터 힘든 하루를 시작하고 있는 것이다.

양은 잡혀 먹히기 위해 존재한다

주인이 양을 키우는 이유는 언젠가 그것을 사용하기 위해서이지, 자연사할 때까지 반려양으로 삼기 위해서가 아니다. 다시 말해서 양은 잡혀 먹히기 위해서 존재한다. 함께 초원을 달리고 숲속을 쏘다닐 목적이라면 개나 말을 키우지 누가 양을 키우겠는가?

이렇게 말하면 당황스러울 수도 있겠다. 양을 지키기 위해 자기 목숨도 돌보지 않았던 주인이 갑자기 양을 도살하는 자로 보여 두렵게 느껴질 수도 있겠고, 이러한 반전으로 인하여, 주인의 친절이 처음부터 어떤 불순한 의도를 품고 있었던 것 같은 거리감으로 다가올지도 모르겠다.

그러나 영적인 것과 육적인 것을 혼동하지 않는 것이 중요하다. 아무튼 주인이 원하는 것이 양털인지 양젖인지 양고기인지 양가죽인지는 모르지만, 때가 되면 주인은 그것을 요구할 것이다. 수십 차례 양젖이나 양털을 요구하다가 마지막에는 결국 양고기와 양가죽을 요구할지도 모른다. 그때 가만히 순종하면 양이고, 거부하고 도망치면 염소이다.

많은 염소들이 자기를 양이라고 착각한다. 사실은 염소인데 생김새나 하는 짓이 비슷하다 보니 주변에서들 양이라고 인정해 주고, 그러다 보니 자신도 스스로를 양이라고 여기게 되었을 것이다. 그러나 TV 드라마나 영화에서 자주 보듯이, 지금까지 아버지의 아들인 줄 알고 살아왔는데 이제 와서 친아들이 아닌 것으로 드러난다면, 얼마나 불쌍한 일이겠는가? 그것도 임종을 앞두고서야 비로소 진실을 알게 된다면, 그는 인생을 헛산 것이라 해도 무방하리라.

성경은 마지막 심판의 때에 이르러서야 양과 염소의 정체가 드러날 것으로 묘사하고 있다. 자신이 염소인 줄 알면서도 양인 체 살았다면 사탄이라고 할 수 있겠지만, 스스로 양인 줄 알고 살았는데 마지막 때에 가서야 양이 아니라 염소인 것이 드러난다면, 얼마나 당황스럽고 고통스러울까?

마태복음 25: 31~46에 나오는 양과 염소에 대한 비유는 우리에게 많은 점을 시사해 주지만, 여기서는 단지 양과 염소의 정체가 드러나는 시점이 마지막 때라는 사실에 주목하고자 한다. 마지막 때라 함은, 더는 고칠 기회가 없다는 의미이다. 그러나 주님께서 오시는 때와 개인의 마지막 때를 혼동하지 않도록 하자. 개인적인 차원에서 보면, 주님께서 오시든지 우리가 자기 인생을 마치고 주님께로 가든지, 결과는 동일하다. 우주적인 종말이나 개인적인 종말이나 별로 차이가 없는 것이다.

또 한 가지 중요한 사실은, 양과 염소의 구분이 자기 자신에 의해서 결정되지 않는다는 것이다. 그것을 결정하는 것은 임금이다. 다시 말해서 구원의 확신이 사람을 구원하는 것이 아니라, 구원하고자 하는 하나님의 의지가 구원을 결정한다는 것이다.

구원의 확신은 여러 가지 근거를 가지고 있겠지만 어쨌든 주관적인 판단이다. 잘못된 구원의 확신이 얼마든지 있을 수 있다. 하나님의 고유 권한을 가지고 자기 판단대로 이러쿵저러쿵하는 것은 그야말로 교만이 될 수 있다. 이것이 구원파가 이단인 가장 큰 이유이다.

자, 이제 물어보자. 오늘날 낮은 곳으로, 작은 교회로, 선교지로, 양보하고 손해 보는 미덕으로, 희생과 헌신의 결단으로, 훈련과 성숙의 삶으로, 화해와 용서의 자리로 부르시는 주님의 부르심을 애써 외면하고, 자기 편한 자리에서 움직이려 하지 않는 당신은 도대체 양인가 염소인가?

양은 사람인가 짐승인가

정말 많은 목사님들이 성도들로 인해 괴로움을 당하고 있다고 호소하곤 한다.

전라도 어딘가에는 소위 3악 장로가 있다는 이야기를 들은 적이 있다. 이른바 세 명의 악한 장로들이다. 목사님의 정책에 사사건건 반대하며, 무슨 큰 원한이 있는지 조그만 틈만 있어도 어떻게든 목사님을 쫓아내기 위해 와신상담한다고 하니, 정말 그런 사람이 있다면 뜨거운 지옥불 당첨 1순위라고 해도 시원치 않을 노릇이다.

그런데 사정이 과연 들은 대로일까? 과연 그 장로님들은 그렇게 악한 사람들이고, 일찌감치 지옥행 고속 열차를 예매해 놓은 불충하고 불경한 사람들일까? 하지만 만약에 그 장로님들에게 발언권을 준다면 어떤 말을 할 것인지 정말 궁금하다. 어쩌면 우리는 전혀 다른 이야기를 듣게 될지도 모른다.

아마도 이런 갈등이 야기되는 것은 목사와 장로라는 직분의 관계에서 오는 부분이 가장 클지도 모른다. 과연 목사는 다 하나님의 뜻을 대변하는 자이고, 장로는 모두 주님의 뜻을 거스르는 자일까? 또는 모든 목사는 하나님의 뜻을 앞세워 자신의 유익을 추구하고, 모든 장로는 목사를 견제하며 하나님의 뜻을 온전히 드러내고자 불철주야 노력하는 것일까? 과연 일본인은 다 나쁜 놈이고 조선인은 다 착한 사람들일까?

여기서 좀 다른 이야기를 해 보자. 흔히 말하기를 목사는 목자이고 평신도는 양이라고들 한다. 물론 이것은 비유이지만, 목사(pastor)라는 단어 자체가 처음부터 목자라는 의미를 가지고 있다는 점을 감안하면, 그저 단순한 비유로만 치부해 버리기에는 뭔가 조금 아쉬운 느낌이 드는 것도 사실이다. 물론 목자들은 사실 주인이 아니다. 주인은 따로 있다. 이들은 다만 맡아 가지고 양육하다가 언제든지 주인이 달라고 하면 넘겨주어야 할 의무를 가진 고용인일 따름이다.

많은 목사님들이 성도들로 인하여 염려하고 괴로워하며, 때로는 서운한 감정을 토로하면서 분통을 터뜨리기도 한다. 오죽하면 저럴까 싶기도 하지만, 저래서는 안 되는데 하면서 탄식이 나올 때도 많다. 그래서 심지어는 목사가 성도를 쫓아내는 일까지 있으니 참으로 안타까운 일이 아닐 수 없다.

하지만 성도는 목사를 쫓아낼 수 있어도 목사는 성도를 쫓아낼 수 없다. 왜냐하면 목사는 주인의 고용인이고 성도는 주인의 양, 곧 주인의 소유물이기 때문이다. 만약 주인의 소유물을 고용인 임의대로 처분했다가는 주인의 엄한 질책을 피할 수 없을 것이기 때문이다. 그러므로 성도들로 인하여 고통받는 모든 목사님들에게 이렇게 말하고 싶다.

"당신은 사람이고 양들은 짐승이다. 당신은 도대체 양들에게 뭘 기대했는가? 그럼, 양들이 그럴 줄 몰랐단 말인가?"

"당신이 양의 자리로 내려가거나, 양을 사람의 자리로 올리지 말라.

당신이 겪고 있는 고통의 적어도 절반 이상은, 자신과 양들을 동등한 자리에 놓고 대립한 결과이다. 자신을 학대하지 말라. 당신은 양이 아니라 사람이다."

(들으시다가 살짝 기분이 나쁘시다면 진짜 짐승이 맞을지도 모릅니다.)

세리의
불편한 진실

바리새인에게 하신 말씀인데 세리가 감동받는 이유는?
세리의 고백은 과연 의롭다 하심을 받을 만한 것인가?
세리는 왜 아직도 여전히 세리인가?

당신은 바리새인인가 세리인가? 이렇게 묻는다면 어떻게 대답해야 할까? 바리새인이라고 대답하기에는 뭔가 너무 못된 사람이 되는 것 같고, 세리라고 대답하기에는 뭔가 더러운 사람이 되는 것 같아 꺼림칙한 기분이 든다. 그래서 "바리새인이기도 하고 세리이기도 하다"는 다소 애매한 대답을 해 보기도 하지만, 명쾌한 느낌이 들지 않기는 마찬가지이다.

"두 사람이 기도하러 성전에 올라가니 하나는 바리새인이요 하나는 세리라 바리새인은 서서 따로 기도하여 이르되 하나님이여 나는 다른 사람들 곧 토색, 불의, 간음을 하는 자들과 같지 아니하고 이 세리와도 같지 아니함을 감사하나이다 나는 이레에 두 번씩 금식하고 또 소득의 십일조를 드리나이다 하고 세리는 멀리 서서 감히 눈을 들어 하

늘을 쳐다보지도 못하고 다만 가슴을 치며 이르되 하나님이여 불쌍히
여기소서 나는 죄인이로소이다 하였느니라"(눅 18:10~13)

이 말씀은 바리새인들더러 들으라고 하시는 말씀이 분명하다. 바리새인들이 사실은 저 세리보다도 못할 수 있다는 뜻으로 하시는 말씀이다. 그런데 이 말씀을 들은 세리가 어깨를 으쓱하며 바리새인을 멸시한다면 어떻게 될까? 주님의 목적은 바리새인들을 도발하려는 것이지 세리들을 칭찬하려는 것이 아니다.

세리냐 바리새인이냐

사실 바리새인이 이러는 데는 아무런 이유가 없는 것이 아니다. 물론 세리가 그러는 데도 이유가 있다. 바리새인은 율법을 철저히 준수했다는 자부심에, 세리는 민족을 배반하고 로마의 앞잡이로 살고 있다는 죄책감에 저러는 것이다. 그러나 몇 가지 자랑거리에 한없이 높아지는 마음이나, 몇 가지 범죄에 한없이 낮아지는 마음이나, 근본적으로는 다를 것이 없다고 할 수 있다.

이렇게 말하면 어쩐지 주님께서 말씀하시고자 하는 내용에 다른 것을 섞는 것처럼 비칠 수도 있겠지만, 사실은 그렇지 않다. 주님은 이 이야기를 통하여 바리새인들이 깨닫고 도전받기를 원하셨다. 그리고 우리는 이미 그러한 사실을 알고 있다. 하지만 이 본문에서는 세리에게 초점을 맞추어 보고 싶다. 그러므로 다음 이야기를 계속 들어 보기 바란다.

세리든 바리새인이든 신분에 상관하지 않고, 통회하고 자복하는 마음 없이 하나님 앞에 나오는 사람은 누구라도 의로운 사람이라고 할 수 없다. 율법을 준수하는 것과 민족을 배반하는 것 사이의 거리는 그다지 멀지 않다. 이유야 어떻든 하나님 앞에 나오는 사람의 마음가짐이 중요하다.

하나님은 그것을 보신다. 이런저런 이유가 모두 합당한 근거가 있다 할지라도 지금 하나님 앞에서는 모두 잊어버리라. 마음 깊은 곳의 자랑거리들만이 아니라 부끄러운 기억들까지 모두 내려놓으라.

세리의 문제

그런데 이 세리는 어떤 사람일까? 이 사람은 언제부터 세리였으며 어떻게 세리가 되었을까? 어찌하여 그는 그 당시 이스라엘에 속한 사람이라면 모두가 치를 떨며 미워하고 혐오하는 세리가 될 생각을 할 수 있었을까? 아마 그의 출신 성분이나 성장 배경 또는 살아온 과정이 범상치 않고 많은 굴곡이 있었으리라 짐작된다. 다만, 그럼에도 불구하고 이 세리는 자기를 합리화하는 데 실패했으며, 하나님의 법을 완전히 떠나지 못하는 자신을 발견할 수밖에 없었던 것 같다.

자, 이 세리는 오늘 성전에 올라왔다. 그는 어떻게 성전에 올 수 있었을까? 지금이 무슨 절기인지 또는 오전인지 오후인지 우리는 알 길이 없다. 물론 그런 것은 중요하지 않다. 이것은 그저 비유이기 때문이다. 그러나 세리가 성전에 올라오는 동안 많은 사람들이 그를 알아 보고, 향하여 손가락질을 하거나 뒤에서 수군거리거나, 마치 어떤 더러운 것을 보는 듯한 태도를 취했을 것이라는 상상을 하기는 그다지 어렵지 않다.

따라서 이 세리가 성전에 올라왔다는 것은 자기 나름으로는 대단히 큰 용기를 발휘했다는 의미이다. 물론 로마의 공권력이 두려워 감히 그의 몸에 손을 대려는 자는 없었을지 모르지만, 그로서는 성전에 올라오는 것이 고역이었을 것이다. 그럼에도 불구하고 성전에 올라온 이 세리의 마음속에는 지금 죄책감과 서러움과 아픔이 마구 소용돌이치고 있지 않겠는가?

그렇지 않다면, 이 세리가 오늘 굳이 성전에 올라와 바리새인과는 전혀 다른 태도로 자신이 죄인임을 고백할 이유를 어디서 찾아야 할지 모르겠다.

그런데 정말 던지고 싶은 질문은 그게 아니다. 여기서 우리는 이렇게 물어볼 수 있다. 이 세리는 오늘 처음으로 성전에 올라왔을까? 만약 그렇다면 오늘 그가 보여 준 행동 – 감히 하늘을 쳐다보지도 못하고 가슴을 치는 – 으로 미루어 봐서, 내년에는 틀림없이 세리를 그만둘 것이라고 예상할 수 있을지도 모른다. 그러나 과연 그렇게 장담할 수 있을까? 또는 만약 그가 작년에도 성전에 올라왔다고 한다면, 이렇게 물어보고 싶다. 왜 그는 아직도 세리인가?

그렇게 감히 하늘을 똑바로 쳐다보지도 못하고 가슴을 치면서 자신이 죄인임을 고백했던 세리이다. 그러한 생각과 감정이 마음 깊은 곳에 자리 잡고 있어서, 아침 일찍 가족들 가운데 가장 먼저 일어나 새벽 어스름의 푸른 빛 가운데 홀로 설 때나, 해 질 무렵 어두워져 가는 하늘의 노을빛을 바라볼 때면, 무언가 가슴 깊은 곳에서 아픔과 같은 것이 올라오는 것을 느끼지 않을 수 없었던 세리였다. 그런 그가 재작년에도, 작년에도, 올해에도, 내년에도, 내후년에도 여전히 세리인 이유는 무엇인가? 왜 그는 세리인가?

문제는 이 사람이 지금 세리라는 그것이 아니라, 아직도 세리를 그만두지 못하고 있다는 바로 그 점이다. 자신이 세리임을 인식하고 그것이 죄악임을 자각하고 난 다음에도, 거기서 쉽사리 벗어나지 못하는 것을 어떻게 설명해야 할까? 그것이 그렇게도 어렵고 힘든 일일까? 왜 그는 세리라는 더러운 이름의 수치를 사무치게 증오하면서도, 신속히 그 지위를 내던지고 자유의 자리를 향하여 떠나려는 결단을 내리지 못하는 것일까?

세리의 고백에 대한 증언

그는 본질적으로 우리 자신과 별로 다르지 않다. 우리 역시 그렇지 않은가? 이 세리는 적당히 타협하고 적당히 더럽혀지고 또 적당히 진실한 우리 자신의 모습과 동일하다. 차라리 완전히 타락해 버리고 말았다면 최소한 혼선을 일으키지는 않았을 것이다. 그러나 분명한 입장을 정하지 못하고 타락과 경건의 중간 어디쯤에선가 배회하는 것이 우리 자신의 자화상이라면, 이 세리 또한 분명히 그렇다고 볼 수 있다.

그가 세리를 그만두지 못하는 이유에는 여러 가지가 있을 수 있다. 실직 후 닥칠 경제적 문제 때문일 수도 있고, 같은 세리 계층으로부터 올 수 있는 집단적 따돌림이나 불이익 때문일 수도 있고, 몇몇 사람들과 맺고 있는 강력한 유대와 의리 관계를 끊지 못해서일 수도 있다. 이러한 문제들은 우리 역시 쉽게 끊어 버리기 어려운 일임에 틀림없다. 그것이 바로 이 세리의 고백의 한계이다.

어쩌면 그의 고백은 본질적으로 자신이 세리라는 점에 기초해 있는 것이 아닐지도 모른다. 여기서 통회하고 자복한다는 것과 자신의 수치를 기억한다는 것이 반드시 같은 것은 아니다. 또한 율법을 준수한 데 대한 자부심을 잊어버리는 것과 자신의 수치를 잊어버리는 것은 서로 다른 것이 아니다. 자부심과 수치심 둘 다, 하나님 앞에서 통회하고 자복하는 심령으로 서는 데 방해가 될 뿐이다.

하나님 앞에서 통회하고 자복하는 심령으로 서는 데, 세리가 더 유리한 입장에 서 있는 것처럼 보이는 것은 사실이다. 하지만 바리새인이나 세리나 본질적으로 마찬가지이다. 이 말씀이 바리새인들에게 하시는 말씀이기 때문에, 세리의 심령 상태에 좀 더 강조점을 두신 것일 따름이다.

세리든 바리새인이든 통회하고 자복하는 마음 없이 하나님 앞에 나오는 사람은 모두가 교만한 사람이라고 할 수 있다. 지은 죄가 많기 때문에 감정적으로 더 격앙되었다고 하여, 하나님 앞에 더 의롭다고 할 수는 없다. 눈물을 더 많이 흘렸다고 하여 더 의로워지는 것은 아니다.

자기를 동정하는 것과 하나님의 동정을 입는 것은 엄연히 다른 일이다. 그러므로 인생의 본질에 대한 안목과, 총체적인 하나님 나라의 진리에 대한 이해와, 주님의 구속 사역에 대한 전적인 헌신의 결단 아래서만, 진정한 의가 드러날 수 있는 것이라고 말하고 싶다. 그럴 때만 세리는 더 이상 세리가 아닐 수 있을 것이다.

사람의 계명,
작은 자를 위하여

주님의 계명을 지켜서 주님의 사랑 안에 거하라.
주님께서 나를 사랑하신 것처럼 나도 너를 사랑하노라.
나의 사랑 안에 있으려면 사람의 계명을 지켜야 한다?

실존적 삶이라는 관점에서 볼 때 기독교 신앙의 핵심은, 영적 체험이나 성경 지식이 아니라 주님과 나의 관계라고 할 수 있다. 그런데 주님 자신의 고백에 따르면, 주님과 나의 관계는 하나님과 주님의 관계에 뿌리를 두고 있다.

> "아버지께서 나를 사랑하신 것같이 나도 너희를 사랑하였으니 나의 사랑 안에 거하라 내가 아버지의 계명을 지켜 그의 사랑 안에 거하는 것같이 너희도 내 계명을 지키면 내 사랑 안에 거하리라"(요 15:9~10)

우리는 이미 기독교 신앙의 본질이 사랑이라는 것을 잘 알고 있다. 하나님께서 주님을 사랑하신 것같이 주님은 나를 사랑하시고, 주님께서 나를 사랑하신 것같이 나는 너를 사랑하고, 내가 너를 사랑한 것같이 너도 나를 사랑하는 것이라고 할 수 있다. 그런데 여기서 아버지의 계명을 지키는 것과 아버지의 사랑 안에 거하는 것은 불가분리의 관계에 있음을 알 수 있다.

그러면 아버지의 계명은 무엇인가? "아버지께서 나를 사랑하신 것같이 나도 너희를 사랑하"는 것이다.

그렇다면 주님의 계명은 무엇인가? "내가 너희를 사랑한 것같이 너희도 서로 사랑하라"는 것이다.

정리해 보면 이렇다.

하나님과 주님의 관계는 사랑의 관계이다. → 하나님의 계명을 지켜야 한다. 하나님의 계명은 하나님께서 주님을 사랑하신 것같이 주님도 우리(나)를 사랑하시는 것이다.

주님과 우리(나)의 관계는 사랑의 관계이다. → 주님의 계명을 지켜야 한다. 주님의 계명은 주님께서 우리(나)를 사랑하신 것같이 우리(나)도 서로(너를) 사랑하는 것이라고 할 수 있다.

나와 너의 관계는 사랑의 관계이다. → 사람의 계명을 지켜야 한다.

사람의 계명

그러면 사람의 계명이란 무엇인가? 사람의 계명은 두 가지로 해석할 수 있다.

첫째는 "내가 너를 사랑하듯이 너도 나를 사랑하라"는 것으로 정리할 수 있겠다. 좀 더 구체적으로 말한다면 내가 준 것만큼 나에게 돌려다오, 나에게 예의를 지켜라, 나를 이해하고 존중하라, 나에게 공감하고 나를 인정하라, 나에게 강요하지 말라, 겉모습만으로 나를 판단하지 말라, 나에게 의리를 지키고 배신하지 말라, 나를 시기하거나 나의 것을 탐내지 말라 등등. 결국 이러한 덕목들을 지키지 않으면 나는 너에게 더 이상 사랑을 줄 수 없다는 말이다. 손해 보고는 못 산다는 것이다.

물론 이는 당연한 요구이며, 이 세상에서 대인 관계의 기본 질서를 이루는 근간이라고 할 수 있다. 대인 관계의 모든 갈등은 사실 이러한 사람의 계명을 지키지 않거나, 또는 그에 대한 해석의 차이에서 비롯되는 경우가 대부분이다. 그러나 현실 가운데 정말 중요한 문제는, 사람의 계명을 지키느냐 지키지 않느냐가 아니다.

오히려 사람의 계명을 지키지 않는 사람을 어떻게 대하느냐 하는 것이 더 중요한 문제가 아닌가 한다. 사람의 계명을 지키지 않는다고 하여 그를 미워하고 배척하는 것은 분명 주님의 뜻에 어긋나는 일이다. 그렇다고 하여 그냥 놓아두기에는 감당해야 할 손실이 만만치 않기 때문이다.

그러나 생각해 보라. 주님-우리(나)의 관계에서, 주님의 계명을 지키는 것이 전제 조건이었던가? 만약 전제 조건이었다면, 지금 우리 가운데 주님 앞에 설 수 있는 사람은 한 사람도 없을 것이다. 그것은 마치 죽기 전까지 갚을 수 있는 만큼만 갚으면 되는 대출금과 같다고 할 수 있다. 일종의 무한 후불 계약인 셈이다. (그런 제도가 있다면 무한정 대출을 끌어다 쓰지 않을 사람이 누가 있겠는가?) 그런데 우리는 왜 나-너의 관계에서는 사람의 계명을 지키는 것이 마치 전제 조건인 것처럼 생각하고 행동하는가?

결국 사람의 계명에 대한 첫 번째 해석은, 인간의 자기중심적인 본성을 충족시키고자 하는 의도를 드러낸다고 볼 수밖에 없다. 물론 인간의 자기중심적인 본성을 무작정 부정할 수는 없는 일이다. 하지만 그럼에도 불구하고, 내가 기대하는 만큼 나를 채워 주지 않는 타자에 대해 못마땅해하고 불평하고 비난하는 것은, 그리스도인에 합당한 행동이라고 말할 수 없다. 그러한 사람에 대해서도 그리스도인은 마땅히 사랑과 긍휼을 베풀어야 할 것이다. 그것이 주님의 뜻이다.

두 번째 해석

사람의 계명의 두 번째 해석은, "내가 너를 사랑하듯이 너도 '그'(녀)를 사랑하라"는 것이다.

이는 인간의 자기중심적인 속성상 좀 비현실적으로 보이기는 하지만, 주님의 뜻에 부합될 뿐만 아니라 이미 그 길을 걸어간 믿음의 선배들이 적지 않다. 사람이 항상 그럴 수 없다는 것은 자명한 일이다. 그러나 주님의 뜻이 어디 있는지 깨닫고, 비록 그 뜻이 나의 뜻과 어긋난다고 하더라도, 주님의 뜻에 나 자신을 복종시키기 위해 안간힘을 쓰는 것 역시 그리스도인으로서 당연한 일이라고 말하지 않을 수 없다.

작은 자

그런데 주님께서는, 주님의 은혜를 주님께 직접 갚지 말고 주님이 사랑하시는 자에게 갚는 것으로 대신하도록 하셨다. 주님과 나의 관계는 직접적으로 이루어지는 관계만은 아니다. 무슨 선지자나 예언자를 통해서 이루어지는 관계도 아니다. 오직 주변의 작은 자들과 맺는 관계를 통하여 간접적으로 규정되고 평가되는 관계이다.

사정이 이러한데도, 오늘날 주님의 은혜에 감격하여 교회의 사역과 봉사와 헌금에 힘쓰며 충성을 다하는 듯 보이는 한편 다른 이를 미워하고 시기하고 용서하지 못하는 그리스도인이 얼마나 많은지 모른다. 물론 모두 다 어떤 명분과 이유가 있을 것이다. 그러나 아무리 교회의 사역과 봉사와 헌금에 힘쓴다 해도 더 이상 주님과의 관계가 가까워지지는 못할 것이다. 왜냐하면 주님께서 세우신 근본적인 원리에 어긋나기 때문이다.

"이에 임금이 대답하여 이르시되 내가 진실로 너희에게 이르노니 이 지극히 작은 자 하나에게 하지 아니한 것이 곧 내게 하지 아니한 것

이니라 하시리니 그들은 영벌에, 의인들은 영생에 들어가리라 하시니라"(마 25:45~46)

그러나 여기서 작은 자들이란 그저 가난하고 부족하고 불쌍한 사람만을 의미하는 것이 아니라는 점을 깨달을 필요가 있다. (그렇다면 문제는 간단하다.) 작은 자는 나 자신과 수준이 비슷하거나 오히려 더 높은 사람일 수도 있다. 그뿐 아니라, 나의 도움과 배려에 감사하며 우호적인 태도를 보일 수도 있지만, 반발하며 적대적인 언행을 일삼는 사람일지도 모른다. 심지어 여러 가지 이유로 인하여 비열하고 교활하고 뻔뻔스러운 사람일 가능성도 배제할 수 없다. 그런 사람들과도 선한 관계를 지속해야만 하는가?

그에 대한 대답은 분명하다. 그런 사람들과 선한 관계를 지속할 수 있든 지속할 수 없든 관계없이, 선한 관계를 지속하려고 최선의 노력을 다하는 것이 복음의 원칙이다. 여기서 최선을 다한다는 것이 어렵다. 왜냐하면 최선을 다한다는 것은 "나는 할 만큼 했어"로 충분한 것이 아니기 때문이다. 최선을 다한다는 것은 삶이 끝나기 전까지는 결코 끝나지 않는 일이다.

물론 완벽한 최선이란 없다. 그러나 모든 최선은 항상 완전한 법이다. 오직 주님께서 나를 위해 그렇게 하셨음을 기억하라. 그러므로 네가 나에 대해 첫 번째 사람의 계명을 지키지 않는다 하더라도, 나는 너에 대한 두 번째 사람의 계명을 결코 중단할 수 없다. 그것이 바로 그리스도인의 길이다.

'하나님-주님'의 관계와 '주님-나'의 관계와 '나-너'의 관계는 한 가지로서 사랑의 관계이다. 모든 그리스도인은 어떤 경우에도 그 관계를 계승-유지-발전시켜 나가야 할 의무가 있다. 여기에는 예외가 있을 수 없다. 하나님 나라의 영광이란 화려한 교회당과 많은 신학교와 그치지 않고 계속되는 이벤트로부터 비롯되는 것이 아니다. 하나님 나라의 영광은, 이름도 없이 빛도 없이 하나님의 사랑을 실천하는 그리스도인 한 사람 한 사람으로부터 시작되는 것이다.

그러므로 우리는 알아야 한다. 이 세상에 사랑받을 만한 가치가 아주 없는 사람은 아무도 없다는 사실을. 또한 사랑할 만한 능력이 전혀 없는 사람 역시 아무도 없다는 점을 분명히 인식해야 한다. 사랑은 그렇게 흘러가도록 되어 있다. 하나님에서 주님에게로, 주님에서 나에게로, 나에게서 너에게로, 너에게서 그(녀)에게로 그렇게 흘러가는 것이 하나님의 뜻이요 하나님의 설계요 하나님의 방식이다.

> "그날에 많은 사람이 나더러 이르되 주여 주여 우리가 주의 이름으로 선지자 노릇 하며 주의 이름으로 귀신을 쫓아내며 주의 이름으로 많은 권능을 행하지 아니하였나이까 하리니 그때에 내가 그들에게 밝히 말하되 내가 너희를 도무지 알지 못하니 불법을 행하는 자들아 내게서 떠나가라 하리라"(마 7:22~23)

주님의 뜻은 언제나 사랑이다. 이적을 행하고 업적을 쌓고 능력을 발휘하고 많은 것을 이룰지라도 사랑이 없으면 아무것도 아니다. 아무것도 아닐 뿐만 아니라, 교만의 근원이요 탐욕의 열매요 안티 그리스도의 선봉에나 서기 십상이다. 이런 것으로는 결코 주님과의 관계가 돈독해질 수 없다. 주님의 뜻은, 언제나 사랑하되 주님의 뜻에 합당한 일련의 절차와 과정을 통하여 사랑하는 것이다.

모든 그리스도인은 마땅히 선을 행하고 의를 베풀어야 한다. 적극적으로 의를 행하지는 못할지언정 최소한 불의를 행하며 살지는 말아야 한다. 그러나 선을 행하되 주의 이름으로 행하고, 의를 베풀되 주의 뜻대로 베풀어야 한다. 오늘날 주의 이름으로 선을 행하고 의를 베푸는 사람이 적지 않지만, 주의 뜻대로 선을 행하고 의를 베푸는 사람은 정말 드물다.

표적 또는 지혜
그리고 십자가

표적과 지혜 가운데 어느 것을 선택하겠는가?

주님의 표적과 지혜에 감탄하다가 십자가를 놓치지 말라!

입으로는 십자가, 삶으로는 표적과 지혜?

"유대인은 표적을 구하고 헬라인은 지혜를 찾으나 우리는 십자가에 못 박힌 그리스도를 전하니 유대인에게는 거리끼는 것이요 이방인에게는 미련한 것이로되 오직 부르심을 받은 자들에게는 유대인이나 헬라인이나 그리스도는 하나님의 능력이요 하나님의 지혜니라"(고전 1:22~24)

유대인은 표적을 구하고 헬라인은 지혜를 찾는다는 바울의 지적에 대하여, 과연 유대인과 헬라인 자신들은 어떻게 받아들였을까? 고개를 끄덕이며 동의했을까, 아니면 말도 안 된다고 머리를 흔들며 강하게 부정했을까? 당신 자신은 표적을 구하는 편인가 지혜를 찾는 쪽인가? 오순절은 표적을 구하고 장로교는 지혜를 찾는다고 말한다면, 오늘날 한국의 오순절 신자와 장로교 신자들은 또 어떻게 생각할까?

이는 관점을 너무 단순화하는 것일지도 모른다. 복음에 대해 가질 수 있는 태도는 사람과 환경에 따라 매우 다양할 것으로 짐작할 수 있다. 그런 다양한 태도들을 표적과 지혜의 두 가지로 정리한다는 것이 가능한 일일까? 과연 그래도 되는 것일까? 유대인 가운데도 지혜를 구하는 자들이 있고, 헬라인 가운데서도 표적을 찾는 자들이 얼마든지 있을 수 있다. 표적을 통하여 지혜를 깨달을 수도 있고, 지혜를 통하여 기적을 경험하는 경우도 얼마든지 있을 수 있는 일이 아니겠는가?

그런 우려가 충분히 있을 수 있음을 인정하면서도, 이 표현을 하나의 비유처럼 받아들일 수 있을 것으로 생각된다. 바울은 십자가의 도에 대해 직접적으로 설명하기보다는 비유처럼 간접적으로 서술하기를 선택하였다.

비유는 직접 언급처럼 분명하고 구체적이지는 못하지만, 연결된 의미들을 통하여 생각의 범위를 확장시키는 효과를 가져오는 법이다. 그래서 표적은 단순히 기적만을 뜻하지 않고, 지혜는 단순히 지식만을 의미하지 않는다. 표적과 지혜라는 이분법 속에는 훨씬 많은 경우의 수들이 포함되어 있음을 이해하는 것이 중요하다.

표적이란 인과율의 법칙을 넘어서는 초월적인 현상이, 자연 현상이 아니라 신적인 현상으로 나타나는 것을 말한다. 이는 곧 인과율의 법칙을 초월한다는 것을 의미한다. 원인과 과정을 생략한 채 날벼락처럼 결과만이 갑자기 나타나는 것이다. 물론 이러한 기적의 현상은 즉시 하나님 임재의 증거로 간주되곤 한다. 그래서 많은 사람들이 그에 열광하며 그것을 사모하는 것이다.

그러나 우리는 사탄 역시 (하나님보다는 훨씬 못하지만) 기적을 일으킬 수 있는 능력을 가지고 있음을 알고 있다. 또한 기적에 열광하는 태도 안에는 분명히 자기를 충족시키고자 하는 동기가 강하게 숨어 있음을 부인할 수 없다. 타인을 채워 주기 위한 기적을 기대하는 것이 아니라 나를 채우기 위한 기적을 기대하는 것이라면, 그것이 곧 기복주의적인 태도가 아니고 무엇이랴?

지혜란 외부로 드러나는 현상보다는, 그러한 현상의 근본적인 원리에 대해 대답하고 싶어 한다. 자연 현상에 대해서도 마찬가지이지만, 특히 인간과 인생의 본질에 대해 의문을 제기한다. 그들에게 모든 것은 자체로서는 의미가 없고 그저 성찰의 대상일 뿐이다. 그 가운데서도 가장 중요한 것은 역시 자기 성찰이다. 그들은 온 우주를 자신 안에 담으려고 시도한다.

지혜를 구하는 자들의 일반적인 약점은, 쓸데없는 생각을 너무 많이 한다는 것이다. 자기 의와 자기 원칙에 사로잡혀, 정작 중요한 이해와 공감과 참여와 동행을 소홀히 하기 쉽다. 자기중심적이고 이기적인 태도가 아닐 수 없다.

기독교는 깨달음의 종교가 아니다. 뭔가를 깨닫는다고 해서 세상이 달라지는 것이 아니다. 깨달음으로 변화시킬 수 있는 것은 고작 자기 자신에 국한된 어떤 부분이라 할 수 있겠는데, 자신의 한계 또는 인간의 한계를 넘어서는 것과는 거리가 멀다. 기껏해야 끝없는 후

퇴를 통해 단기적이고도 표면적인 몇 가지 위안과 평안을 얻는 데 지나지 않는다.

십자가에 못 박혀 죽은 그리스도는, 표적을 구하는 유대인에게는 거리껴지는 것이고 이방인에게는 미련한 것으로 보일 수 있었을 것이다. 십자가 죽음은 이러쿵저러쿵 뭐라고 말하든 결국은 패배의 표시일 수밖에 없으며, 파국을 피하고 다음을 도모할 수 있었음에도 죽음의 길을 마다하지 않은 것은 정말 어리석은 결정이 아닐 수 없다.

그러나 생각해 보라. 주님께서 공생애 동안 유대인들이 듣도 보도 못했던 큰 표적들을 얼마나 행했던가? 또한 헬라인들이 상상하지 못했던 지혜들을 얼마나 많이 나타내었던가? 그런데도 유대인과 헬라인이 그렇게밖에 반응하지 못하는 이유는 무엇 때문일까? 왜냐하면 그리스도의 도는, 아무리 큰 표적이 나타나더라도 표적이 아니고, 아무리 놀라운 지혜가 드러나더라도 지혜가 아니며, 오직 십자가일 뿐이기 때문이다.

1. 유대인의 표적 < 그리스도의 표적 ⇒ 거리낌? → 기적이 일어나지 않았기 때문
2. 헬라인의 지혜 < 그리스도의 지혜 ⇒ 미련함? → 논리적으로 맞지 않으므로
3. 그리스도의 도 = 십자가

이 말의 의미를 설명하기 전에, 자연인으로서 주님의 삶이 어땠을지 상상해 보라. 주님도 먹고, 마시고, 밤에는 잠을 자야 했을 것이며,

낮에는 피곤해서 졸기도 하셨을 것이다. 하나님의 아들이셨으니 입은 옷은 해어지거나 더러워지지 않았을 것이고, 평생 감기 한번 걸리시지 않았을 것이며, 먹어도 배부르지 않고 굶어도 배고프지 않았을까? 메시아로서 사역자로서의 삶이 아니라 생활인으로서의 주님의 삶은 과연 어떠했을까?

    순복음교인 같았을까, 장로교인 같았을까?
    대학 교수 같았을까, 목수 아저씨 같았을까?
    총회장 목사 같았을까, 투잡(two job) 뛰는 무임 목사 같았을까?
    유명 강사 같았을까, 평범한 수강생 같았을까?

어쩌면 이런 모습도 아니고 저런 모습도 아닌, 제3의 어떤 모습을 상상하고 싶어질지도 모르겠다. 말씀이 많지 않고 행동은 경박하지 않으며 늘 점잖고 온화한 미소가 떠나지 않으면서도 감히 범접할 수 없는 위엄과 기품이 서려 있는 그런 모습 말이다.

그러나 이런 모습은 어딘지 공식적인 자리에서 외부인들에게 보여 주기 위해 조작된 듯한 느낌이 든다. 주님의 신성을 높이려다가 주님의 인성을 낮춤으로써 이단에 빠져 버린 어떤 자들의 주장처럼 들린다.

그러므로 주님의 생활은 어떤 한 가지로 고정된 모습이라기보다는, 때로는 이런 모습이고 또 어떤 사람에게는 저런 모습이 아니었을까? 다시 말하면 순복음교인 같기도 하고 장로교인 같기도 하고, 대학 교순가 하면 목수 아저씨 같기도 하고, 총회장 목사처럼 보일 때도 있지만 개척교회 목사처럼 보이기도 하고, 유명 강사 같은 모습과 평범한 학생 같은 모습을 동시에 갖고 계시지 않았을까?

그렇다.

예수 그리스도는 우리와 똑같은 성정을 가진 사람이어야 한다. 그래야만 우리를 대신할 수 있기 때문이다. 육신을 입고 살아가는 일이 어디 그렇게 만만한 일이던가? 주님도 우리와 똑같은 조건 아래서 육신으로 살아가는 동안, 우리가 경험하고 느꼈던 모든 일을 똑같이 겪으며 울고 웃으셨을 것이다.

예수 그리스도는 하나님의 아들이요 하나님 자신이어야 한다. 그래야만 하나님과의 연합을 통하여 우리를 구원하실 수 있기 때문이다. 하지만 이 영역은 우리가 다가갈 수도 없고 이해할 수도 없는 부분으로, 그저 믿음의 영역에 속한다고 말할 수밖에 없다. 성령으로 잉태되어 원죄가 없다는 것도 마찬가지이다. 그렇지 않고서는 인류 역사를 통틀어 우리 모두의 죄를 하나하나 대신할 수 없기 때문이다.

그러므로 인성과 관련하여 주님은, 원죄가 없다는 사실 하나를 제외하고는 우리 자신과 완전히 똑같은 사람일 수밖에 없다. 그분이 나타내신 놀라운 표적도, 그분이 드러내신 위대한 지혜도, 하나님의 아들이라는 프리미엄으로 그냥 하늘로부터 부어진 것이 아니라, 하나님의 뜻에 대한 철저한 순종과 하나님의 계명에 대한 완전한 복종으로부터 비롯되었음이 분명하다.

십자가의 순종이 어디 그렇게 쉽게 이루어질 수 있는 일이겠는가? 육체의 본성을 거스르면서 어렵게 어렵게 이루어진 일이고, 그렇기 때문에 진정으로 값지며 더욱 귀하고 귀한 일이 될 수밖에 없다. 그것이 바로 그리스도의 도이며 곧 십자가의 길이다.

그렇다면 십자가의 도란 어떤 것일까?

십자가의 도란, 주님께서 친히 보여 주셨던 것과 같이, 남을 위해 자신을 내주는 것이다. 자신을 내주고 싶은 자를 위해 자신을 내주는 것은 어렵지 않은 일이고 또 당연한 일이기도 하다. 그러나 주님은, 자신을 내줄 만한 가치가 전혀 없는 '나' 같은 자를 위해 자신을 내주셨다. 주님께서 그렇게 하신 이유는, 그것이 하나님의 뜻이기 때문이지만, 또한 주님을 향한 하나님의 사랑과 하나님을 향한 주님의 사랑을 구체적으로 실현하는 과정이기 때문이기도 하다.

이렇게 십자가의 도란, 사랑받을 만한 자뿐 아니라 '사랑받을 만하지 않은' 자를 위해 자신을 희생하는 것이라고 말할 수 있다. 순수하고 사랑스럽고 고분고분한 자들뿐 아니라, 더럽고 비뚤어지고 반발하는 자들을 이해하고 공감하고 불쌍히 여기고 용서하며, 그들을 위해 희생하고 헌신하는 것이다. 이른바 '작은 자'란 바로 그들을 말함이다.

그들을 위한 희생과 헌신에는 정성과 시간과 물질뿐 아니라 최종적으로는 (하나님의 특별한 뜻이 있다면) 자신의 생명까지 포함될 수 있다. 자신을 저주하는 자를 위해 기도하는 것이야말로 십자가의 도이며 복음의 핵심이 아닐 수 없다.

물론 이러한 십자가의 도를 구체적인 삶을 통하여 실현해 나가는 절차와 과정은, 각자의 생각과 주어진 환경의 조건에 따라 다양한 모습으로 드러날 수 있다. 때로는 정반대의 모습으로 나타날지도 모른다. 따라서 누가 누구에게 자신의 방식이 옳다고 강요하거나 비난할 수 없음이 자명하다.

더 많은 것을 양보했다고 하여 사랑이 더 많은 것도 아니고, 더 큰 것을 희생했다고 해서 더 큰 믿음이라고 말할 수도 없다. 다만 확실한 것은 단 하나, 모든 그리스도인의 삶의 가장 중심적인 동기는 십자가의 도, 오직 그것이어야 한다는 점이다.

작은 자를 위해 자기를 희생하는 이유는, 사실 그를 사랑하기 때문이라기보다는 주님을 사랑하기 때문이다. 따라서 이는 결국 자기 자신을 위한 일이 된다. 당신은 주님의 표적에 굴복하는 사람인가, 주님의 지혜에 복종하는 사람인가, 아니면 주님의 십자가에 무릎 꿇는 사람인가? 셋 중 하나를 선택하면 되는 질문이 아니라, 답은 오직 십자가뿐이라고 이미 공개되어 있다. 그런데 답이 이미 공개된 시험 문제를 틀리는 사람이 왜 그렇게 많은지……!

오늘날 기독교 공동체 안에, 입으로는 십자가를 따른다고 하면서 삶으로는 표적과 지혜를 구하는 그리스도인이 얼마나 많은가? 십자가의 도가 멸망하는 자들에게는 미련한 것이요 구원을 받는 우리에게는 하나님의 능력이라고 했다. 따라서 십자가의 도가 미련해 보인다면 멸망하는 자일 가능성이 매우 높다고 할 수 있을 것이다.

그런데 입으로는 십자가의 도를 하나님의 능력이라고 인정하면서도, 삶으로는 마치 미련한 것처럼 여기는 사람은, 도대체 누구라고 해야 할지 모르겠다.

30배 60배 100배의 결실

100배의 결실을 바라지 않는 사람이 어디 있으랴.
남이 가져갈 결실을 위해 씨를 뿌릴 수 있겠는가?
당신이 거둔 열매는 누가 심은 것인가?

씨 뿌리는 자의 비유

적게 심으면 적게 거두고 많이 심으면 많이 거둔다는 것은 고금의 진리이다. 마찬가지로 기름진 땅에 심으면 많이 거두고, 척박한 땅에 심으면 적게 거두게 마련이다. 성경은 좋은 땅에 씨를 뿌리면 30배 60배 100배의 결실을 맺는다고 말씀한다(막 4:8). 콩 심은 데 콩 나고 팥 심은 데 팥 난다는 말이다.

어느 작은 교회에서, 예배 시간에 목사님이 씨 뿌리는 자의 비유를 설교하면서, 30배 60배 100배의 결실을 강조했다고 한다. 설교는 힘이 있었고 설득력이 있었다. 다음 주가 되자, 목사님의 설교에 감동받은 어느 젊은 집사 부부가, 붓던 적금을 해약하고 500만 원의 감사 헌금을 드렸다. 교회에서는 젊은 부부의 헌신에 깊은 관심을 보였고, 많은 성도들이 이들에게 감동과 큰 도전을 받았다는 것이다.

농부가 30배 60배 100배의 결실을 바라고 씨를 뿌리는 것은 전혀 이상하지 않다. 그러나 주님께서 말씀하신 씨 뿌리는 자의 비유는 조금 다른 것을 의미하고 있다. 생각해 보라. 30배 60배 100배의 결실을 얻는 것이 정말 확실하다면, 어느 누가 많은 씨를 뿌리지 않겠는가? 그런데 어째서 이 젊은 부부만이 거액의 감사 헌금을 드렸을까? 왜 다른 성도들은 같은 설교를 듣고도 상식적인 수준의 헌금을 드리는 것으로 만족했을까?

그 이유는 가진 돈이 부족했거나, 또는 30배 60배 100배의 결실을 얻는 것이 확실하지 않다고 생각했을지 모른다. 만약 돈이 부족하지도 않고, 30배 60배 100배의 결실을 얻는 것을 의심하지도 않으면서, 많은 씨를 뿌리기를 포기하는 사람이 있다면 그는 어떤 사람일까? 그는 아마도 결실을 맺는 일에는 무관심한 사람일지도 모르겠다. 당신은 어떤 사람인가?

아무튼 이 젊은 부부는 적금까지 깨어 가면서 500만 원을 헌금했는데(심었는데), 이러한 선택을 우리는 어떻게 받아들이는 것이 좋을까? 초신자다운 순수함인가, 목사님에 대한 추종인가, 기복주의 신앙의 표현인가, 아니면 믿음의 행위인가? 외형적인 결과가 무엇이든 간에, 내면적인 동기가 무엇이든 간에, 우리는 이 비유의 참뜻을 깨닫지 않으면 안 된다. 우리 모두가 주님의 온전한 제자가 되기를 원하니까.

씨 뿌리는 자의 비유가 본래 의도하던 것은, 씨를 뿌리는 '자리'에 대해 이야기하려는 것이었던 것 같다. 그러나 우리의 관심은 비유의 참된 의미가 아니라, 30배 60배 100배의 '결실'에 집중될 수밖에 없다. 물론 그것은 인지상정이다. 따라서 아무도 그러한 경향에 대해서는 비판하거나 평가하려고 하지 않는다. 우리 모두가 똑같은 경향을 갖고 있기 때문이다.

하지만 주님의 비유는 분명히 그 이상의 것을 이야기하고 있다.

심는 자와 거두는 자

여기서 씨를 뿌리는 자리가 '심는 자'에 대한 이야기라면, 30배 60배 100배의 결실은 '거두는 자'에 대한 이야기라는 사실을 깨닫는 것이 매우 중요하다. 물론 심는 자와 거두는 자가 동일인일 수 있고, 비유에서도 그 점에 대해 다른 이야기를 하고 있지 않다. 하지만 온전한 그리스도인으로 살기 위해서는 좀 더 깊이 생각해 볼 필요가 있다.

> "거두는 자가 이미 삯도 받고 영생에 이르는 열매를 모으나니 이는 뿌리는 자와 거두는 자가 함께 즐거워하게 하려 함이라 그런즉 한 사람이 심고 다른 사람이 거둔다 하는 말이 옳도다"(요 4:36~37)

이 본문은 심는 사람과 거두는 사람이 같지 않다고 분명히 말하고 있다. 이는 정말 중요한 말씀이 아닐 수 없다. 내가 심었는데 내가 거둘 수 없다니, 그렇다면 누가 힘들여서 농사를 짓겠는가? 수확할 수도 없는 것을 목표로 씨를 뿌리는 농부가 어디 있겠는가? 그러나 복음은 그것을 가능하게 하며, 또 마땅히 그래야 한다고 가르친다. 내가 거둘 수 없는 것을 위해, 다른 사람이 거두게 될 것을 위해, 오늘 나더러 열심히 씨를 뿌리라는 것이다.

머슴은 주인이 거둘 것을 위해 열심히 씨를 뿌린다. 소작인 역시 지주에게 줄 것을 위해 씨를 뿌린다. 반면에 자기 땅을 가진 사람은, 남을 위해 씨를 뿌리는 것이 아니라 자기 자신을 위해 씨를 뿌리는 법이다. 이 비유는 자기 땅을 가진 사람이 아니라면 의미가 반으로 줄어든다. 자기 땅을 가지고 있으면서도 자신이 거두지 못할 것을 위해 열심히 씨를 뿌려야 의미가 있다. 그것이 복음의 원리요 그리스도교의 법칙이다.

물론 자신이 거둘 것을 위해 열심히 씨를 뿌리는 것은 결코 잘못이 아니다. 열심히 일하여 그 결실을 누리며 사는 것은 조금도 이상하지 않다. 하지만 그것만 가지고는 예수를 따르기에 충분하다고 말할 수 없다. 30배 60배 100배의 결실만을 바라고 많은 것을 심었다면, 인지상정이기는 해도 그것은 욕심이지 주님에 대한 순종일 수 없다.

주님은 오히려 남이 거둘 것을 위해 많은 것을 심으라고 하신다. 누가 거두든 그것은 주님께서 알아서 하실 일이다. 다만 하나님 나라 안에서 내가 심고 하나님 나라 안에서 다른 사람이 거두는 이 과정을 통하여, 주님에 대한 순종이 완성되고 하나님 나라의 영광이 이루어져 가게 됨이 분명하다.

그렇게 된다면, 남이 거둘 것을 위해 많은 것을 심는 마음이 이미 좋은 땅이고, 그렇게 이루어져 가는 하나님 나라의 영광이 이미 30배 60배 100배의 결실이 아니겠는가?

자, 그럼 이제 한 가지 큰 문제가 남는다. 그리스도인이라는 이유 하나로 항상 남이 거둘 것을 위해 씨를 뿌려야 한다면, 나는 아무것도 가져갈 것이 없다는 말인가? 내가 씨를 뿌린 결실은 언제나 남이 가져갈 터인데, 그러면 도대체 나와 내 가족은 무엇을 먹고 살아야 할까?

"내가 너희로 노력하지 아니한 것을 거두러 보내었노니 다른 사람들은 노력하였고 너희는 그들이 노력한 것에 참여하였느니라"(요 4:38)

성경은 지금 바로 우리가, 다른 사람이 심은 것을 거두고 있다고 말한다. 어쩌면 우리 인생 자체가, 다른 사람이 심은 것을 거두며 살아가게 되어 있는 것은 아닌지 모르겠다. 우리가 지금 누리고 있는 모든 것이, 사실은 누군가 다른 사람들이 심었던 것의 결실 가운데 전부 또는 일부이거나, 그 연장선에서 생성된 결과물이 아닌지 생각해 보라. 분명 그렇다는 사실을 알아차리게 될 것이다.

"나는 심었고 아볼로는 물을 주었으되 오직 하나님께서 자라나게 하셨나니 그런즉 심는 이나 물 주는 이는 아무것도 아니로되 오직 자라게 하시는 이는 하나님뿐이니라 심는 이와 물 주는 이는 한가지이나 각각 자기가 일한 대로 자기의 상을 받으리라"(고전 3:6~8)

여기서는 아예 심는 자와 물 주는 자가 둘로 나뉘어져 있다. 그리고 둘 모두가 오직 자라게 하시는 하나님께 영광을 돌리고 있다. 우리의 관심은 여전히 거두는 자가 누구인가 하는 데 있을지도 모른다. 하지만 심는 자와 물 주는 자가 한가지라고 한다면, 결국 하나님 나라 안에서 동일한 상을 받는다는 의미를 넘어, 정리하자면 주인이 따로 있다는 의미가 아닐까?

그러므로 상이란 자기 스스로가 30배 60배 100배의 결실을 거두는 것이라기보다는, 하나님 나라의 영광이 이루어져 가는 것이라고 할 수 있다.

더 많은 것을 거두기 위해

앞에서 콩 심은 데 콩 나고 팥 심은 데 팥 나는 게 진리라고 했지만, 인간사를 보면 꼭 그렇지도 않은 것 같다. 사랑을 심었는데 미움이 자라기도 하고, 화평을 심었는데 분쟁이 싹트기도 하는 것이 인간이다. 그러나 만약 그게 전부라면 성경의 말씀을 어떻게 진리의 말씀이라고 할 수 있겠는가?

사랑을 심었는데 미움이 자랐다면 하나님께서 두 배로 갚아 주시고, 화평을 심었는데 분쟁이 싹텄다면 하나님께서 세 배로 보상해 주신다는 것을 믿는 것이, 바로 기독교의 믿음이라고 하겠다.

사랑을 심었는데 미움이 자랐다면, 그 미움이 더 큰 사랑을 위한 거름이 되어야 할 것이다. 화평을 심었는데 분쟁이 싹텄다면, 그 분쟁으로 인하여 더욱 위대한 화평이 이루어질 것이다. 주님의 생애가 그러했고, 그리스도교의 진리가 그것을 증명하고 있다. 눈앞의 작은 미움과 분쟁을 결론으로 삼지 말라. 믿음 안에서 그것은 언제나 새로운 출발점일 뿐이다.

> "자기의 육체를 위하여 심는 자는 육체로부터 썩어질 것을 거두고 성령을 위하여 심는 자는 성령으로부터 영생을 거두리라"(갈 6:8)

육체를 위해 심는 자는 썩어질 것조차도 제대로 거두지 못하게 될 것이며, 성령을 위해 심는 자는 영생을 거두되 자신의 것으로 거두며, 또한 다른 사람이 심은 많은 것까지 거두게 될 것이다.

> "너희가 자기를 위하여 공의를 심고 인애를 거두라 너희 묵은 땅을 기경하라 지금이 곧 여호와를 찾을 때니 마침내 여호와께서 오사 공의를 비처럼 너희에게 내리시리라 너희는 악을 밭 갈아 죄를 거두고 거짓 열매를 먹었나니 이는 네가 네 길과 네 용사의 많음을 의뢰하였음이라"(호 10:12~13)

공의를 심고 인애를 거둔다, 정말 금과 옥 같은 말씀이 아닐 수 없다. 이제 우리의 묵은 땅을 기경하고 거기에 공의를 심어야 한다. 이는 자기 자신을 위한 것이라고 성경은 분명히 말하고 있다. 그러면 인애를 거두게 될 것이다. 자기를 위해 공의를 심으면 하나님의 공의가 비처럼 내려오게 될 것이다. 거짓 열매에 현혹되어서는 안 된다. 후기 자본주의 사회의 물질적 번영과 외면적인 화려함에 속지 말자.

오늘날 우리는 자신이 무엇을 심고 있는지 분별할 필요가 있다. 하나님의 뜻을 분별하지 않고 뿌리는 모든 씨앗은 죄악의 씨앗일 수 있다. 죄악의 씨앗을 뿌린다면 따라서 죄를 거두고 거짓 열매를 먹게 될 것이다. 자신의 길을 의뢰하고, 자신의 의와 생각과 재능을 의뢰하고, 사람을 의뢰하고, 100배의 결실에 현혹되고, 풍요하고 화려한 삶에 정신이 빠진다면, 이미 육체를 위해 죄악의 씨를 뿌리고 있는 것일지도 모른다.

근본적으로, 씨를 뿌리는 자는 자신이 거두지 못할 것을 알면서도 오직 하나님 나라의 영광을 위해 심기를 멈추지 않는 사람이다. 그러나 무조건 기계적으로 심는 것은 별로 의미가 없다. 수고는 했으나 많은 열매를 맺지 못할 것이다. 중요한 것은, 씨를 뿌리든지 물을 주든지 혹은 거두든지, 하나님의 뜻대로 하는 것임을 알아야 한다. 하나님의 말씀을 묵상하고 주님의 이름으로 기도하는 가운데 늘 하나님의 뜻을 분별하고 그 뜻에 복종해야 한다.

모든 것은 하나님 나라를 위해 사용하다가 다음 세대에 넘겨주어야 하는 것임을 명심하라. 나는 주인이 아니다. 그저 주인의 뜻에 따라 합당한 직분을 맡아 행하는 청지기일 뿐이다.

그리스도인이라면
괴짜가 되라

괴짜와 괴물의 차이를 아는가?
화젯거리와 이벤트만 좇아가는 선행이 선행인가?
그리스도인은 원래부터 괴짜였다.

"저물매 포도원 주인이 청지기에게 이르되 품꾼들을 불러 나중 온 자로부터 시작하여 먼저 온 자까지 삯을 주라 하니 제십일시에 온 자들이 와서 한 데나리온씩을 받거늘 먼저 온 자들이 와서 더 받을 줄 알았더니 그들도 한 데나리온씩 받은지라 받은 후 집 주인을 원망하여 이르되 나중 온 이 사람들은 한 시간밖에 일하지 아니하였거늘 그들을 종일 수고하며 더위를 견딘 우리와 같게 하였나이다 주인이 그중의 한 사람에게 대답하여 이르되 친구여 내가 네게 잘못한 것이 없노라 네가 나와 한 데나리온의 약속을 하지 아니하였느냐 네 것이나 가지고 가라 나중 온 이 사람에게 너와 같이 주는 것이 내 뜻이니라 내 것을 가지고 내 뜻대로 할 것이 아니냐 내가 선하므로 네가 악하게 보느냐"(마 20:8~15)

이 포도원 주인은 상당히 괴짜인 것 같다. 주인은 먼저 온 자들에게 아무것도 잘못한 것이 없다. 주인은 그저 나중에 온 자들에게 잘했을 뿐이다. 주인은 먼저 온 자들에게 처음에 약속한 만큼의 임금을 지불했다. 그리고 나중에 온 자들에게는 그들이 기대했던 것보다 더 많은 임금을 지불했다. 그는 정확히 지불하거나 더 많이 지불했다. 그는 어떤 경우에도 누구에게도 더 적게 지불하지 않았다.

그러나 이는 사회 통념에 위배된다. 같은 곳에서 같은 일을 했다면, 많이 일한 사람이 많이 받고 적게 일한 사람이 적게 받는 것이 당연하다. 나중 온 자들은 감사했겠지만, 먼저 온 자들은 상대적 박탈감을 느꼈다. 감사와 박탈감 중 어느 쪽을 더 중시해야 옳겠는가? 포도원 주인은 이기심에 근거한 상대적인 박탈감보다는 기대 이상의 은혜에 대한 감사함을 선택했다.

항상 더 많이 지불하는 주인이 있다고 하자. 그는 착한 사람이지만 일꾼들을 게으르게 만들지 모른다. 항상 더 적게 지불하는 주인은 악한 사람으로, 아마도 일꾼들을 분노하게 하리라. 항상 정확히 지불하는 주인은 양심적인 사람이지만, 일꾼들과의 관계는 사무적인 수준을 벗어나기 어려울 것으로 짐작된다.

항상 정확히 지불하거나 더 적게 지불하는 주인은, 일꾼들로 하여금 불이익을 당하지 않기 위하여 항상 의심하고 조심하도록 할 것이다. 아마도 그는 일꾼들을 효율적으로 다스리고 자신의 이익을 극대화하는 방편으로 그러는 것이겠지만, 이런 사람은 '괴짜'가 아니라 '괴물'이라고 부르고 싶다. 그렇다면 오늘날 우리 세계는 괴물들로 가득 차 있는 것은 아닌지 모르겠다.

이 괴짜 주인이 다음번에 어떻게 행동할지는 잘 모르겠다. 하지만 다음번에도 똑같이 행동하리라는 예측이 가능하다면, 누가 아침 일찍부터 일하려고 하겠는가? 그가 진짜 괴짜라면 다음에는 똑같이 행동하지 않을 것이다. 다음에도 역시 정확히 지불하거나 더 많이 지불하겠지만, 다른 방법을 찾을 것이다.

누가복음 18장에서 불의한 청지기를 칭찬한 주인도 상당히 괴짜이다. 달란트 비유에 등장하는 주인도 괴짜에 속한다. 모두가 상식적인 수준에서 행동하지 않으며, 상식을 넘어서는 지혜를 보여 주는 사람들이다.

주님의 소유물을 나의 뜻대로

그리스도인이 자신의 소유물을 주님의 뜻대로 사용하는 것은 당연한 일이다. 왜냐하면 그것은 원래 주님의 소유물이기 때문이다. 무슨 소리냐구? 당신이 주님의 소유이므로 당신의 소유물은 당연히 주님의 소유가 된다. 동의할 수 없다구욧? 그렇다면 이야기는 간단하다. 당신은 그리스도인이 아니다. 지금부터 이 자리에서 당신을 빼고 이야기하겠다.

그리스도인은 자신이 주님의 소유임을 인정하는 사람들이다. 따라서 자신의 소유물 역시 주님의 소유물로서, 자기 뜻대로 사용할 수 없다는 것을 안다. 만약 자신의 소유물이라고 하여 자기 뜻대로 함부로 사용하는 사람이 있다면, 그가 그리스도인인 이상, 주님의 소유물을 자기 뜻대로 사용했다고 비판하지 않을 수 없다.

물론 소유물을 사용할 때 그것이 주님의 뜻에 합당한지 그렇지 않은지를 구분하는 것은 현실적으로 명확하지 않은 경우가 많다. 또 소유물을 사용할 때마다 매번 무슨 인증이라도 받는 것처럼 해야 한다는 것도 좀 이상한 일이기는 하다. 하지만 주님의 뜻은, 다소의 분별이 필요하기는 하지만, 언제나 분명하다고 할 수 있다.

분별과 관련하여 주의해야 할 점은, 겉모습에 속지 말라는 것이다. 교회와 관련되어 있으니까, 선교의 명분이 있으니까, 당연히 주님의 뜻에 합당할 것이라는 생각은 상당히 위험하다. 이러한 일은 지극히 개인적인 것으로서, '나'를 향한 주님의 뜻을 분별하는 것이 무엇보다도 중요하다.

주님의 뜻을 분별하여 행하는 것이 쉬운 일은 아니다. 분명히 주님의 뜻에 맞지 않는 일만 행하지 않는다 해도, 결코 믿음이 적은 사람이라고 할 수 없을 정도이다. 그만큼 소유물과 관련된 이 사회의 가치 체계와 소비 시스템은, 마치 촘촘하고 결코 끊어지지 않는 그물망처럼 벗어나기 어렵다. 그럼에도 자본주의 사회의 가치 체계 및 소비 시스템과 주님의 뜻 사이에서 고민하는 사람은 많지 않다. 왜냐하면 가치 체계 및 소비 시스템은 자동 모드이고, 주님의 뜻은 수동 모드이기 때문이다.

이 사회에 살면서 이 사회의 법칙을 따르는 것은 지극히 자연스러운 일이다. 그러나 복음의 법칙은 많은 경우 사회의 법칙과 배치되게 마련이다. 사회의 법칙을 거스르는 데는 당연히 여러 가지 어려움이 있을 수 있다. 그것이 복음의 법칙을 따르기 위해서라고 해도 말이다. 주님의 뜻에 순종한다고 해도 삶의 과정 가운데 생략되는 것은 아무것도 없다. 과정이 생략된 순종은 순종이 아니므로.

자신을 그리스도인이라 여긴다면, 마땅히 자신의 모든 소유물을 주님의 뜻대로 사용하겠다는 의식이 있어야 할 것이다. 여러 가지 우여곡절이 있겠지만, 그것 때문에 주님의 뜻이 포기되어서는 안 된다. 그런데 모든 소유물을 주님의 뜻대로 사용하기 위해서는 먼저 몇 가지 새로운 눈을 뜰 필요가 있다. 그 몇 가지 가운데, 여기서는 제발 똑같은 패턴에서 벗어나라는 것만 말하고 싶다.

언제나 똑같은 패턴

아직 손에 넣지 못한 것을 포기하기는 쉽지만, 이미 소유한 것을 버리는 것은 어려운 법이다. 이미 소유한 것들을 버린다는 것은 때때로 단순히 소유물만을 버리는 것이 아니라, 소유물과 관련된 모든 인과관계, 익숙한 삶의 패턴, 소중한 인간관계 등까지 훼손시킬 수 있기 때문이다.

아브라함이 고향을 떠날 때 포기해야만 했던 것들의 목록을 생각해 보라.

국적 포기를 위한 절차, 시한에 맞추기 위해 헐값으로 팔아야 하는 모든 부동산, 20년간 활동해 왔던 VIP 클럽, 프리미엄이 붙은 골프 회원권과 여기저기 걸려 있는 보험과 펀드, 섬기던 교회의 모든 직분과 인간관계, 함께 자라고 함께 공부했던 모든 동무들과의 우정, 고향과 관련된 모든 추억들, 그리고 새로운 정착지에 도착할 때까지 겪어야 할 모든 위험과 불편 등등.

단순히 고향을 떠나는 데도 이만한 손실을 감수해야만 했던 것이다. 하물며 주님의 특정한 목적을 위하여 자신의 소유물을 직접 사용해야 하는 경우라면 결과를 예측하기가 쉽지 않다. 물론 자기 소유를 포기한다는 것이 반드시 가진 재물 전체를 포기해야 함을 의미하는 것은 아니다. 소유물이 꼭 재물만은 아니겠지만, 여기서는 알기 쉽게 재물이라고 생각하자.

그런데 재물의 포기와 그 절차보다 더 중요한 것은, 그렇게 어렵게 포기한 재물들이 어떻게 사용되느냐이다. 재물을 포기하는 것이 결코 쉬운 일이 아님에도, 우리는 대부분 그저 포기에 집중하는 경향이 있다. 그토록 많은 생각과 망설임 끝에 귀한 결단을 내렸음에도 불구하고, 그 이후 어떤 방식과 과정을 통하여 그 재물이 사용될 것인가에 대해서는 별로 고민하지 않는 듯하다.

하지만 재물의 포기보다는 그 뒷 과정이 훨씬 더 중요하다. 주님의 뜻을 받드는 일을 어찌 소홀히 할 수 있겠는가? 포기한 것은 주님께 드린 것이니 주님께서 알아서 하실 것이라는 생각일지도 모른다. 하지만 길바닥에 버린 것이 아니고 주님께서 직접 달라고 하신 것도 아닌 이상, 구체적으로 어떻게 사용되는가에 대해 관심을 가지지 않는다는 것은 상당히 이상하다. 나는 포기했으니 사용은 알아서 하라는 것인가?

주님의 관심은 사실 재물이 아니라 목적이다. 재물은 목적을 이루기 위한 방편일 뿐이다. 그런데 우리는 목적에는 관심이 없고 재물에만 관심이 있는 게 아닌지 모르겠다. 그래서 아까움을 무릅쓰고 재물을 포기했으니, 나의 할 바를 다했다고 여기는 것이 아닐까? 아마도 그렇지는 않겠지.

자본주의 사회에서 재물을 포기하는 것은 쉽지 않은 일인데, 그 어려운 일을 실천에 옮긴 사람이, 어찌 사용 과정에 참여하는 수고를 마다하겠는가? 그저 생각이 미치지 못했을 뿐이리라. 또는 포기한 것에 계속 관심을 두는 것이 마치 미련을 가지는 것처럼 보일까 봐 염려해서일지도 모르겠다.

그러나 이는 너무 소극적인 생각이다. 이미 하나님 앞에 바쳤으니 어떻게 사용되는지에 대해 관심을 가지지 말라는 가르침은 명백히 잘못된 가르침이다. 결국 교회나 단체나 기관의 누군가에 의해 사용처가 결정되고 집행될 터인데, 그 실무자가 헌금 또는 기부한 사람이어서는 안 될 이유가 없는 것이다. 만약 이미 사용처가 정해진 일에 드려진 것이라면 더욱더 사용 과정이 투명하게 공개되어야 할 것이다.

재물을 포기하는 과정은 힘든 과정이었지만, 포기한 재물을 사용하는 과정은 즐거운 과정이라고 할 수 있다. 생각해 보라. 돈을 쓰지 않는 게 즐겁겠는가, 쓰는 게 더 즐겁겠는가? 왜 그 즐거움을 포기해야 하는가? 그 즐거움은, 주님의 뜻에 부응하기 위해 귀한 재물을 포기한 당신에게 주시는 하나님의 축복이다. 그 축복을 누리라.

주님께서는 우리의 재물을 주님의 뜻에 맞게 사용하라고 하셨지 그냥 포기하라고 하지 않으셨다. 주님의 뜻에 맞게 포기한다는 말은 성립되지 않는다. 포기는 그저 욕심을 버리고 소유권을 내려놓았다는 것일 뿐, 모든 포기는 다만 수동적인 의사 표현일 따름이다.

내려놓는 것은 새로운 것을 들기 위함인데, 포기하는 것으로 끝난다면 그것은 균형이 맞지 않는다. 주님의 뜻이 이루어져 가는 과정들이 얼마나 다양하고 신기하고 예측 불가능한지 아는가? 그 과정 가운데 함께하는 것 자체가 엄청나게 큰 행운임을 깨달을 필요가 있다. 그래서 즐거이 자신의 재물을 포기할 수 있게 되는 것이다.

이것은 정기적인 헌금과는 다르다. 한 번에 큰 재물을 바치는 경우도 있고 여러 번에 걸쳐 조금씩 드리는 경우도 있겠지만, 소유물을 포기하는 것으로 끝나는 것이 아니라, 그 소유물을 구체적으로 어떻게 사용하느냐까지가 당신의 책임이다. 그 책임을 타인의 손에 맡기지 말라.

주님께서 재물의 포기만을 명하실 리가 없다. 기도의 내용은 항상 "제가 이것을 포기하기 원하십니까?"가 아니라 "이것을 어떻게 사용하기 원하십니까?"여야 한다. 그래야 모든 그리스도인이 자신의 구체적인 현실 속에서, 크든 작든 자신에게 속한 소유물을 주님의 뜻에 맞게 사용하는 흐름이 일반화될 수 있다.

신기하지 않은가? 어떻게 우리는 항상 똑같은 모습일까? 비교적 액수가 큰 경우이기는 하지만, 왜 기부는 언제나 학교, 도서관, 교회, 선교 단체 등 기관에 집중될까? 전 재산을 사회에 헌납하겠다는 중소기업 사장님, 평생 장사해서 모은 돈을 기부한다는 할머니, 못 배운 게 한이라는 권사님은 왜 모두 기관으로만 몰리는 것일까? 마치 기부(寄附)의 '기' 자가 기관(機關)의 '기' 자와 같은 글자이기라도 한 것처럼.

재물을 포기하고, 나눠 주는 기쁨도 포기하는 것은, 둘 다 포기만 한 것이어서, 명백히 손해만 보았다고 할 수밖에 없다. 만약 어떤 이유로 인해 반드시 기관에 기부해야겠다면, 자의적으로 사용하지 못하도록 용도를 분명히 제한하는 것이 좋을 것이다.

밥퍼 공동체와 아너 소사이어티

노숙자와 불우 노인들에게 식사를 대접하는 활동을 '밥퍼 사역'이라고 부르자. 배고픈 사람들에게 따듯한 한 끼 식사를 제공하는 이 '긍휼 사역'은, 그리스도교의 사랑의 정신을 가장 단순하게 잘 드러내 주며, 복잡한 정의가 필요하지 않은 귀한 사역이다. 십시일반 조금씩 모이는 작은 기부와 헌금으로 비용을 충당하고, 그저 먹고 마신다는 인간 생존의 원초적인 필요를 제공해 주는 것으로써 복음 전파의 수단을 삼는, 가장 기본적이면서도 지극히 호소력이 있는 전도 활동이라고 할 수 있다.

밥퍼 사역이 활성화되고 또 널리 알려지게 된 것은 IMF 사태 이후부터이다. 그런데 이 사역이 사람들의 관심과 언론의 조명을 받으면서부터, 여기저기에서 이전보다 훨씬 많은 헌금과 기부가 몰려들게 되었다. 그 결과 밥퍼 사역을 대표하는 한 단체는 그 기부금으로 제법 큰 건물까지 소유하게 되었다. 이 단체는 그 이후에도 밥퍼 사역을 중단하지 않고 있지만, 뭔가 다소 균형이 맞지 않는다는 느낌을 부인할 수 없다.

이 사례는 물론 전혀 비난받을 일이 아니며, 오히려 일종의 특이한 긍정 사례라고 부를 수 있을 것 같다. 그런데 문제는 그게 아니다. 문제는 이 단체 외에도 밥퍼 사역을 하는 다른 많은 단체들이 있다는 사실이다. 그들은 아직도 힘들고 부족하고 어려운 환경에서 겨우겨우 자신들의 사역을 끌어나가고 있다.

그들에게는, 이 단체의 긍정 사례가 용기를 주는 것이 아니라, 도리어 힘을 빼앗고 있다 해도 과언이 아니다. 상대적 위기감이 다른 많은 밥퍼 사역자들을 오히려 힘들게 하고 있는 것이다.

어떻게 이런 일이 벌어지게 되었을까? 왜 귀하고 헌신적인 사역들이 이러한 상황에 이르게 되었을까? 그것은 기부와 헌금이 이벤트와 화젯거리만을 좇았기 때문이다. 알려진 곳에 사람들의 관심이 쏠리는 것은 당연한 일이다. 하지만 자신의 소유물을 사용하여 다른 사람들을 돕는다는 것은 결코 쉬운 일이 아니다.

자신이 소유한 재물을 포기하는 것은 물론 고귀하고 힘든 결정이지만, 재물을 사용하는 절차와 과정이 사실은 더 어려울 수 있다. 왜냐하면 포기는 개인적 결단이지만, 사용 대상은 다수일 수 있기 때문이다.

다수의 대상을 향하여 행해지는 일은 이미 공적인 일이라고 할 수 있다. 개인의 헌신적인 결단으로 시작된 일이지만 결국 공적인 일이 되어 버리는 것이다. 이런 의미 과정을 충분히 이해하지 못한다면, "내 것을 가지고 내 마음대로 할 수 없느냐?" 하는 불평이 가능해진다. 그러나 물질의 헌신은 돈을 내는 것으로 끝나는 것이 아니다. 그것은 헌신이라기보다는, 규모가 좀 크기는 하지만 그저 포기일 뿐이다.

분명히 말하지만 물질적 헌신은 주님의 일이다. 이벤트와 화젯거리를 좇아 그 세속적 관심에 자신을 함께 드러내는 기부와 헌신이, 진정으로 주님께서 바라는 선한 행실일 수 있는가? 우리나라에서 기부가 필요한 곳이 아녀 소사이어티와 굿네이버스뿐인가?

괴짜가 없는 나라 대한민국

대한민국에는 괴짜가 없다. 괴짜란 전통과 사회 통념과 기존의 가치 관념을 부정적이지 않은 방식으로 거스르는 사람이라고 정의내릴 수 있겠다. (앞에서 말했듯이 부정적으로 거스르는 사람은 괴짜가 아니라 괴물이다.)

이런 괴짜들은 사회의 주류는 아니지만, 비주류로서 마치 양념과 같은 역할을 함으로써, 자칫 삭막해지기 쉬운 사회의 분위기를 미소와 온기와 여유가 있는 쪽으로 끌고 가는 법이다. 그런데 우리나라에는 그런 괴짜가 거의 없다. 왜냐하면 사회 분위기가 그런 흐름을 배척하고 평가절하하고 심지어 비판하기 때문이다.

우리는 괴짜를 좋아하지 않는다. 어릴 때부터 그런 가능성이 보이는 아이는 선생님의 눈 밖에 나게 마련이다. 체제에 순응하는 아이는 착한 아이이고, 역행하는 아이는 나쁜 아이이며, 회피하는 아이는 선생님의 무관심 속에서 각자도생(各自圖生)의 길을 찾게 된다.

그래서 우리는 거의 유사한 과정을 통하여 성장하고, 또 모두 엇비슷한 모양의 삶을 살게 된다. 이는 성장 과정만이 아니라 실제 삶의 과정에서도 분명히 드러나게 된다. 남들과 다른 모양으로 살고자 하는 사람은 많은 불이익을 감수할 각오를 하지 않으면 안 된다.

재미있는 것은, 사회에 제대로 적응하지 못한 사람들의 부적응 양상조차도 서로 비슷하다는 사실이다. 물론 최근에 와서 이런 일률적인 모습에 다소 변화가 일어나고 있기는 하지만, 우리 사회는 아직도 다양함이 모자랄 뿐 아니라 다양함과 절제의 관계에 대한 이해도 부족하다. 또한 절제된 다양함들이 나라 전체를 선진국으로 밀어 올리는 시너지 효과를 발휘한다는 사실에 대한 인식 역시 많이 부족한 편이다.

그러다 보니 한국의 그리스도인들도 상상력과 창의력을 발휘하지 못하고 규격화되어 있는 사람들투성이다. 또 대부분의 목사님과 교회에서도 정해져 있는 규율 중심의 신앙생활을 강조하고 있다. 왜냐하면 그렇게 하는 것이 통제하고 관리하기에 더 편하기 때문이다. 하지만 도식화된 신앙은 변수에 대한 대처 능력이 떨어지게 되어 있다. 따라서 이제는 집단 신앙보다는 개인 신앙에 무게를 두어야 할 때라고 생각한다.

그리스도인은 처음부터 괴짜였다. 부모의 죽음 앞에서 눈물을 흘리며 노래를 부르는 족속이 아니던가? 로마 시대에도 그들이 받았던 핍박의 상당 부분은 괴짜 같은 행동 때문이었다. 다시 말해서 그리스도인은 핍박을 받아도 괴짜 짓을 그만두지 않을 만큼 태생적으로 괴짜였다. 그런데 지금은 어떤가? 적어도 대한민국의 그리스도인은 전혀 괴짜스럽지 않아 보인다.

괴짜가 꼭 부유하라는 법은 없겠지만, 괴짜 그리스도인이라면 어떤 의미로든 사회에 선한 영향을 끼칠 수 있는 힘을 가지고 있다. 그들이 끼치는 영향력은 하나님 나라의 성취와도 밀접한 관련을 맺고 있다. 하나님께서 허락하신 소유물을, 하나님 나라를 위해, 하나님의 뜻대로 사용하기 위해서는, 괴짜가 될 필요가 있다. 이 시대는 그런 시대이다.

규모가 크든 작든, 부자라면 괴짜가 되라.
부자가 아니라면, 음…… 괴짜가 되라.
괴짜가 너무 많아질 때까지, 우리 모두 괴짜가 되자.

2부 | 기독교인문학을 넘어서

기독교인문학이란
무엇일까?

인문학의 정점에 있어야 할 신학은 지금 어디에 있는가?
성경은 알지만 인간을 모른다면, 성경을 모르는 것이다.
기독교인문학과 일반 인문학이 본질적으로 다른 것은 아니다.

1

흔히들 말하기를 인문학의 정점에 신학이 있다고 한다. 근거가 있는 말이라고 생각된다. 혈통으로 본다면 분명 신학은 인문학의 정점에 있다고 할 수 있을지 모른다. 모든 학문의 시발점은 사실 신에 대한 탐구로부터 비롯되었다고 해도 과언이 아닐 것이다. 또한 우리나라의 근대화 과정에서 기독교가 감당했던 역할을 생각해 보면 충분히 수긍이 갈 만한 주장이라고 본다.

이러한 학문의 계보를 떠나, 하나님의 말씀을 연구하는 기독교 신학이 모든 세속 학문의 정점에 있어야 함은, 지극히 당연한 결론이라고 하지 않을 수 없다.

하지만 혈통이 무슨 상관이겠는가? 고귀한 혈통에 무능한 역량이 어떤 결과를 가져올 수 있는지, 우리의 근대사는 잘 보여 주고 있다. 조선 왕가는 혈통이 천박해서 나라를 잃은 것이 아니라, 능력이 부족해서 나라를 지키지 못한 것이다.

왕이라도 능력이 없으면 신하에게 밀리는 것이 사람 사는 세상이다. 현실이 그렇다고 한다면, 오늘날 한국의 기독교가 놓여 있는 처지는 과연 어떤 것이라고 생각하는가?

오늘 우리는 위기 가운데 있다. 세상 가운데 기독교의 위상과 영향력은 예전과 비교할 수 없고, 오히려 세상으로부터 지탄을 받는 지경에까지 이르고 말았다. 인문학의 정점에 서 있어야 마땅할 신학은, 정점은커녕 인문학의 대척점에 서 있다.

정점에 서 있는 것과 대척점에 서 있는 것은 하늘과 땅 차이가 아닐 수 없다. 대척점에 서 있다는 것은 곧 그들과 동격이라는 의미이다. 일이 이렇게 된 가장 큰 이유는, 그동안 인문학을 한 단계 열등한 것으로 보고 배척해 왔기 때문이다.

여기서 성과 속은 본래 하나라는 것을 깨닫는 것이 중요하다. 성과 속을 외모로 구분하려는 태도야말로 유대교적인 태도요 전근대적인 자세이다. 이런 원리에 따르면 기독교는 세상보다 거룩하고, 교회의 전통과 제도는 태생적으로 성스러우며, 목사는 평신도보다 우월한 것처럼 보일 수 있다.

그렇게 되면, 작은 일이나마 자신의 본분에 최선을 다하며, 어려움 가운데서 믿음으로 자녀를 훌륭하게 키워 내는 일 따위는, 목회 사역보다 훨씬 몰가치한 일처럼 여겨지게 될지도 모른다.

2

이미 오래 전에 주님께서는 외형적인 규율의 법(율법)을 내면적인 동기의 법으로 바꿔 놓으셨다. 그러나 시대마다, 나라마다, 세대마다, 문화마다, 외형적인 규율의 법(율법)과 내면적인 동기의 법은 항상 갈등을 일으켜 왔다.

2천 년 전에 주님께서 바꾸어 놓으신 것을, 그렇게 오래도록 지금까지도 온전히 받아들이지 못하는 이유는 무엇인가? 그것은 아마도 이기심 때문일지 모른다. 어떤 말로 명분을 부여하든, 그 의미가 개인적인 것이든 집단적인 것이든, 그것은 결국 이기심일 수 있다.

외형적인 규율이 중요하지 않은 것은 아니다. 그것은 공동체의 유지를 위해 필수적인 요소의 하나이다. 공동체를 유지해 나가기 위해서는 반드시 통일된 룰(rule)이 필요하다. 문제는 그 의미와 한계를 제대로 깨닫지 못하고 있는 경우가 많다는 것이다.

또한 룰의 집행을 맡은 사람들은, 항상 룰을 강화하고 싶은 유혹에 빠지게 마련이다. 그렇게 하는 것이 일을 처리해 나가는 데 더 편하기 때문이다. 그것이 바로 이기심이다.

사람은 반드시 자신의 삶을 둘러싸고 있는 외형적인 규율의 영향을 받게 되어 있다. 어떤 환경 아래 있느냐에 따라 사람의 내면적 품성은 조금씩 달라질 수밖에 없다. 그러므로 율법이 내면적인 동기와 아무런 상관이 없다고 말할 수는 없다.

하지만 어느 것이 먼저인가가 중요하다. 사람을 위해 율법이 있는가, 율법을 위해 사람이 있는가? 율법으로는 구원받을 수 없고 오직 내면적인 믿음의 동기를 통해서만 구원받을 수 있다는 사실을 생각해 보면 알 수 있는 일이다.

수년 전에 상담 프로그램을 만들어 페이스북에 홍보를 한 적이 있었다. 같은 교단이지만 전혀 모르는 어떤 목사님으로부터 항의 댓글이 달렸다. 목사가 성경을 가르쳐야지 왜 상담을 가르치느냐고.

목사는 성경만을 가르쳐야 하나? 목사는 다른 분야의 일을 배우고 가르치면 안 되나? 목사는 병원이나 레스토랑이나 극장이나 백화점에 가면 안 되고 교회에만 있어야 하나? 전부 같은 이야기들이다. 교회 목회만 목회인가? 그러니까 목사의 좁은 안목이 비판의 대상이 되고, 한국 교회가 제 역량을 발휘하지 못하는 것이다.

주님 앞에서 가장 중요한 것은 무언가를 가르치고자 하는 목사의 내면의 동기이다. 자기 이익을 위한 것인가, 아니면 주님의 영광을 위해서인가? 이는 누가 이러쿵저러쿵할 수 없는 문제이다.

물론 한계는 있다. 아무거나 가르칠 수는 없는 노릇이니까. 문제는 상담이, 가르쳐서는 안 되는 것에 속하는지의 여부이다. 나의 결론은 이렇다. 상담은 가르쳐도 될 뿐 아니라, 반드시 가르쳐야 될 분야라는 것이다.

무엇을 염려하는지는 충분히 이해할 수 있다. 그러나 그런 염려는 복음의 능력을 믿지 못하기 때문일 수 있다고 본다. 복음은 그런 것들 때문에 흔들리지 않는다. 복음은 기독교적인 것들과 비기독교적인 것들과 심지어 반기독교적인 것들까지 모두 끌어안고, 결국 그것들을 자신의 것으로 만들 수 있는 능력을 가지고 있다.

상담으로 성경을 대체하자는 것이 아니다. 그렇게 말한다면 이단이다. 상담은 그저 보조 자료일 뿐이다. 그러면 성경은 성경 자체로 충분하기 때문에 다른 참고 자료의 도움은 필요하지 않다고 말한다. 얼핏 대단히 씩씩하게 들리지만, 그러면 묻자. 몸이 아플 때 기도만 해야 하는가, 아니면 병원에 가도 되는가?

그것과 이것은 다른 문제라고 말하지 말라. 이 문제는 성경이 부족해서가 아니라, 육체에 속한 인간이 부족해서 생기는 일임을 이해할 필요가 있다. 성경은 알지만 인간을 모르기 때문에 생기는 오해들이다. 물론 인간은 아는데 성경을 모른다면 아예 아무런 의미가 없다.

3

한국의 기독교가 상대적으로 폐쇄적이고 좁은 시야를 갖게 된 것은,

아마도 인문학을 멀리해 온 것과 관계가 있을 것으로 생각된다. 어려운 시절을 지내 오면서 공동체 유지와 함께 통일성을 지키기 위해서는 근본주의와 선명주의에 기울어지기 쉬웠으리라. 따라서 인문학 따위는 인본주의적인 산물로서 평가절하되고, 오직 성경을 읽고 공부하고 쓰는 것만을 강조해 온 것이다. 지금도 그런 흐름이 계속되고 있는 실정이다.

그러나 지난 60년 동안 우리 사회는 참 많이 달라졌다. 시대는 자꾸 바뀌어 가는데 교회가 시대의 변화를 읽고 따라가지 못하다 보니, 어느새 교회와 세상은 분리되고 말았다. 과거에는 교회가 세상을 선도했으나 지금은 세상이 교회를 앞서고 있다는 것도 변화라면 변화이다.

그래서 교회와 세상을 겸하여 살아갈 수밖에 없는 성도들은(목사도 포함해서), 교회에서의 삶과 세상에서의 삶이 서로 달라져서, 그리스도인다운 능력을 발휘하지 못하고 있는 것이다.

교회에서의 삶과 세상에서의 삶이 서로 다르다면, 그것은 명백히 '분열'이다. 좀 더 심해진다면 정신분열증 진단을 받을지도 모른다. 치료와 회복을 위해서는 '통합'이 필요한데, 세상에서의 삶으로 통합할 수는 없는 노릇이고, 그렇다고 교회에서의 삶으로 통합하는 것이 과연 가능할까?

지금의 한국 교회가 과연 세상을 향하여 삶의 모범을 제시하여 줄 수 있는 역량을 가지고 있을까? 이제 외적인 형태로서의 삶의 기준을 가지고는 아무것도 변화시키지 못하게 된 것이 아닐까?

이런 상황에서 인문학과의 연합은 여러 대안들 가운데 유력한 대안의 하나일 수 있다. 많은 사람들이 기독교인문학이라고 하면 기독교 고전이나 기독교적 배경을 가진 인문학적 성과물만을 생각한다. 그러나 그런 기독교인문학이라면, 세상을 담을 만한 큰 그릇을 제시하기보다는 오히려 기독교의 배타성만을 강화하는 결과로 끝날 가능성이 높다.

그러므로 비기독교적 인문학 또는 심지어 반기독교적 인문학까지 기독교인문학의 범주에 포함되어야 한다고 생각한다. 기독교인문학이 일반 인문학과 근본적으로 다른 것은 아니다. 문제의 핵심은 지향하는 바가 무엇이냐 하는 점이다. 그리스도인과 비그리스도인이 본질적으로 다른 것이 무엇인가?

요리사의 손에 들린 칼이나 강도의 손에 들린 칼이나 근원적으로 다른 점은 있을 수 없다. 그저 요리사에게 들리면 이기(利器), 강도에게 들리면 흉기(凶器)가 된다. 목적과 방향에 따라 가치가 달라지는 것뿐이다. 또한 아주 넓게 본다면 신학도 인문학의 범주에 포함시킬 수 있다고 생각한다.

오늘날 한국 기독교는 세속 문화에 대한 저항력이 매우 취약하다. 그래서 무비판적으로 좇아가거나 아니면 율법주의적인 울타리의 보호 안에 있고 싶은 유혹에 빠지게 된다. 그것은 기독교 외적인 것들에 대한 소양과 내성이 부족하기 때문이다. 이런 조건과 환경에서 어떻게 세상과의 영적 전투에서 승리하겠다는 것인지 모르겠다. 그런 의미에서 기독교는, 세상의 수준에 자신의 눈높이를 맞추는 부조리한 긴장 가운데 서기를 두려워하지 말아야 한다.

우리는 세상을 주님의 뜻 가운데로 이끌어 가기 위해 무슨 일이든 마다하지 말아야 할 입장이다. 세상의 흙탕물이 옷에 튀는 것이 싫다면 결코 세상을 구원할 수 없다. 흙탕물에 빠진 세상을 구하겠다면서 옷이 더러워지는 데 신경을 쓰면 어떻게 하겠다는 것인가? 옷이야 갈아입으면 그만인 것인데……. 뭐, 옷이 한 벌밖에 없다구?

더러워진 옷을 입었든 깨끗한 새 옷을 입었든 나는 주님의 피로 거듭난 그리스도인이라는 확신과 역량을 배양할 필요가 있다. 더욱이 승리는 이미 결정되어 있다. 어떤 혼란과 부작용이 있을 수 있겠지만, 복음은 능히 모든 혼란과 역기능과 반작용을 이겨 낼 힘이 있다. 그것을 믿을 수 있어야 한다.

인간 내면의 어두운 부분을 외면하기만 할 것이 아니라, 오히려 그 부분을 자기 자신의 한 부분으로 인정하자. 인간 본성의 명암을 더 깊이 통찰함으로써, 우리 주 예수 그리스도의 십자가 구속 사건의 진정한 의미와 그 리얼한 실상을 더욱 분명히 이해할 수 있다. 물론 사람을 건지려고 흙탕물에 뛰어들었다가 같이 빠져서 죽을 위험성도 전혀 없지는 않다. 그러므로 좀 더 신중할 필요는 있겠다. 하지만 구더기 무섭다고 장 안 담글 수는 없으니…….

4

요즘 우리 사회에 인문학 바람이 거세게 불고 있다. 여기저기서 내로라하는 교수님들을 중심으로 인문학 강좌들이 열리고 있다. 무슨 CEO를 대상으로 하는 최고위 과정이라는 인문학 강좌는 수강비가 수백만 원이라는 소문도 들린다. 그런데 그렇게 훌륭한 인문학 강의를 많이 들으면 인문학적인 소양이 깊어지고 성숙한 품성을 이루게 되는 것인지 의문의 여지가 있다.

1인당 소득 5만 달러가 넘어도 국민 의식이 따라가지 못하면 선진국이 될 수 없다고 한다. 가장 큰 이유는 인문학적인 성숙도가 낮기 때문이다. 그런데 우리의 인문학적 행태는 어딘지 매우 눈에 익은 특징을 보여 주고 있다. 그것은 다름 아니라 '빨리빨리'라는 구호로 대표되는 이른바 '냄비 근성'이라고 말할 수 있다. '빨리빨리' 핵심을 요약 정리하여 지식의 틀을 확장하겠다는 의지의 표현이라는 말이다. 하지만 정작 대학에서는 인문학과(부)가 미달 사태를 벗어나지 못하고 있는 것이 우리의 현실이다.

또한 인문학 전문가라는 대학 교수들을 중심으로, 강의 위주로 진행되는 인문학은 아카데미 인문학이요 강의실 인문학이다. 그러나 오늘날 우리 사회에 정말 필요한 것은 '생활 인문학'이지 강의실 인문학이 아니다. 강의실 인문학은 '공부'이지 '공감'이 아니다.

우리가 추구해야 할 인문학은 굳이 플라톤이나 칸트를 몰라도 되는 그런 인문학이 아닐까? 외부 세계에 대한 지식 위주의 인문학이 아니라 내면세계에 대한 성찰과 변화를 이끌어 내는 생활 속의 인문학 말이다.

물론 지식 위주의 인문학이 불필요하다는 말이 아니다. 다만 지식 위주의 인문학 일변도로 치우쳐 균형을 잃고 있는 것이 문제라는 지적을 하고 싶은 것이다. 생활 인문학을 하다 보면 플라톤과 칸트는 저절로 알게 된다.

기독교인문학 또한 마찬가지이다. 공부가 아니라 생활을 추구하는 인문학, 인문학 독서와 토론의 생활화, 길은 제시하되 성찰은 스스로 하도록 안내하면서, 인문학을 통하여 기독교 신앙의 외연을 확장하고 새로운 해석의 도구들을 수용해야 하지 않을까?

기독교인문학은 나열식 인문학이 되지 않도록 특별한 주의를 기울일 필요가 있다. 전문적인 용어와 이론을 직접 인용하여 설명하고 연결시키는 일이 중요한 것이 아니다. 전문적인 지식이 아니라 이른바 "넓고 얕은 지식"일지라도 인격과 생활 속에 용해되고 체득되어서, 하나님 나라와 복음과 교회와 신앙생활의 본질을 이해하고 실천하는 저변을 이루는 것이 중요하다.

그래서 이 세상에 복음의 그릇으로 담지 못할 것은 하나도 없음을 증명해야 할 것이다.

십자가
스토리

아들을 죽게 하고 '나'를 살리신 하나님의 사랑
무가치한 '나'를 살리려고 대신 죽으신 예수님의 은혜
지금도 나를 돕기 위해 수고를 아끼지 않으시는 성령님의 역사

사랑

그 사랑이 언제부터 시작되었는지는 잘 알려져 있지 않다. 과연 그런 사랑이 성립될 수 있는지 없는지도 확실하지 않다. 그러나 그 사랑은 엄연히 현존하는 사랑이요, 사랑의 주체와 대상이 있으며, 쌍방적인 관계에서 반복하여 경험할 수 있는 모양으로 지금도 지속되고 있는 것은 분명한 사실이다.

그분은 '나'를 사랑하신다고 했다. 사랑에 무슨 이유가 있겠는가마는, 그때 '나'는 참 한심한 처지에 빠져 있었다. '나'는 연약하고 무능하고 악으로부터 자유롭지 못하여서, 스스로 무거운 짐과 얽매이기 쉬운 죄를 짊어지고 평생을 허덕거리다가, 종내는 죽음 앞에서 멸망

할 수밖에 없는 그런 존재에 지나지 않았다. 그리고 그 죽음 뒤에는 영원한 지옥불의 형벌을 면하지 못할 가련한 신세였다. 그런데 그분은 그런 '나'를 사랑하신다는 것이다.

그분은 '내'가 불쌍하여 견딜 수가 없다고 하셨다. '나'를 저 멸망의 운명 길에서 구원해 주기를 간절히 바라셨다. 그런데 '나'를 구원하기 위해서는 '나'의 형벌을 면제해 주어야만 하는데, 형벌을 면제하기 위해서는 반드시 거쳐야 할 어떤 절차와 과정이 필요했다. 그 절차와 과정은 그분께서 정하신 것이었지만, 한번 정해진 것을 단 한 사람 때문에 함부로 변경할 수는 없는 터였다. 왜냐하면 그분은 '나'뿐 아니라 모든 인생을 다스리시는 재판관, 곧 하나님이시기 때문이다.

방법은 한 가지뿐이다. 그것은 누군가 '나'의 형벌을 대신 받게 하는 것이다. 한동안 그분은 짐승으로 하여금 '내'가 받아야 할 형벌을 대신 받도록 하셨다. 그러나 짐승이 사람을 대신할 수는 없는 노릇이다. 그것은 형벌의 면제라기보다는 단지 형벌을 임시로 잠시 연기하는 것에 지나지 않았다. 뭐 뾰족한 다른 수가 있을 리 없었다. 그렇다고 '나'의 형벌을 '너'에게 대신 당하도록 할 수는 없지 않겠는가?

마침내 그분은 결정하셨다. '당신' 자신이 '나'의 형벌을 대신 받고, 그럼으로써 '나'의 죄 문제를 완전히 해결해 주시기로 결심하신 것이다. '나' 대신 '당신'이 죽으시기로 마음먹었다는 말이다. 그 외에는 다른 길이 없었기 때문이다. '나'를 그냥 내버려 두든지 '당신'의 공의를 폐기하든지 선택의 기로에 서신 그분은, '나'를 버리지도 '당신'이 세우신 공의를 포기하지도 않고, 차라리 '당신'이 형벌을 받기로 결정하신 것이다.

그러나 그분은 '나'를 대신하여 '당신'이 죽기로 결심하신 순간, 새로운 사실을 깨닫게 되었다. 곧 '나'에 대한 '당신'의 사랑이, '당신' 자신을 내주는 것으로는 충분히 만족될 수 없을 만큼 깊다는 사실을. 누군가를 사랑하기 위해 대신 사형당하는 것으로도 충족될 수 없는 사랑이라니, 그런 사랑은 사람들 사이에는 알려져 있지 않다. '나'를 향한 그분의 사랑은 도대체 얼마나 깊다는 말일까? 나는 그런 사랑을 받을 자격이 없는 자인데…….

자, 이제 어떻게 한다지? 그분은 고민하실 수밖에 없었다. 무슨 방법이 없을까? 그분은 주위를 둘러보았다. 그때 그분의 시야에 들어온 것은 하나밖에 없는 아들, 그분이 '당신' 자신의 생명보다 더 사랑하는 아들 예수였다.

"그래, 내 아들이 있었지. 저렇게 아름다운 나의 아들이 있었어."

그래서 그분은 '당신' 자신보다 더 사랑하는 아들 예수를 '나' 대신 제물로 내어놓기로 결론을 내리셨던 것이다. 그분은 외아들보다 사형수에 불과한 '나'를 더 사랑하셨다는 말인가?

사람에게 유일하게 하나님을 닮은 구석이 있다면, 그것은 자녀를 향한 부모의 사랑일 것이다. 자녀를 위해 자신의 생명을 내주는 부모의 마음일 것이다. 그런데 그렇게 귀한 자녀를 대신 죽음으로 내몰지 않고서는 충족될 수 없는 사랑이란 대체 어떤 것일까? 이것이 '나'를 향한 하나님 아버지의 사랑이다.

은혜

예수께서는 하나님의 아들로서, 창세전부터 하나님과 완전한 일체를 이루고 계시던 분이었다. 이 부자 관계는 사람들의 부자 관계와 같지 않았다. 하나님과 예수님의 관계에서 일어나는 사랑과 신뢰와 교감은 말로는 설명할 수 없으며, 둘이면서 완전한 하나를 이루는 그런 관계를 형성하고 있었다. 서로 다른 마음을 먹거나, 의심하거나, 배반한다는 것은 상상도 할 수 없는 완벽한 일체성의 관계였던 것이다.

그런데 어느 날 예수께서는 하나님으로부터 청천벽력과 같은 말을 듣게 되었다. 하나님은 아마도 이렇게 말씀하셨을 것이다.

> "내가 깊이 사랑하는 자 하나가 죄악과 멸망의 구렁텅이에 빠져 있는데, 그대로 두고 볼 수가 없구나. 하지만 그를 구원하려면 반드시 누군가의 생명을 대가로 지불하도록 법으로 정해져 있지. 모든 사람을 위해 있는 이 법을 훼손할 수는 없는 일이고……, 사실 내가 대신 죽으려고도 생각했지만 그도 마땅치 않아서……, 차라리 그를 구하기 위해…… 네가 대신 죽어 다오."

아버지로부터 이런 말을 들었을 때 예수님의 심정은 어떠했을까? 어떤 의미에서 이것은 배신이라고 할 수 있다. 예수께서는 아버지로부터 배신당하고 버림받은 것이다. 나만을 사랑하던 아버지가 이제는 다른 자를 나보다 더 사랑하신다는 것이니까. 그래서 예수님은 몹시 당황스럽고 고통스러운 가운데서도, 도대체 아버지께서 그렇게 사랑하시는 자가 누구인지 궁금해져서, 고개를 돌려 '나'를 바라보았다.

거기에 '내'가 있었다. '당신'이 있었다. 그곳에 초라한 사형수 하나가 있었다. '나'는 선하고 의롭고 거룩한 어떤 자가 아니라, 예수께서 대신 죽을 만한 가치가 있다고는 도저히 믿기지 않는 추하고 더러운 자에 불과했다. 예수님은 더욱 기가 막혔을 것이다. 도대체 무엇 때문에 저런 자를 위해 예수님 자신이 대신 죽어야 한다는 말인가? 아버지는 도대체 무슨 생각을 하고 계시는 것인가?

그러나 예수님은 아버지의 말씀에 죽기까지 복종하셨다. 그래서 이것이 바로 성자 하나님, 예수 그리스도의 은혜인 것이다.

예수님의 대속의 죽음은, 단순히 자신의 생명을 대신 내주는 것만을 의미하는 것은 아니었다. 영화 '패션 오브 크라이스트'를 보면, 예수께서 붙잡혀 온갖 고통을 당하시다가 십자가에 못 박혀 죽으시는 일련의 과정이, 매우 사실적으로 묘사되어 있다. 그 장면을 보면서 많은 그리스도인들이 눈물을 흘리며, 주님의 고통을 함께 느끼기도 한다. 그러나 이 영화는, 예수님의 육체적 고통에 너무 집중함으로써 오히려 그분의 영적인 고통을 잘 드러내지 못하는 우를 범하고 있다.

예수께서 '나'를 위해 대신 당하신 고통이 육체적인 고통만이라면, 죄송한 말씀이지만, 그분이 치르신 대가는 '나'를 대속하기에 충분하다고 말할 수 없다. 더욱이 온 역사와 온 세상의 무수한 '나'를 대속하기에는 역부족이라고 하지 않을 수 없다. 그것만으로는 안 된다. 왜냐하면 인류의 역사에서는 십자가 죽음보다 더 비참한 죽음도 얼마든지 찾아볼 수 있기 때문이다.

예수께서 십자가에 달리셨을 때 그분은 하나님의 아들로서 처형당한 것이 아니었다. 당연히 영광의 주님일 수도 없었다. 그때 그분은 사람들 앞에서 사형수였을 뿐 아니라 하나님 앞에서도 중죄를 범한 사형수에 지나지 않았다. 그분은 모든 세대를 통한 전 인류의 각각의 '나'의 죄를 짊어지고 십자가에 매달린 것이다. 그러므로 십자가에 달린 그분은 모든 타락과 죄악과 부패와 더러움의 덩어리 자체요, 똥와 오물과 쓰레기의 결정체에 지나지 않았던 것이다.

그 위에 공의의 하나님의 무서운 심판과 진노와 저주가 쏟아진다. 그 순간 아버지와 아들은 창세 이후 처음이자 마지막으로, 하나가 아니라 둘로 갈라져 버리고 말았다. 그 고통이 어떤 것인지 우리로서는 도무지 짐작도 할 수 없는 일이다. 이런 종류의 고통은 전혀 이해할 수도 없고 설명할 수도 없는 것임에 틀림없다. 그 고통을 견딜 수 없어서, 예수께서는 부르짖었다.

"엘리 엘리 라마 사박다니 – 나의 하나님, 나의 하나님, 어찌하여 나를 버리셨나이까!"(막 15:34)

이것이 주님께서 '나'를 위해 대신 치르신 대가요 고통이다.

역사

그러면 성령 하나님의 역사란 무엇인가? 성령님은 하나님의 영이시다. 또한 그분은 하나님 자신이기도 하다. 따라서 성령님은 죄와는 도무지 아무 상관이 없는 거룩 자체이신 분이시다. 그런데 그런 성령님이, 오늘날 날마다 죄악 가운데를 넘나들며 옷을 더럽히고, 때로는 똥물보다 더러운 곳에 친히 뛰어들기를 마다하지 않으면서 수고하고 계신다.

무엇 때문에 그런 수고를 하시는가? 바로 죄악과 더러운 곳에서 아직도 벗어나지 못하고 있는 하나님의 자녀들, 곧 '나'를 돕고 건져내기 위해서이다. 하나님의 자녀 된 우리들이 죄와 악 가운데서 벗어나지 못하고 허우적대고 있으니, 그런 자녀들을 돕기 위해 그분이 죄와 악 가운데 친히 뛰어들지 않을 수 없는 것이다. 이것이 성령 하나님의 역사이다.

그래서 예수님의 은혜와 하나님의 사랑과 성령님의 역사라고 하는 것이다. 그리고 이 삼위일체 하나님으로 말미암아 오늘날 '내'가 부족하나마 그리스도인으로서 이 땅에 살고 있는 것이니, 어찌 팔린 값을 치르고 그리스도의 군사 됨을 면할 수 있겠는가? 모든 그리스도인은 갚을 수 없는 값으로 팔린 그리스도의 군사이다. 그리스도의 군사 된 자, 마땅히 군령에 목숨 바쳐 복종할지어다. 군법이 얼마나 지엄한지 기억할지어다.

오직 민음으로?

믿음 없는 행함은 있을 수 있지만, 행함 없는 믿음은 있을 수 없다.
믿음과 행함은 원래부터 둘로 분리될 수 없는 것이다.
분리될 수 없는 것을 굳이 나누는 이유가 무엇인가?

오직 믿음으로만 구원받을 수 있다고 말한다. 행함으로는 구원받을 수 없고 오직 믿음으로만 구원받을 수 있다는 것이다. 맞는 말이다. 그러나 맞는 말이라고 해서 반드시 모든 경우의 수를 대표한다고 볼 수는 없다. 따라서 오직 믿음으로만 구원을 받을 수 있으며 행함으로는 구원받을 수 없다는 명제는, 자칫 잘못하면 믿음과 행함의 관계에 대한 오해와 함께, 일종의 강박적이고 편집적인 집착을 낳을 수 있다.

이러한 집착은, 믿음 없는 행함이 있을 수 있으며 그 비중이 결코 적지 않다는 점을 전제하고 있는 것으로 생각된다. 그러나 이러한 전제를 인정한다면, 다시 행함 없는 믿음은 있을 수 없다는 것에 동의해야 한다. 왜냐하면 인간은 육신적인 존재이기 때문이다.

만약 믿음 없는 행함은 있을 수 있지만 행함 없는 믿음은 있을 수 없다는 것을 부인하면서, 오직 믿음으로만 구원을 얻는다고 주장한다면, 그러한 주장은 정당하지 못한 것이라고 분명히 말할 수 있다.

"복음에는 하나님의 의가 나타나서 믿음으로 믿음에 이르게 하나니 기록된바 오직 의인은 믿음으로 말미암아 살리라 함과 같으니라"(롬 1:17)

율법의 행위와 믿음의 행위

여기서 분명히 알아 두어야 할 것은, '행위가 아니라 믿음으로 구원을 얻는다'고 할 때 그 행위는 율법의 행위를 의미한다는 사실이다. 율법의 행위는 믿음의 행위와 같을 수 없다. 율법의 행위는 육체를 신뢰하는 것으로서, 소멸해 가는 육체를 따라 함께 소멸되어 갈 뿐이다. 그러므로 율법의 행위와 믿음의 행위는 분명히 구별되어야 한다.

이제 믿음과 (믿음의) 행함은 동전의 양면처럼 결코 분리될 수 없는 법이다. 좀 더 엄격하게 말한다면, 행함은 믿음으로부터 분리될 수 있어도 믿음은 행함으로부터 분리될 수 없다. 분리될 수 없는 것을 굳이 분리해서 갈등과 대립과 혼란을 일으키는 이유가 무엇인지 정말 궁금하다.

오직 믿음으로만 구원을 얻는다는 명제는 구체적으로 말한다면 이렇다.

"믿음 없는 행함으로는 구원을 얻을 수 없다. 그러나 행함 없는 믿음은 거짓된 믿음이므로 역시 구원을 얻을 수 없다. 따라서 오직 행함 있는 믿음으로만 구원받을 수 있다."

행함은 믿음의 증거라고 할 수 있다. 행함으로 증명되지 않는 믿음은 믿음의 자격이 없다. 언어의 한계 때문에 믿음이라는 단어로 불리고 있을 뿐 실제로는 믿음이라 할 수 없는 것이다.

이런 믿음이 오늘날 우리 교회 안에 얼마나 팽배해 있는지 모른다.

"또 왼편에 있는 자들에게 이르시되 저주를 받은 자들아 나를 떠나 마귀와 그 사자들을 위해 예비된 영원한 불에 들어가라 내가 주릴 때에 너희가 먹을 것을 주지 아니하였고 목마를 때에 마시게 하지 아니하였고 나그네 되었을 때에 영접하지 아니하였고 헐벗었을 때에 옷 입히지 아니하였고 병들었을 때와 옥에 갇혔을 때에 돌보지 아니하였느니라 하시니 그들도 대답하여 이르되 주여 우리가 어느 때에 주께서 주리신 것이나 목마르신 것이나 나그네 되신 것이나 헐벗으신 것이나 병드신 것이나 옥에 갇히신 것을 보고 공양하지 아니하더이까 이에 임금이 대답하여 이르시되 내가 진실로 너희에게 이르노니 이 지극히 작은 자 하나에게 하지 아니한 것이 곧 내게 하지 아니한 것이니라 하시리니 그들은 영벌에, 의인들은 영생에 들어가리라 하시니라"(마 25:41~46)

여기서 형제 중에 지극히 작은 자 하나에게 한 것이 곧 주님께 한 것이고, 지극히 작은 자 하나에게 하지 않은 것이 곧 주님께 하지 않은 것이라고 한다.

그렇다면 믿음으로 행함이란 무엇인가? 그것은 곧 가까이 있는 가족, 부모형제, 동료, 멀리 있는 이웃 가운데 보잘것없는 사람들에게, 그리고 아직 예수를 알지 못하는 사람들에게, 믿음에 합당한 생각과 언어와 행실을 실천해 나가는 것을 말함이다. 그것이 우리 믿음의 증거가 되어, 인자가 자기 영광으로 모든 천사와 함께 오셔서 자기 영광의 보좌에 앉으실 때 우리로 하여금, 우리를 위해 예비된 나라를 상속받을 수 있도록 해 주실 것이다.

하나님의 법정과 무죄의 증거

인간의 법정은 형벌을 결정하기 위해 열리지만, 주님의 심판대는 상급을 결정하기 위해 열린다.

인간의 법정에서는 형벌을 받지 않은 모든 사람이 무죄이지만, 주님의 심판대에서는 상급을 받지 못한 모든 사람이 유죄이다.

인간의 법정에서는 하지 말아야 할 일을 행한 사람이 형벌을 받지만, 하나님의 심판대에서는 해야 할 일을 행하지 않은 사람이 형벌을 받는다.

형벌과 상급은 모두 증거에 의해서 결정된다. 상급의 증거는 바로 믿음으로 행함이다. 행함이 없는 믿음은 증명되지 않은 믿음으로, 주님의 심판대에서 증거로 채택될 수 없다. 또한 믿음이 없는 행함은 증거 능력이 없는 것으로서 당연히 아무 상급도 받지 못하게 될 것이다. 현실적으로는 애매해 보이는 부분이 있을 수 있겠지만, 주님의 심판대 앞에서는 어떠한 애매함도 설 자리를 잃게 될 것이 자명하다.

그러므로 구원에 관한 한 자신의 믿음의 행위를 자신에게 최대한 불리하게 해석하는 것이 가장 안전한 길이라고 할 수 있다. 모든 인간은 어떤 것이든 자신에게 최대한 유리하게 해석하려는 습성을 가지고 있다는 사실을 늘 기억할 필요가 있다.

그러면 증거 능력이 있는 행함이란 어떤 것인가. 그것은 오직 그 행함의 동기가 무엇인가에 따라 결정될 것이다. 그 동기가 자신을 채우기 위해서인가 아니면 하나님의 뜻에 순종하기 위해서인가에 따라 예상 밖의 결과가 나올 수 있다는 말이다.

임금을 맞으러 나온 사람들 가운데 자신을 염소라고 예상한 사람은 아무도 없었다. 만약 그렇게 예상한 사람이 있었다면 그 자리에 나오지 않고 어디론가 숨든지 도망치든지 했을 것이다. 모든 사람이 다 자신은 양이라고 생각하지만, 거울을 똑바로 보라. 과연 당신은 양인가?

사랑이 아니라
믿음으로 구원받는 이유

사랑이 믿음보다 더 우월하다?

그렇다면 왜 사랑이 아니라 믿음으로 구원받는가?

믿음으로 구원받고 사랑으로 믿음을 완성한다.

믿음이 아니라 사랑이 제일이라?

중학교 1학년쯤인가, 교회 학교에서 전도사님의 설교를 들었을 때 좀 의아했었던 기억이 난다.

> "그런즉 믿음, 소망, 사랑, 이 세 가지는 항상 있을 것인데 그중의 제일은 사랑이라"(고전 13:13)

왜 사랑이 제일일까? 믿음으로 구원을 받는다 했으니 믿음이 제일이 되어야 하는 게 아닌가? 그러나 다른 몇 가지 의문의 경우와 마찬가지로 전도사님께 물어볼 용기는 없었다. 질문이란 언제나 두려운 일이 아닐 수 없다. 여러 사람 앞에서 나서는 게 두렵든지, 아니면 명쾌한 대답이 아니라 불쾌한 피드백을 받을까 봐 두렵든지.

그렇게 인생의 절반 이상을 보내고 난 다음에야 어느 날 문득 그 의미를 깨닫게 되었다. 물론 그 세월이 지나도록 이 의문에 대한 답을 끊임없이 찾으며 살았던 것은 아니다. 그저 때때로 문득 고개를 갸우뚱거리면서 그렇게 살았다.

고린도전서 13장에서 말하는 사랑의 특징은 모두 15가지이다.

① 오래 참는다.
② 온유하다.
③ 시기하지 않는다.
④ 자랑하지 않는다.
⑤ 교만하지 않다.
⑥ 무례히 행하지 않는다.
⑦ 자기의 유익을 구하지 않는다.
⑧ 성내지 않는다.
⑨ 악한 것을 생각하지 않는다.
⑩ 불의를 기뻐하지 않는다.
⑪ 진리와 함께 기뻐한다.
⑫ 모든 것을 참는다.
⑬ 모든 것을 믿는다.
⑭ 모든 것을 바란다.
⑮ 모든 것을 견딘다.

이 목록을 보노라면, 저절로 한숨이 나오면서 지키기 어렵겠다는 생각을 하게 된다. 시시때때로 부분 부분 지키기도 벅차다는 사실을 인정하지 않을 도리가 없다. 이렇게 거의 불가능에 가까운 덕목을 요구받는다면, 누가 감히 자신 있게 그리 하겠다고 나설 수 있겠는가?

대체 사도 바울은 무슨 심산으로 이렇게 어려운 덕목을 고린도교회에 제시하고 있는 것일까? 그는 과연 스스로 이 모든 덕목을 충족시키고 있었다는 말인가? 아마도 거기에는 분명히 그에 합당한 어떤 이유가 있을 것이다.

여기 고린도전서에서 말하는 사랑이란 아가페의 사랑이다. 아가페는 '무조건적이고 절대적인' '하나님의 사랑'으로서 '인간의 사랑'이 아닌 것으로 알려져 있다. 하지만 그런 생각에는 작지 않은 오해가 있다.

정확하게 말해서 아가페는 '하나님의 사랑'이 아니라 '하나님과 사람 사이의 사랑'을 의미한다. 사랑이란 언제나 쌍방적인 것일 수밖에 없으므로, 사람을 향하신 하나님의 사랑뿐 아니라 하나님을 향한 사람의 사랑도 아가페에 속하는 것임을 이해할 필요가 있다.

사람의 입장에서 본다면, 아가페의 사랑 역시 완전한 사랑이 아니라 불완전한 사랑이다. 하나님은 우리에게 완전한 사랑을 주시지만, 우리는 그분께 불완전한 사랑을 드릴 수밖에 없는 것이다. 오직 우리는 그 불완전한 사랑을 보듬으며 하나님을 향하여 끊임없이 노력할 따름이다.

그러나 아가페의 사랑은, 불완전한 사람과 완전한 하나님을 이어 주는 유일한 통로라고 할 수 있다. 예수 그리스도께서 우리 주님으로 자리매김될 수 있었던 것은, 그분이 행한 능력 때문이 아니라 그분이 베푸신 사랑으로 인한 것이다. 따라서 오직 아가페의 사랑 외에는 그 어떤 것도, 우리를 하나님 앞에 온전히 이끌어 줄 수 있는 다른 대안이 없다.

그런데 왜 믿음으로 구원받는가?

그렇다면, 사랑이 그렇게 본질적이고 위대한 덕목이라면, 왜 성경은 사랑으로 구원을 얻는다 하지 않고 믿음으로 구원을 얻는다 하는가? 믿음으로 구원을 얻는다 하면서, 어째서 믿음이 아니라 사랑이 제일이라고 하는 것일까?

우리가 먼저 생각해 볼 수 있는 것은, 믿음이 사랑보다 더 실현하기 쉬운 덕목이라는 사실이다. 만약 하나님께서 사랑으로 구원받는다고 하셨으면 이 세상에 구원받을 사람은 한 사람도 없었을지 모른다. (만약 소망으로 구원받는다면 이 세상에 구원받지 못할 사람이 하나도 없을 것이다.) 믿음이란 언제나 기대치를 전제하게 마련이다. 다시 말해서 그 기대치가 충족되지 않으면 결코 성립될 수 없는 것이 바로 믿음이라는 덕목이다. 그러나 사랑에는 조건이 없는 법이다.

믿음의 본질은 언제나 누구(무엇)에 대한 믿음인가 하는 것이다. 믿음의 내용이 중요한 것이 아니라 그 믿음의 대상이 누구(무엇)냐 하는 것이 문제이다. 믿음의 내용 자체는 선한 것일 수도 있고 악한 것일 수도 있지만, 그 믿음의 성립/불성립은 믿음의 대상이 어떻게 행동(반응)하느냐에 달려 있다.

믿음의 대상이 물리적 법칙 같은 것이라면, 좀처럼 깨어지지 않을 가능성이 높다고 할 수 있다. 적어도 새로운 법칙이 증명될 때까지는 효력이 지속될 것이기 때문이다. 만약 믿음의 대상이 어떤 객관적인 사실이거나 그 사실에 대한 신념이라면, 이러한 것들은 비교적 견고하기는 하지만, 때때로 주관적인 성격이나 취향에 따라 바뀔 수 있다는 것을 우리는 이미 알고 있다.

그러나 믿음의 대상이 사람이라면 이야기의 차원이 달라진다. 사람에 대한 믿음처럼 깨어지기 쉬운 것이 또 있을까? 오죽하면 "열 길 물속은 알아도 한 길 사람 속은 알 수 없다"는 말이 있겠는가? 그에 덧붙여, 자기 자신의 속도 모르겠거든 하물며 남의 속이야 말해서 무엇하랴!

우리는 타자에 대해 대체로 어떤 경향성을 인정할 수는 있겠지만, 그 사람에 대한 확실하고 완전한 믿음을 구성할 수는 없는 법이다. 혹시 그렇게 확신한다고 해도, 그 믿음이 사실이라는 증거는 어디에도 없다. 단 한 번의 실수에 의해서도 믿음의 완전성은 깨어지게 마련이다. 계속 사고만 치는 자녀를 향하여 "나는 너를 믿는다"고 말하는 부모는, 사실 자녀를 믿는 것이 아니라 사랑하는 것이다.

사람은 본질적으로 이타적인 존재가 아니라 이기적인 존재이다.

천성적으로 자기를 포기하고 타자를 사랑하지 못하게 되어 있는 존재가 바로 인간이다. 물론 때때로 위대한 희생과 헌신의 모습을 보여주는 경우도 있지만, 그런 사람조차도 결코 자기를 동정하지 않을 수는 없을 것이다.

자기를 동정하는 순간 그의 뇌리에는 지금까지의 삶이 파노라마처럼 스쳐 지나가고, 가족과 연인과 친구가 떠오르고, 이루지 못한 이상을 아쉬워하면서 '지금까지 무엇을 위해 그렇게 발버둥치며 살았던가!' 하는 회한의 뜨거운 눈물을 흘리게 될 터이다.

"야생의 것들은 자기를 동정하지 않는다"는 D. H. 로렌스의 시(Self Pity_자기 연민 中)와 같이, 인간 외의 존재들은 자신을 인식하지 않는다. 오직 인간만이 자기 자신의 존재를 의식하고, 그 운명의 귀추에 주목하며, 스스로를 불쌍히 여기거나 자랑스러워하는 법이다. 인생의 부조리와 혼란의 뿌리가 여기서 나며, 선악의 갈등이 모두 이에서 비롯된다 하여도 과언이 아니다.

그러나 '악'뿐만 아니라 '선'도 또한 여기서 나는 것이므로, 굳이 이를 부정하거나 거부할 필요는 없다. 그것을 부정하면 고통은 사라지겠지만 아무 의미 없는 생이 될 것이고, 그것을 긍정하면 의미는 있겠지만 고통스러운 삶이 될 것이다. 그래서 우리 모두 고통스러운 삶을 영위하고 있는 것인지도 모르겠다.

그러니 어느 누가 타인에게, 신뢰할 만한 믿음의 대상이 되어 줄 겨를이 있겠는가? 인류 역사상 오직 한 분, 예수 그리스도만이 그 일을 감당해 주셨(신)다고 나는 믿는다.

앞에서 믿음은 그 기대치가 충족되지 않으면 성립될 수 없다고 했는데, 그 말은 기대치가 충족되면 반드시 믿음이 성립된다는 의미이기도 하다. 믿음은 주체의 능력과는 아무 상관이 없다. 믿음은 오직 대상의 능력에 따라 좌우되는 것이며, 예수 그리스도는 믿음의 유일한 완전 대상이라고 할 수 있다.

그분은 결단코 우리를 실망시키지 않으며, 배반하지 않으신다. 그러므로 선인이든지 악인이든지 누구든지 예수 그리스도를 믿을 수 있고, 구원받을 수 있다는 말이다.

그리스도교의 믿음이란 결국 예수 그리스도를 통하여 주시는, 나를 향한 하나님의 사랑에 대한 믿음이다. 그런데 이 믿음은 누구든지 하나님을 한번 경험해 보면 반드시 깨달을 수 있고, 언제나 반드시 믿음의 기대치가 충족될 수밖에 없는 것이라고 할 수 있다. 왜냐하면 오직 하나님만이 전지전능하시고 완전하시기 때문이다.

그렇게 본다면, 구원 얻는 믿음에서 가장 중요한 것은 주 예수를 통하여 하나님의 사랑을 경험하는 것이라고 하겠다. 예수를 믿지 못하는 것은 아직 하나님의 사랑을 경험하지 못했다는 뜻이다. 일단 예수를 믿음의 대상으로 설정해 보라. 반드시 경험하고, 반드시 깨닫게 되고, 반드시 성립되고, 반드시 구원받게 된다.

그래서 오직 믿음으로 구원을 받게 되는 것이다. 비신자들 가운데 하나님의 사랑을 경험한 사람은 한 사람도 없다. 반대로 하나님의 사랑을 경험한 사람들 가운데 비신자는 한 사람도 없다. 하나님의 사랑을 충분히 경험했느냐 가볍게 경험했느냐의 차이는 있겠지만, 하나님의 사랑을 경험하고도 그리스도인이 되지 않을 수는 없는 법이다. 그래서 하나님은 사랑이 제일임에도 불구하고 믿음으로 구원을 얻도록 허락하셨다.

하나님 나라는 결국 아가페의 완성이다

고린도전서 13장에서 소망은 일단 개인적인 덕목이라고 할 수 있다. 그러나 믿음과 사랑은 개인적인 덕목인 동시에, 소통을 통하여 관계를 이루게 하는 연합의 덕목이다. 그 가운데서도 믿음이 수동적인 개념이라면 사랑은 주체적인 개념으로서, 실현하고 이루어 나가는 과정을 포함하는 것이라고 말할 수 있다.

고린도전서 13장에서는 ① 사람의 방언과 ② 천사의 말과 ③ 예언의 능력과 ④ 모든 비밀을 아는 지식과 ⑤ 산을 옮길 만한 믿음도, 사랑이 없으면 아무것도 아니라 했고, ⑥ 전 재산을 털어 남을 구제하고, ⑦ 자기 몸을 불사르는 것도 마다하지 않는 헌신이라도, 사랑이 없으면 아무 가치가 없다고 하였다.

①~⑤는 누구나 부러워하는 외적 은사와 능력이고, ⑥~⑦은 누구도 행하기 어려운 내적 열매의 헌신(순교)이라고 할 수 있다. 도대체 사랑이 무엇이기에 이렇게까지 강조되어야만 하는 것일까?

이 메시지에 따른다면, 사랑이 없는(부족한) 구제와 사랑이 없는(부족한) 순교가 있을 수 있다는 점을 인정하게 된다. 사랑도 없이 전 재산을 포기하거나 자기 생명을 희생할 수 있을까? 얼핏 불합리하게 들리는 이러한 메시지는, 그러나 인간성을 깊이 들여다보면 결코 이해할 수 없는 일이 아님을 알 수 있다.

역사를 통하여 자기 신념과 자기 의를 위해 목숨을 바친 사례를 찾는 것은 그리 어려운 일이 아니다. 그런 사람들을 가리켜 우리는 의인이라고 부른다. 도덕적 신념과 명예와 신의와 가치 실현을 위해 의를 행하는 것은 물론 더없이 고귀한 일이다. 그러나 그것은 자기애의 충만이라고 할 수는 있을지 몰라도 타자를 사랑한 것이라고 말할 수는 없다.

사람은 본성적으로 자기 충족을 추구하는 존재라고 했다. 말초신경을 자극하는 것이든, 육신의 정욕을 만족시키는 것이든, 성품의 본성을 채우는 것이든, 사람은 누구나 자신의 욕구를 충족시키기 위해 진정을 바치게 되어 있다. 이러한 존재인 인간이, 사랑하지도 않는 사람을 위해 자신을 포기한다는 것이 과연 가능한 일인지 모르겠다. 왜 하나님은 사람으로 하여금, 이토록 줄기차게 자신의 본성을 거스르는 일들을 하라고 하시는 것일까?

하나님은 절대적 사랑으로 우리를 사랑하시고, 우리는 그 사랑을 믿음으로써 구원을 얻게 되는 것이 하나님의 법칙이다. 그러므로 구원을 위한 믿음은 오직 하나님의 사랑을 경험함으로써만 이루어질 수 있다. 일반적으로 사랑을 충분히 경험해 보지 못한 사람은 누구도 충분히 사랑할 수 없다. 심지어 자기 자신에 대해서조차도 그러하다. 왜냐하면 사랑은 경험인 동시에 기술이기도 하기 때문이다. 인간은 사랑받은 경험을 통하여 사랑하는 기술을 배우는 것이다.

현대 심리학에 따르면, 어린아이에게 있어서 사랑의 경험은, 몇 개의 시즌으로 나뉘어져서 각각의 시즌마다 다른 특성을 보이는 것으로 알려져 있다. 사람의 사랑에 상처받고 실망했는가? 그렇다 해도 이미 지나간 사랑의 공백을 무엇으로 다시 채울 수 있겠는가? (이 공백은 해당 시즌이 아니면 채워질 수 없다.) 정신 분석이나 심리 치료를 통해서? 그러나 정신 분석이나 심리 치료 등은, 심각한 사랑의 트라우마에 대해 단기적으로 사용할 수 있는 비상수단과 같은 것일 따름이다.

결국 인간의 모든 심리적인 문제들은, 어린아이였을 때 경험했던 사랑의 과부족으로부터 오는 것이라고 할 수 있다. 만약 그렇다면, 모든 것이 이미 어린아이였을 때 결정되었다면, 이런 트라우마를 갖게 된 것이 나의 책임은 아니지 않은가? 나의 나 된 것은 나의 책임이 아니다? 물론 그렇다. 원인에 있어서 그것은 당신의 책임이 아니라고 할 수 있다.

그러나 당신의 인생에서 생성되어 지금도 당신을 지배하고 있는 그것이, 당신의 책임이 아니라면 도대체 누구의 책임이란 말인가? 당신은 그 트라우마를 지금까지 버리지 못하여 가지고 있고, 오히려 더 키워 왔고, 때로는 그것을 핑계로 가족들과 타인들에게 또 다른 트라우마를 생성시켜 오지 않았는가? 어떻게 당신의 죄가 아니라고 할 수 있겠는가?

해결 방법은 오직 하나, 하나님의 사랑을 경험하라. 하나님의 사랑을 경험하는 것이 마음대로 되는 일이 아니라고 생각한다면, 오직 하나님의 사랑을 경험하기를 추구하라. 하나님은 반드시 응답하신다. 하나님의 사랑을 경험하기를 원한다면, 당신이 먼저 하나님을 선택하라. 그러면 그 뒤는 하나님께서 책임져 주신다.

하나님께서는 사람들에게 은혜를 베푸셔서 믿음으로 구원받게 하시고, 사랑은 과제로 남겨 놓으셨다. 많은 죄에도 불구하고 내가 하나님을 '아바 아버지'라고 부르며 구원받은 자의 평강을 누릴 수 있는 것은, 전적으로 하나님께서 내려 주신 아가페의 사랑의 은혜이다.

그런데 하나님의 아가페의 사랑은, 불완전하나마 내가 하나님께 돌려드리는 사랑의 응답을 통하지 않고서는 완성될 수 없다. 왜냐하면 아가페의 사랑은 쌍방적인 것이니까. 그리고 내가 하나님께 돌려드리는 사랑의 응답은, 부모형제와 이웃과 세상을 향한 사랑의 실천을 통해서만 간접적으로 확증되도록 되어 있다.

그러므로 부모형제와 이웃과 세상을 향한 사랑의 실천을 거부하거나 등한시하는 자는, 아가페의 사랑을 완성하기 원하시는 하나님의 뜻에 협조하지 않는 자요, 거스르는 자요, 대적하는 자일 수 있다. 그런 사람은 하나님의 사람이라고 할 수 없을 것이다. 하나님의 사람이란 최소한 하나님의 뜻을 부인하지는 않는 사람이다.

왜 하나님은 사람에게, 자신의 본성을 거스르라고 계속 말씀하시는가? 그리고 어찌하여 많은 충성된 그리스도인들이 자신의 본성을 거스르기 위해 발버둥치는가? 이는 쉽지 않은 일이며, 쉽지 않은 일이 아니라 어려운 일이며, 어려운 일이 아니라 불가능한 일이다.

불가능한 일을 하겠다고 전력을 다하는 이유는 그것이 하나님의 명령이기 때문이다. 하나님의 명령이기 때문에 불가능한 일임에도 불구하고 진심을 다하여 집중하는 것은, 곧 하나님에 대한 사랑이다. 사랑은 이기심을 포기하게 만드는 법이다.

이렇게 하나님의 아가페의 사랑이 완성되어 가는 것이다. 그러므로 모든 것 가운데 제일은 역시 사랑이다.

어린아이의
지혜

지혜와 슬기가 늘어 갈수록 순수함은 희미해진다.
지혜와 슬기만으로는 하나님께 가까이 나아갈 수 없다.
어린아이의 가장 큰 특성이 무엇일까?

일찍이 주님께서는 "너희가 돌이켜 어린아이들과 같이 되지 아니하면 결단코 천국에 들어가지 못하리라"(마 18:3)고 말씀하셨다. 이 말씀을 어떻게 해석해야 할까? 그저 하나의 비유로만 돌리기에는 너무 중대한 문제가 아닐 수 없다. 천국에 들어가느냐 못 들어가느냐를 결정하는 문제이니까. 어린아이와 같이 된다는 것은 무슨 뜻이며, 그렇게 되려면 어떻게 해야 할까?

> "…천지의 주재이신 아버지여 이것을 지혜롭고 슬기 있는 자들에게는 숨기시고 어린아이들에게는 나타내심을 감사하나이다"(마 11:25)

어른이 될수록 지혜와 슬기가 늘어 가는 것이 세상의 이치이다. 문명이 발전할수록 지혜와 슬기가 늘어 가고, 역사가 진전될수록 지혜와 슬기가 늘어 가게 마련이다. 그러나 지혜와 슬기가 늘어 갈수록 진리에 대한 단순한 태도와 순수한 자아 정체성이 희미해져 가는 것 또한 사실이다. 사람이 부모의 슬하에서 자라다가, 지혜와 슬기가 늘어 갈수록 부모로부터 멀어지게 되는 이치를 생각해 보라.

그런데 지혜와 슬기가 늘어 갈수록 부모로부터 멀어지는 것이 사실이라면, 어느 부모가 자녀의 지혜와 슬기가 늘어 가기를 바라면서 희생하고 헌신하겠는가? 지혜와 슬기가 늘어 갈수록 하나님의 진리로부터 멀어져 가는 것이 이치라면, 무엇 때문에 그리스도인은 지혜와 슬기를 쌓기 위하여 공부하고 훈련해야 할까? 우리는 무슨 이유로 지혜와 슬기를 추구하고 있는 것인가?

이 세상에서 독립적인 인격체로 스스로의 인생을 감당해 나가기 위해 지혜와 슬기가 있어야 하는 것은 분명하다. 하나님 나라의 사역을 온전히 감당하기 위해서도 반드시 지혜와 슬기가 있어야 한다. 그렇다면 지혜와 슬기는, 꼭 필요한 것이지만 또 그만큼 오히려 진리에서 멀어질 위험성도 있다는 결론에 도달할 수밖에 없다. 자! 그럼 어떻게 해야 하는가? 지혜와 슬기는, 추구해야 하는 건가 거부해야 하는 건가?

패러다임의 전환

우리는 주님의 복음에서 패러다임의 대전환에 주목할 필요가 있다. 유대인들의 믿음에 따르면 하나님은 죄인보다 의인을 더 사랑하시고, 하나님은 당신이 사랑하시는 사람을 부자로 삼으시고, 병자(장애자)는 하나님의 저주를 받은 자이며, 하나님의 은혜를 입은 자가 권력을 차지하는 것은 당연한 일이었다. 하지만 그렇게 믿었던 유대인들에게 예수께서는 전혀 다른 말씀을 하셨다.

유대인들의 생각은 인간의 지혜와 슬기에 기초한 신념이라고 할 수 있다. 그러나 주님은 인간의 지혜와 슬기를 넘어서는 어떤 것을 말씀하신다. 하나님은 의인보다 죄인을 더 사랑하시고, 하나님은 가난하지만 겸손한 자를 도우시고, 병자(장애자)는 하나님의 영광을 나타내는 자가 되어야 하며, 권력을 가진 자가 실족하면 하나님의 엄한 심판을 받는다는 것이다.

하나님의 진리는 의인이 아니라 부자가 아니라 강건한 자가 아니라 권력자가 아니라, 하나님의 진리는 죄인과 가난한 자와 병자(장애자)와 억눌린 자에게 더 잘 나타난다. 또한 하나님의 진리는 어른이 아니라 어린아이에게 더 잘 드러난다. 하나님의 진리는 법칙이 아니라 원리이며, 외모가 아니라 마음이며, 결과가 아니라 동기이다. 하나님은 오직 사람의 마음의 중심을 보시는 것이다. 그것이 바로 하나님의 뜻이다.

자기 지혜와 슬기에 사로잡히지 않고 전적으로 하나님께 의지하는 자가 계시를 받게 되는 법이다. 그러므로 지혜와 슬기가 많음으로 인하여 자기 의에 사로잡히는 자는 아버지를 경험할 수 없다.

도덕적으로 바른 것만 추구하는 자는 자기 의에 사로잡힐 수 있다.

너무 열심히 일하는 자는 자기 의에 사로잡힐 수 있다. 남보다 더 많은 일을 하는 자는 자기 의에 사로잡힐 수 있다. 은사가 많은 자는 자기 의에 사로잡힐 수 있다. 겸손한 자는 자기 의에 사로잡힐 수 있다.

특히 겸손한 자의 자기 의란 좀처럼 깨어지지 않을 만큼 견고한 법이다.

"집사님은 참 겸손하십니다."
"권사님은 어쩌면 그렇게 변함없는 열심을 내실 수 있는지, 저는 정말 궁금해요."
"장로님, 존경합니다."

이러한 칭찬은 바라지도 말고, 하지도 말라. 그 말을 듣는 순간 자기도 모르게 마음 한편이 흐뭇해지면서 눈이 높아지게 된다. "제가 그런 말을 참 많이 들어요"라고 대답했다면, 당신은 이미 낚인 것이라고 말해도 무방하다.

"처음 볼 때는 한 성질 할 줄 알았는데, 알고 보니 정말 부드러운 분이세요. 다가가기 굉장히 어려운 분인 줄 알았는데, 알고 보니 너무 너무 겸손하세요. 저도 집사님 같은 사람이 되고 싶어요."

누군가 이렇게 말한다면, 그때는 옷을 찢으며 "내가 참람한 말을 들었도다 예수 외에 누가 감히 겸손하다 할 수 있으리요"라고 부르짖거나, 또는 "사탄아 내 뒤로 물러서라 너는 나를 넘어지게 하는 자로다" 하고 외치는 것이 좋을 것이다.

감추인 것과 드러난 것

"이르시되 하나님 나라의 비밀을 너희에게는 주었으나 외인에게는 모든 것을 비유로 하나니 이는 그들로 보기는 보아도 알지 못하며 듣기는 들어도 깨닫지 못하게 하여 돌이켜 죄 사함을 얻지 못하게 하려 함이라 하시고"(막 4:11~12)

인간의 지혜와 슬기를 추구하다가 어린아이의 지혜를 잃어버린 사람들은 외인의 자리에 떨어질 수 있다. 외인들에게는 모든 일이 비유로 주어지는데, 비유는 외인들로 하여금 그 의미를 깨닫지 못하도록 진리를 감추는 수단으로 사용된다.

비유는 해석을 필요로 하게 마련인데, 비유를 해석하기 위해서는 당연히 지혜와 슬기가 요구된다. 따라서 지혜와 슬기가 없으면 비유를 해석할 수 없다. 지혜와 슬기를 추구하다가, 비유의 참뜻을 제대로 해석하지 못하는 이상한 상황에 놓이게 되는 것이다.

그러나 정말 중요한 것은 바로 이 점인데, 자녀에게는 비유로 말할 이유가 없다는 것이다. 또 어린아이는 비유를 알아듣지도 못한다. 어린아이는 그저 있는 그대로 자족하며 부모와 함께 있는 것만으로 충분히 만족할 수 있다. 반면에 외인은 처음부터 그 비유를 알아들으려는 의지를 가지고 있지 않다. 비유의 본질이 아니라 비유의 논리와 비유의 형식 사이에서, 외인은 비유를 거부하든지 비유의 피상성을 좇든지 할 따름이다.

여기서 마가복음의 말씀 자체가 비유라고 할 수 있는데, 그러면 이제 이 외인들, 즉 지혜와 슬기를 추구하다가 거기 묶여서 어린아이와 같음을 잃어버린 자들의 운명은 어떻게 되는 것일까? 죄 사함을 얻지 못하게 한다는 것은 곧 구원을 얻지 못한다는 의미이다. 자녀는 외인이 아니므로 당연히 여기서 제외된다.

물론 죄와 죄 사함은 조금 다른 문제이기는 하다. 그렇다면 죄 사함이란 죄를 소멸시켰다는 말인가, 아니면 형벌을 면제했다는 뜻인가? 잘 모르겠다.

죄 문제와 관련해서는, 우리가 장래에 지을 죄까지 이미 예수께서 십자가에서 다 해결해 놓으셨다는 사실을 기억하는 것이 매우 중요하다. 예수님의 십자가 앞으로 나오기만 하면 죄의 문제는 이미 해결된 것이다. 비록 반복적으로, 습관적으로 짓는 동일한 죄라 할지라도, 구원과 관련된 죄의 문제는 이미 해결되었다. 따라서 중요한 것은 죄 자체라기보다는 죄에 대한 태도라고 할 수 있다.

예를 들어, 어떤 사람이 기독교 출판을 하면서 날마다 적자에 허덕이며 사업을 끌고 나간다고 하자. 그런데 어느 날 삼성전자에서 연락이 왔다.

"앞으로 50년 동안 당신이 출판하는 책들을 매년 30만 부씩, 50년 치를 선불로 구입하겠소."

자, 이제 어떻게 될까? 아마도 더 이상 적자 걱정, 사업 걱정은 안 해도 될 것이다. 그런데 앞으로도 경우에 따라서 미스가 생기고 파본이 나오고 납기를 맞추지 못하는 일이 발생하는 것은 피할 수 없을 것이다. 물론 이미 50년 치 선불을 받았으므로 사업에는 아무런 불이익이 없다. 그렇지만 파본과 미스와 납기를 맞추지 못하는 일이 생긴다면, 양심상 삼성전자에 더 미안하고 면목이 없게 되지 않을까?

오히려 그렇게까지 대접을 받았으니, 더욱더 열심히 집중하여 그 일을 감당하는 것이 마땅할 것이다. 혹시라도 이미 선불을 받았다 하여 그 일을 등한시하거나 게을리한다면, 그를 어떻게 외인이 아니라고 할 수 있겠는가?

자녀들이 어릴 때는 아버지의 꾸중과 회초리를 두려워하지만, 좀 더 자라면 무엇을 가장 두려워할까? 그것은 아버지를 실망시키는 것이다. 하나님은 결코 속일 수 없다고 했다(욥 13:9). 만약 우리가 앞으로 지을 죄까지 이미 용서받았다 하여 죄와 싸우기를 게을리한다면, 어떻게 되겠는가? 이것이 바로 히브리서 12:4에서 "너희가 죄와 싸우되 아직 피 흘리기까지는 대항하지 아니하고"라는 말씀이 우리에게 가르치는 의미이다. (양심의 가책을 느낀다.)

예수님의 멍에는 쉽고 가볍다고 했다. 죄의 문제는 이미 해결되었고 구원은 이미 확증되었다. 그러므로 구원에 대해서는 안심하고, 오직 그분을 실망시키지 않기 위해 열심히 살아야 하지 않겠는가? 우리는 구원을 위해서 충성하는 것이 아니다. 죄를 해결하려고 헌신하는 것이 아니다. 우리가 충성하고 헌신하는 것은 구원이나 죄 때문이 아니라, 하나님 아버지께서 그것을 기뻐하시기 때문이다. 이것이 어린아이 같은 사람의 자세이다.

어린아이의 지혜란

어린아이와 같다는 것은 정말 어떤 것일까? 단순함, 순진함, 깨끗함, 자족함, 의존성, 미숙함, 유치함 등이 모두 어린아이의 특징이라고 할 수 있다. 그런데 주님께서 말씀하시려는 것은 좀 다르게 받아들일 필요가 있을 것 같다.

아이는 뜰에서 놀고, 부모는 창가에 앉아서 아이를 지켜보고 있다고 가정해 보자. 그런데 갑자기 폭탄 테러가 일어나 굉음과 함께 불길이 치솟으면서 건물이 무너지려 한다면, 아이가 어떻게 행동할 것 같은가? 부모가 아무리 큰 소리로 안전한 곳으로 대피하라고, 멀리 도망치라고 외쳐도, 아이는 그렇게 하지 않고, 무너져 가는 건물 안에 있는 부모를 향하여 달려올 것이다.

어린아이는 어떤 상황과 조건에서도 절대로 부모에게서 떨어지지 않으려는 의지를 가지고 있다. 어린아이는 이른바 지혜와 슬기가 부족하므로 상황과 조건을 분석하고 추론할 만한 능력이 없다는 말이 아니라, 그는 처음부터 아예 그럴 마음이 전혀 없다.

아이들은, 어떤 상황과 조건에서도 저를 버리지 않고, 저를 지켜 주고, 저를 위해 스스로를 희생하며, 언제나 저를 사랑하고 기뻐하고 즐거워하는 유일한 존재가 부모임을 믿을 뿐 아니라, 추호도 그것을 의심하지 않는다.

어린아이는 자기 부모가 위대하고 전지전능하며 의지할 만한 존재라고 확신한다. 물론 우리는 사실이 아님을 알고 있다. 그러나 우리 그리스도인에게 있어서 그것은 전적으로 사실이며 진리이다.

나의 아버지 하나님은 어떤 상황과 조건에서도 나를 버리지 않으시고, 나를 지켜 주시고, 나를 위해 스스로를(또는 당신의 아들을) 희생시키시며, 언제나 나를 사랑하시고 기뻐하시고 즐거워하시는 존재이며, 또 실제로 그럴 수 있는 능력을 가진 유일한 존재이다.

그것을 추호도 의심 없이 믿는 사람이 바로 그리스도인이다. 어린아이의 지혜를 가진 그리스도인은, 어떤 상황과 조건에서도 최우선적으로 하나님(주님)과 함께 있으려는(하려는) 감성적(본능적) 의지를 가지고 있다.

사람의 지혜와 슬기는, 먼저 상황을 분석하고 사태를 파악한 다음 전후좌우 관계를 고려하여 최선의 선택을 하려고 할 것이다. 그러나 어린아이의 지혜는 그렇지 않다. 상황 분석과 사태 파악과 전후좌우 관계의 고려는 아버지가 하실 일이요, 어린아이는 오직 아버지와 함께 있음으로부터 오는 안심과 평강에 자기를 맡기는 것이다.

이는 무엇보다도 아버지에 대한 경험으로부터 비롯된다. 어린아이가 경험하는 아버지와 장성한 사람이 경험하는 아버지는 다르다. 당신은 아버지 하나님을 경험했는가? 그렇다면 더 충분히 경험하라. 하나님에 대한 당신의 경험은 아직 충분하지 않다. 어떻게 보면 하나님에 대한 충분한 경험이란 사실 불가능하다. 그분이 너무나 광대하시므로!

당신은 하나님에 대해 많이 알고 있는가? 그러나 마치 다 알고 있는 것처럼 말하지 말라. 하나님에 대해 모두 안다는 것은 가능하지 않다. 그분이 너무나 크시기 때문에!

오직 어린아이의 지혜는, 오늘도 아버지 곁에 붙어 있으라고 우리를 가르칠 뿐이다. 그러면 천국에 이르는 데 아무 문제가 없다.

부활의
진실

부활절은 부활의 날이지만 동시에 죽기 좋은 날이기도 하다.
죽음은 오직 죽음에 대한 순응을 통해서만 이길 수 있다
"이제 다시 전과 같은 생활로 돌아갈 수는 없지 않겠소?"

부활은 어떤 은사와 권세와 보상과 축복보다 더 상위의 개념이다. 그와 동시에 부활은 어떤 고귀한 가치나 위대한 관념이나 고상한 상징이 아니라 구체적인 현실이어야 한다. 만약 그렇지 않다면, 적어도 지금의 시공간을 살아가는 우리에게는 아무 의미가 없다. 그것이 그저 과거의 사건이거나 앞으로 언젠가 일어날 사건이어서는, 우리의 실존적인 삶에 아무런 영향력도 행사하지 못할 것이기 때문이다.

부활이 없다고 쉽게 말하는 사람은, 물리적 세계의 현실 외에 다른 세계(영의 세계)를 한 번도 경험해 보지 못한 사람임에 틀림없다. 자신이 경험해 보지 못했으니 존재하지 않을 것이라고 지레짐작하는 것을 보면 아마 좀 단순한 사람일지도 모르겠다. 그런 사람이 이 글을 읽어야 하는데…….

영의 세계를 경험해 본 사람들 가운데 그것을 부정할 사람은 아무도 없을 것이다. 물론 경험하지 않고서도 영의 세계를 믿는 사람들도 많이 있다. 그런데 자신이 경험하지 못했으니 존재하지 않는다고 판단하는 것은, 도대체 무슨 근거를 가지고 그렇게 말하는 것인지 매우 의심스럽다.

이 세상에는 육체의 세계뿐 아니라 영의 세계가 분명히 존재하고 있다. 모든 종교는 어떤 의미로든 영적 세계와 연관되어 있다. 그러한 영적 세계에 대한 체험이 없이는 오랜 세월 동안 그 종교의 가르침과 시스템을 유지하고 보존해 올 수 없었을 것이다. 따라서 무신론과 대립하는 것을 기독교만의 문제라고 할 수는 없다.

기독교는, 무신론이 아니라 모든 유신론 가운데 어떤 것이 진리냐 하는 문제에 대해, 자신 있게 대답할 수 있기를 원한다. 그러므로 오직 기독교의 부활은, 영적 세계에 대한 믿음을 넘어서서, 진리가 무엇이며 과연 누가 진리냐의 문제에 대한 최종적인 대답이라고 할 것이다.

그리스도의 부활이 분명한 사실임을 믿기가 어려운가? 그렇다고 무작정 부정하기도 망설여지는가? 그렇다면 일단 먼저 인정하는 것으로 가정해서 생각해 보는 것이 중요하다. 그렇게 가정하기도 어렵다면 그저 일어날 수도 있는 일이라고 생각하라. 세상에는 별일이 다 있는 법이니까. 그렇게 그리스도의 부활을 괄호 속에 집어넣고, 믿음을 달라고 소망 가운데 기도하라.

이런 자세를 우리 기독교에서는 '겸손한 태도'라고 부른다. 믿어지지 않지만 계속 믿음을 포기하지 않으려는 태도, 성취할 수 없는 목표에 대한 끈질긴 도전, 자신의 수준보다 더 높은 수준을 소망 가운데 바라보는 시선, 쉽사리 단념하지도 좌절하지도 않으면서 마지막 순간까지 잃지 않는 긍정의 미소 따위가 바로 그런 것들이다. 그리고 이런 겸손한 태도를 보이는 자를 하나님은 결코 외면하지 않으신다.

부활의 의미

하나님께서 처음 에덴을 창조하셨을 때 인간 세상에는 죽음이라는 현상이 존재하지 않았다. 그러나 아담과 하와의 타락 이후 이 세상에 죽음이 들어왔고, 지금까지 여기서 벗어난 사람은 아무도 없었다. 성경은 오직 두 사람, 에녹과 엘리야만이 죽음의 과정을 거치지 않고 자신의 생을 마감한 것으로 기록하고 있다. 주님조차도 죽음을 경험하지 않으면 안 되었던 것이다.

그리하여 죽음은 오늘날 우리가 생각하는 인간성의 대전제로서, 사람의 생애에서 결코 넘어설 수 없는 한계로 작용하고 있다. 죽음을 전제하지 않고 인류의 문명과 가치관과 세계관을 설명하는 것은 불가능한 일이다. 이러한 조건에서 부활은, 사망의 권세가 깨뜨려졌다는 상징적 표현이요 명확한 증거라고 할 수 있다.

여기서, 기독교의 부활은 죄 가운데서의 부활이 아니라 무죄 가운데서의 부활임을 알아야 한다. 모두가 알다시피 무죄 가운데서의 부활은 영생(천국)이지만, 죄 가운데서의 부활은 영벌(지옥)이다. 그러므로 부활(영생)은 심판(영벌)의 동의어이며, 동전의 양면처럼 따로 분리될 수 없다.

단, 부활은 하고 싶다고 할 수 있는 것이 아니지만, 심판은 받기 싫어도 받을 수밖에 없다는 분명한 사실을 기억하라. 물론 역사의 끝에서는 죽음, 죽음의 원리와 법칙 자체가 무너지게 될 터이다. 그러나 각 사람마다 자신의 마지막 때에는, 개인적인 차원에서의 소멸이 아니라 새로운 시작이 있음을 알아야 할 것이다.

만약 영원히 소멸하지 않고 존재할 수 있다 해도 그것이 고통이라면 누가 수용하려고 하겠는가? 그것이 바로 지옥이다. 죽지 않고 늙지 않는 존재에 대한 소설이나 영화를 보면 주인공들이 얼마나 고독하고 불행한 삶을 사는지 알 수 있다.("모든 인간은 죽는다"[시몬 드 보부아르], '하이랜더'[Highlander, 1986], "올랜도"[버지니아 울프] 등) 모든 그리스도인이 믿고 바라는 부활은 그런 것이 아니다. 영원한 만족과 행복이 있는 그곳이, 바로 우리가 갈 천국이다.

그러나 지금 중요한 문제는, 저 세상이 아니라 바로 이 세상이다. 부활이 우리에게 상징이 아니라 현실이 되는 것, 육체의 한계에 갇힌 현실 가운데서 부활의 능력을 나타내며 사는 것이 가장 중요하다. 우리 주님이 그렇게 사셨듯이! 그것이 부활의 참된 의미가 아니겠는가?

그런데 여기서 정말 중요한 문제가 있다. 그것이 없이는 부활 자체가 성립될 수 없다. 부활이 일어나려면 먼저 어떤 일이 일어나야 할까? 그것은 바로 죽음이다. 먼저 죽음이 선행되어야 부활이 일어날 수 있다. 하지만 어떤 사람이든지 부활은 소망하지만 죽기는 바라지 않는다.

이것이야말로 부활을 믿는 모든 그리스도인들의 자가당착(自家撞着)이라고 하지 않을 수 없다. 그러나 분명히 말하지만, 성경이 부활을 약속하고 있는 것은 사실이나 먼저 죽지 않고서는 부활도 없음을 명백히 밝히고 있다.

죽음이란 궁극적으로는 주님의 뜻을 위해 자신의 삶을 버리는 것이지만 동시에 욕망의 죽음, 이기심의 죽음, 교만의 죽음, 성품의 죽음을 의미하기도 한다. 부활의 약속을 믿고 또 그것을 원한다면, 먼저 죽으라. 죽을 수 없겠거든, 최소한 죽기 위해 죽어라고 노력할 것을 결단하고 서원하라.

그렇게 하지 않고서는 부활은 불가능하다. 욕망과 이기심과 교만과 성품을 죽이고 사랑과 용서와 화해와 긍휼을 베풀라. 또는 그렇게 하기를 결단하라. 그것이야말로 부활의 참뜻이라고 할 것이다.

나를 사랑하지 않는 사람을 사랑하지 못했고, 미운 사람을 용서하지 못했고, 대적하는 사람과 화해하지 못했고, 불쌍한 사람에게 긍휼을 베풀지도 않으면서, 부활절 예배에 참석하기만 하면 부활이 구체적인 현실이 될 수 있는가? 아직 사랑하지 못했고, 아직 용서하지 못했고, 아직 화해하지 못했고, 아직 양보하지 못했다면, 당신은 아직 죽지 않은 것이다. 그리고 아직 죽지 않았으므로 당연히 부활도 없다.

그러므로 부활절은 부활의 날이지만 동시에 참 죽기 좋은 날이기도 하다.

부활의 능력

주님의 부활이 목적하는 바는 ① 마귀를 멸하시고, ② 죽음을 무서워하는 자들을 놓아주시기 위함이라고 하였다.

> "자녀들은 혈과 육에 속하였으매 그도 또한 같은 모양으로 혈과 육을 함께 지니심은 죽음을 통하여 죽음의 세력을 잡은 자 곧 마귀를 멸하시며 또 죽기를 무서워하므로 한평생 매여 종노릇하는 모든 자들을 놓아주려 하심이니"(히 2:14~15)

그러나 누가 죽음에 대한 두려움으로부터 자유로울 수 있겠는가? 무슨 방법으로 그것이 가능하겠는가? 여기서 그리스도인이라면 반드시 알아야 할 것은, 죽음은 오직 죽음에 대한 저항이 아니라 죽음에 대한 순응을 통해서만 이길 수 있다는 사실이다. 역사상 오직 기독교만이 이러한 방법으로 오늘의 자리에 오르게 된 것이다.

주님은 보통 사람인 우리와 똑같은 조건에서 죽임을 당하셨다. 그분은 다른 방법을 선택하실 수도 있었을 것이다. 그런데 왜 굳이 그런 방법을 선택하셨을까? 몇 가지 신학적인 대답이 가능하겠지만, 역시 가장 중요한 이유는 이것이다. 그분이 하실 수 있다면 우리도 할 수 있다는 확실한 증거를 보여 주시기 위해서이다!

모든 두려움은 결국 죽음에 대한 두려움의 변형에 불과하다. 우리 모두 어차피 한 번은 죽어야 한다는 사실을 잘 알고 있다. 또한 많은 사람들이 죽음의 과정을 잠깐이라고 생각하는 경향이 있다. 죽음 이후에 대한 생각이 없는 것이다. 하지만 우리가 알다시피 죽음은 끝이 아니다. 죽음 이후에도 우리의 존재는 어떻게든 계속된다.

삶의 고통에 대한 두려움 역시 죽음에 대한 두려움의 변형이라고 할 수 있다. 삶의 고통을 두려워하는 이유는, 그것이 자신을 죽음으로 몰고 갈 것처럼 느껴지기 때문이다. 삶에 대한 소망보다 삶의 고통에 대한 두려움이 더 커질 때, 사람은 극단적으로 자살을 선택하기도 한다. 죽음에 대한 두려움에도 불구하고 죽음을 선택하는 이유는, 삶의 고통은 길고 죽음의 과정은 짧다고 생각하기 때문이다.

역사를 통해서 우리는 때때로 어떤 가치나 신념을 위해 죽음을 선택하는 사람들을 볼 수 있다. 그런데 역시, 삶의 긴 고통에 대한 두려움과 죽음의 짧은 과정에 대한 생각을 전제하지 않고서는, 그들의 선택을 이해하기 어렵다. 죽음 뒤에도 삶의 고통이 끝나지 않고 계속되거나 도리어 증가한다고 믿는다면, 누가 죽음을 선택하겠는가? 죽음은 결코 탈출구나 해결책이 될 수 없다.

그러나 가장 중요한 요점은 여기에 있다. 다른 모든 종교와 사상은 죽음에 대한 두려움을 극복하기 위해 죽음과 직접 싸우는 방식을 제시하지만, 기독교는 부활에 대한 확신 위에서 죽음을 그저 순순히 받아들일 뿐이다. 그러므로 기독교의 순교는 마치 수동적으로 끌려가는 것처럼 보이지만, 사실은 생명을 포기하는 것이 아니라 가장 강력하게 생명을 긍정하는 태도가 아닐 수 없다. 그것이 바로 부활의 능력이다.

흔히 죽음 앞에서의 그리스도인의 평강에 대해 강조하는데, 일반적으로 두려움이 없는 상태를 평강이라고 한다. 그러나 십자가 처형을 앞두고 평강을 상상할 수 있겠는가? 주님조차도 인간적인 면모를 보여 주셨다.

따라서 그리스도인의 평강이란 일반적으로 말하는 심리적 개념과는 조금 다를 것이라는 유추가 가능하다. 단순히 용기나 담력 또는 두려움에 대한 무감각이 아니라, "두렵기도 하고 근심도 되지만 주님과 함께 충분히 견디어 낼 수 있는 어떤 내면적 상태"라고 정의하는 것이 어떨까 한다.

그렇다면 그리스도인의 평강은 부활의 관념이 아니라 부활의 능력으로부터 나오는 것이라고 말할 수 있다. 평강의 능력이 있는 사람이 주님의 보내심을 받는가, 아니면 주님의 보내심을 받아들이는 사람에게 평강의 능력이 주어지는가 하는 것은 다른 문제이다. 아무튼 부활을 믿는 사람은 부활의 능력을 발휘해야 하며, 당연히 부활의 능력이 허락될 것이라고 믿는다.

부활은 죽었던 생명이 다시 살아나는 것을 말한다. 그런데 죽기 전과는 다른 존재로 되살아나야 한다. 그렇지 않다면, 전과 똑같은 모습으로 그저 한 번의 생명이 다시 주어지는 것뿐이라면, 무엇 때문에 죽음을 선택하겠는가?

죽음 자체에 대한 판단은 별도로 하고라도 죽음을 통과하는 과정은 결코 만만한 것이라고 할 수 없다. 그럼에도 불구하고 어떤 사람들이 죽음을 선택할 수 있는 이유는, 삶의 고통에 대한 두려움이 그만큼 강렬하고 또 죽음의 방법을 자신이 선택할 수 있기 때문이다.

어느 정도 믿음이 있는 사람이라면 생명 자체를 주님께 드리는 것은 그리 어려운 일이 아니라고 생각한다. 그러나 쉽사리 그렇게 하지 못하는 가장 큰 이유는, 죽음을 통과하는 과정이 매우 힘들고 고통스럽다는 사실을 잘 알고 있기 때문이다.

그런 가운데서도, 분명한 것 가운데서도 가장 확실한 것은 부활에 대한 확신이다. 부활에 대한 확신은, 죽음에 대한 두려움과 죽음의 고통에 대한 두려움으로부터 우리를 어느 정도 자유하게 풀어 줄 것이다.

성령께서 도와주신다면 능히 모든 두려움을 이기고 주님의 뜻에 순종하여 죽음, 즉 부활을 위한 죽음을 스스로 선택할 수 있을지도 모른다. 그런데 사람이 육신적 욕망의 죽음, 이기심의 죽음, 자존심의 죽음 뒤에 다시 살아난다면, 당연히 전과는 다른 존재로 변화되어야 할 것이다. 그것이 바로 부활의 현실성이고, 부활의 약속에 대한 확실한 보증이며, 부활의 능력이다.

그러면 어떻게 부활의 능력을 얻을 수 있을까? 그것은 바로 성령의 충만함이다. 주님께서는 두려움에 떠는 제자들에게 성령을 받으라고 하셨고, 승천하시기 직전에도 하나님께서 약속하신 것을 몇 날 동안 기다리라고 하셨다. 그런데 주님의 부활 승천을 직접 목격한 500여 명 가운데 오순절 성령을 받은 사람은 120명뿐이었다. 나머지 380명은 어디로 갔는가?

쫓기는 가운데 몇 날 동안 기다린다는 것이 결코 쉽지 않은 일임을 이해할 필요가 있다. 주님의 부활을 친히 목격한 사람들조차 열흘 정도를 기다리지 못하는 이유가 무엇일까 생각해 보라. 그러므로 부활의 관념으로 만족하지 말고, 부활의 능력을 소망하며, 성령의 기름 부으심을 사모하자. 그리고 기도하자. 훈련을 자원하자. 작은 희생과 헌신들을 실천해 나가자.

부활을 약속받은 사람은 당신처럼(나처럼) 살지 않는 법이다.

부활의 실천

주님께서는 제자들 앞에 세 번 나타나셨다. (물론 그 이상일 가능성도 충분하다.) 마지막은 갈릴리 바닷가에서였다. 거기서 그분은 생선을 구워 아침 식사를 준비해 놓고, 제자들을 기다리셨다. 그런데 세 번 제자들에게 나타나시는 동안 주님께서는 베드로에게 한 말씀도 하시지 않았던 것 같다. 베드로는 자신이 행한 일로 인해 여러 사람을 실망시켰지만, 누구보다도 자기 자신이 가장 깊은 상처를 받았을 것이다.

그런데 오늘 주님은 베드로에게 다만 "네가 나를 사랑하느냐"고 세 번이나 물으신다. 지금 상황에서 이 질문은 최선의 질문이라고 하지 않을 수 없다. 주님의 질문에 대한 베드로의 대답인 "내가 주님을 사랑하는 줄을 주님께서 아시나이다"는, 조금 궁색하기는 하지만 최선의 대답이라고 할 수 있다. 주님은 베드로가 최선의 대답을 할 수 있는 질문을 선택하신다.

주님은 언제나 우리에게 최선의 질문을 하신다. 당신은 주님의 질문에 베드로처럼 최선의 대답을 할 수 있겠는가? 그렇다. 주님과 나의 관계에 있어서 가장 중요한 것은, 내가 그분을 얼마나 사랑하는가에 달려 있다. 나에 대한 그분의 사랑은 이미 분명히 증명되었다. 그것이 믿어지지 않는다면 모르겠지만, 믿어진다면 아직 입증되지 않고 남아 있는 것은 그분에 대한 나의 사랑뿐이다.

우리는 실수하고 실패하고 넘어지며 심지어 배반할 수도 있다. 사랑이 가득하다 해도 그 사랑을 지킬 능력이 없다면, 우리는 눈물을 흘리면서도 주님을 배반할 수 있다. 그런데 주님은 우리의 능력을 보시지 않고 우리의 사랑하는 마음을 보신다. 그리고 능력을 부어 주신다.

그렇지 않았다면 베드로는 용서받을 수 없었을 것이고, 용서받았다 해도 다시 같은 실패를 반복하고 말았을 것이다. 그러므로 우리는, 자신의 온갖 실수와 실패에도 불구하고 주님의 사랑의 뜻을 믿고, 그분께서 능력을 부어 주시기를 소망하며 기도해야 한다.

다만 주님은 "네가 이 사람들보다 더 나를 사랑하느냐"고 물으시기를 원하신다. 비교하여 등급을 나누기 위해 "누가 나를 가장 사랑하느냐"고 물으시는 것이 아니라, 각자의 마음속에서 가족보다 부모

형제보다 친구보다, 주님을 더 사랑한다는 고백이 일어나기를 바라실 뿐이다. 주님을 사랑하는 그 마음으로, 주님의 삶을 모델링하며 살아가는 것이 바로 주님의 명령이요, 그리스도인의 의무이며, 부활을 실천하는 길이다.

영화 '부활'에서, 주님의 부활을 목격한 사도 베드로와 주인공인 로마 호민관은 이렇게 고백한다.

"이제 다시 전과 같은 생활로 돌아갈 수는 없지 않겠소?"

그리스도인이라 하면서, 여전히 전과 같은 삶에서 빠져나오지 못하고 있는 사람들이 너무 많다는 것이야말로, 한국 교회의 최대 비극이라고 할 수 있다. 그럴 수밖에 없는 우리의 현실이 안타깝다. 똑같은 실수와 실패를 끝없이 반복하는 베드로는 더 이상 베드로라고 할 수 없다.

아직도 부활의 의미를 모르고, 부활의 능력도 없고, 따라서 부활을 실천하지도 못하면서, 매년 이벤트처럼 되풀이되는 부활절 행사가 과연 주님께 어떤 평가를 받게 될지 심히 우려스럽다. 언제까지 주님의 부활이 과거에 일어난 사건 또는 막연히 미래에 일어날 사건으로 남아 있어야 하는 것인지 알 수 없는 오늘이다.

여전히 전과 똑같은 삶을 계속하고 있는가? 만약 그렇다면, 당신의 부활은 아직 확정된 것이 아니다.

예배와
피 흘림

자기 유익을 위해 타인의 피를 흘리는 것이 '죄'이다.
'의'란 타인의 유익을 위해 나의 피를 흘리는 것이다.
하나님을 위해 자기 피를 흘리지 않는 예배는 모두 거짓이다.

인생에 성공하려면 먼저 예배에 성공해야 한다는 말이 여기저기서 들린다. 예배를 통해 하나님과의 바른 관계를 설정하고, 그 관계를 기초로 자기 인생을 세워 나가야 한다는 것이다. 그러면 예배에 성공하기 위해서는 무엇을 어떻게 해야 하는가? 가장 먼저 떠오르는 것은 '회개', '신령과 진정' 같은 단어들이다.

이는 당연한 현상이며 바람직한 일임에 틀림없다. 그런데 이런 단어들은 어쩐지 주관적이고 추상적인 마음 상태만을 의미하는 것 같아서 충분히 만족스럽다는 느낌이 들지 않는다. 그뿐만 아니라 어딘가 도식적이고 상투적인 느낌마저 주는 듯하다. 따라서 뭔가 좀 더 구체적이고 현실적인 제안이 덧붙여져야 하는 것이 아닌가 생각된다.

예배라고 하면 우선 구약의 제사가 떠오른다. 오늘날 우리가 드리는 예배와 구약 시대의 제사가 동일한 것이냐 아니냐 하는 질문에 대한 대답은 입장과 조건에 따라서 조금씩 다를 수 있을 줄로 안다.

물론 단적으로 표현한다면 제사는 죄 문제를 해결하기 위한 것이고 예배는 해결된 죄 문제를 감사하기 위한 것이라고 말할 수 있겠지만, 그러나 완전히 다른 것이라고 몰아붙이기에는 뭔가 조금 아쉬운 부분이 남는 것 같다. 흔한 말로 연속적인 부분과 불연속적인 부분이 함께 공존하고 있다는 식으로 두리뭉실하게 대답할 수밖에 없을 것 같기도 하다.

그러나 이러한 대답은 논리적 대답은 될 수 있을지 몰라도 실존적인 대답은 아니라고 본다. 무슨 유희나 게임이 아니라면, 수수께끼를 위한 대답에 공을 들일 이유가 어디 있겠는가? 그런 대답이라면 이래도 관계없고 저래도 상관없는 일이다.

하지만 이 문제에 대하여 반드시 대답을 해야 한다면, 그것은 아마도 신학적인 대답은 아니어야 할 것으로 생각된다. 왜냐하면 신학적인 대답은 반드시 반론을 부르게 마련이기 때문이다. (옛날에는 이러한 견해차로 인해 서로 죽고 죽이기도 했고, 지금도 심하게 비난하거나 따돌림을 당할 수 있다.)

여기서는 일종의 비유적인 대답 또는 묵상적인 대답을 제시해 보고자 한다. 신학적인 성찰은 엄격한 연구와 고도의 주의가 필요하다고 생각한다. 잘못 결론을 내리면 이단으로 정죄될 위험도 안고 있다.

그러나 묵상적인 성찰은 상대적으로 좀 더 자유롭고 포괄적일 수 있다는 이점을 가지고 있다. 신학적인 성찰과 묵상적인 성찰이 상호 균형과 조화를 이루고 있을 때 가장 바람직한 영성을 구현할 수 있는 것이 아닌가 한다.

구약의 제사에서 목적에 따라 몇 가지 서로 다른 형태가 있다고 해도, 가장 핵심적인 부분으로는 역시 짐승의 피를 매개로 한다는 점을 꼽을 수 있다. 먼저 짐승에게 자신의 죄를 전가하고, 그 짐승을 제물로 바침으로써 자신의 죄도 함께 불태워져 없어지는 것이다.

물론 이러한 속죄는 유통 기한이 있어서 제한적인 기간 동안에만 유효하도록 되어 있다. 따라서 기한이 지나면 다시 제사를 드리지 않으면 안 된다. 이러한 원칙에 따라 이스라엘 백성은 각 사람마다 일생 동안 수십, 수백 번의 제사를 드려야만 했던 것이다.

오늘날 우리는 주님의 십자가 보혈로 완성하신 단 한 번의 제사로, 이 모든 것으로부터 자유로워진 신약 시대를 살고 있다. 지금은 더 이상 구약 시대와 같은 제사를 드릴 필요도 이유도 없다. 그러나 겉으로 드러나는 형태와 그에 담기는 내용은 시대와 상황과 조건에 따라 달라질 수 있겠지만, 근본적인 원리는 어제나 오늘이나 항상 동일할 것으로 믿는다.

가장 중심적인 주제는 역시 피 흘림이다. 여기서 실제로 흘리는 피조차도 물론 하나의 형식에 불과할 수 있다. 그것 역시 근본적인 어떤 원리를 드러내기 위해 사용되는 소도구에 불과하다.

"율법을 따라 거의 모든 물건이 피로써 정결하게 되나니 피 흘림이 없은즉 사함이 없느니라"(히 9:22)

자신의 이익을 얻기 위해 타인의 피를 흘리는 것을 우리는 '죄'라고 말한다. 반면에 타인의 유익을 위해 자신의 피를 흘리는 것을 '의'라고 한다. 그러나 비록 자신의 피를 흘렸더라도 자기 생각의 만족을 채우기 위해 흘린 것이라면, 그것은 차라리 자학이라고 부르는 것이 옳을지도 모르겠다.

문제는 마음의 중심이 향하는 곳이 어디냐 하는 점이다. 사람의 법과 하나님의 법 가운데 어느 것을 따르느냐 하는 것이 가장 중요하다.

오늘날 이 치열한 경쟁 사회에서, 자기 이익과 자기 생각을 위해 타인의 피를 흘려 보지 않은 사람이 어디 있겠는가? 또한 타인으로 인해 자신의 피를 흘려 보지 않은 사람이 어디 있겠는가?

끝없는 자본주의 경쟁 체제 안에서 타인으로 인해 피와 눈물을 흘리고, 또 타인으로 하여금 피눈물을 흘리게 하며 살아갈 수밖에 없는 것이 우리 인생이 아닌가? 이러한 원리는 사회 체제와 관계없이 인생의 본질에 속하는 것이라고 할 수 있겠다.

그러나 자신의 피와 타인의 피를 흘리며 살아갈 수밖에 없는 것이 인생이라고 할지라도, 우리 그리스도인은 그것을 당연히 여겨서는 안 될 것이다. 당연한 것을 당연히 여겨서는 안 된다는 말은 얼핏 모순처럼 들리지만, 가만히 생각해 보면 반드시 그런 것은 아니다.

'경험'과 '경험의 해석'은 다른 문제이다. 동일한 경험으로부터 전혀 다른 결론을 도출해 낼 수 있는 것이 인간이라는 존재이다. 그렇게 본다면 이 세상에 당연하지 않은 일은 하나도 없으며, 당연한 일 역시 하나도 없는 것이다.

많은 사람들이 자신과 가족을 보존하고 지키기 위해서라는 명분으로, 타인의 피를 흘리게 할 수밖에 없는 현실을 너무나 당연하게 받아들인다. 그러면서 어떠한 경우에도 자신의 피는 흘리지 않으려고 발버둥치고 있다.

하지만 이런 사람은 단언하건대 어떤 제사, 예배, 기도, 찬양을 통해서도 구원받을 수 없다. 세상이 그렇다고, 이 사회 시스템이 그러니 어쩔 수 없는 일이라고 아무리 자신을 설득해 보아도, 이는 주님의 가르침과는 명백히 상반되는 주장이라고 하지 않을 수 없다.

구약의 제사에서 짐승의 피를 뿌려야만 했던 이유가 무엇이었는지 생각해 보라. 기록에 따르면 예수님 시대에 예루살렘 성전에서 행해진 유월절 제사에서만 약 15만 마리의 짐승이 도살되었다고 한다. 무엇 때문에 그 많은 소와 양과 염소들이 피를 흘려야만 했을까?

그 이유는 정말 간단하다. 그것은 나의 피를 흘릴 수 없었기 때문이다. 나의 죄를 용서받기 위해 다른 대상의 피를 흘리면서도 그것을 정당화할 수 있는 유일한 근거는 오직, 나는 사람이고 그 대상은 짐승이라는 사실 하나뿐이었다.

나는 하나님의 형상을 따라 지음받은 존귀한 인간이지만, 그들은 영혼 없는 피조물인 짐승에 지나지 않는다. 따라서 인간인 나의 피 대신에 짐승의 피를 흘리게 함으로써 죄에 대한 하나님의 진노와 심판을 한시적으로 연기하는 제사 의식을 행할 때에, 제물로 바쳐지는 그 짐승들을 동정하는 사람은 아무도 없었다.

또는 그렇기 때문에 짐승의 피 대신에 다른 사람의 피를 흘리고자 하는 자들이 있었는데, 그것이 바로 인신공양이다. 영혼 없는 짐승의 피로는 신을 만족시킬 수 없을 것 같고, 그렇다고 자신의 피는 흘리기 싫고, 그래서 다른 사람의 피를 대신 흘리는 인신공양은, 우리 모두가 아는 바와 같이 하나님이 미워하시는 바요 하나님 앞에서 큰 죄악이다.

그러나 인신공양이라고 하더라도 짐승의 피 대신에, 타인의 피가 아니라 자신의 피를 흘리는 인신공양이라면, 그것은 하나님의 기쁨이요 영광이라고 하지 않을 수 없다. 결국 피 흘림의 제사는 본질적으로 사람의 피냐 짐승의 피냐가 중요한 것이 아니라, 자신의 피냐 다른 대상의 피냐가 중요하다는 사실을 알 수 있다.

그런데 구약 제사의 다음 단계는, 짐승의 피가 아니라 사람의 피를 바치는 것이었다. 사람의 피를 바치되 타인의 피가 아니라 자신의 피를 흘리는 것이었다. 자신의 피를 흘렸는데, 그것이 사람의 피인 동시에 사람의 피라기보다는 신의 피였던 것이다.

만약에 내가 의도적으로, 나 자신의 피 대신에 짐승의 피도 아니고 사람의 피도 아니고 신의 피를 흘리게 했다면, 세상에 그보다 더 큰 죄는 없다고 할 것이다.

자녀가 자기 유익을 얻기 위해 아버지를 죽인다면 그보다 큰 죄가 어디 있겠는가? 그러나 그것은 그분이 자발적으로 나를 위해 흘린 피이며, 스스로 흘린 그 피의 값으로 나의 죄를 씻어 주신 놀라운 은혜이다. 자녀를 위해 자기 생명을 희생한 아버지의 은혜였다.

그 은혜는 갚지 않아도 되는 빚이라기보다는, 갚을 수 없는 빚이라고 해야 옳다. 그러나 그렇다고 하여 갚을 필요가 없는 빚이라고 말할 수는 없다. 은혜를 베푼 쪽에서는 대가를 요구하지 않는다 해도, 은혜를 받은 쪽에서는 그냥 있을 수만은 없는 노릇이다. 그것은 갚고 갚지 않음의 문제가 아니라, 도리와 예의의 문제이다.

내가 그 은혜를 갚는 방법은 오직 하나뿐이다. 인간인 나를 위해 대신 피 흘린 신의 은혜를 갚는 길은 오직 하나, 신을 위해 나 자신의 피를 흘리는 것뿐이다. 인간의 피로 신의 피를 갚을 수는 없겠지만, 그것은 명백히 내가 드릴 수 있는 최고의 대가이므로, 그것으로 되었다고 말할 수 있을 것이다.

그런데 만약 아버지의 그런 사랑과 희생과 은혜를 부정하는 자녀가 있다면 어떻게 될까? 그것은 자기가 좋아서 한 일이지 나를 위해서 한 것이 아니라고 부인하는 자녀가 있다면?

아버지의 사랑과 희생과 은혜를 부인하는 자를 가리켜 후레자식이라고들 하는데, 그는 자기 유익을 얻기 위해 아버지를 죽인 자와 동일한 범죄자라고 할 수 있다. 믿지 않는 자들이 지옥에 가야 하는 이유이다.

여기서 반드시 알아 두어야 할 것은, 신의 은혜를 갚기 위해 흘리는 나의 피는 언제나 타인을 위해 흘리는 것으로 나타나게 마련이라는 사실이다. 타인을 위해 자신의 피를 흘리는 것을 좋아할 사람은 아무도 없다. 어느 누구도 원하는 바가 아니지만, 그럼에도 불구하고 그렇게 해야 한다고 말할 수밖에 없는 이유는 그것이 신, 즉 하나님의 명령에 순종하는 일이기 때문이다.

하나님께서는 상한 심령을 찾으신다고 했다. 상한 심령이란, 인생이 자신의 피와 타인의 피를 흘리며 살아갈 수밖에 없다는 사실을 안타까워하는 심령이다. 그리고 자신 역시 그러한 굴레에서 한 치도 벗어나지 못하는 삶을 살고 있다는 사실을 통회하는 것이 회개이다.

한편 하나님의 뜻에 순종하여, 타인을 위해 자신의 피를 흘리는 것을 가리켜 헌신이라고 하는데, 그러므로 헌신이 없는 예배는 모두 원인 무효이다(시 51:14~19).

비전과
재물

비전이 있는 사람은 왜 항상 재물이 없을까?
재물이 많은 사람은 왜 항상 비전이 없을까?
당신은 비전과 재물 중 무엇을 선택하고 싶은가?
주님의 가르침은 어느 쪽에 더 가깝다고 생각하는가?

욕망과 소망

모든 사람은 좋은 사람과 나쁜 사람, 지혜로운 사람과 어리석은 사람, 유식한 사람과 무식한 사람, 말 없는 사람과 수다쟁이, 부자와 가난한 자, 강자와 약자 등으로 구분될 수 있다. 너무 단순한 구별이기는 하지만, 단순하기 때문에 그만큼 명쾌하기도 하다. 여기서는 인간을 재물 가진 자와 비전 가진 자로 나누어 보고자 한다.

모든 그리스도인은 둘로 나뉜다. 비전 있는 사람과 재물 있는 사람이다. 물론 비전과 재물 둘 다 가진 사람도 있을 수 있고 아무것도 없는 사람도 있겠지만, 그런 것은 관심 밖이다. 알고 싶은 것은 비전과 재물 사이에 모종의 관계가 있지 않느냐 하는 것이다.

사람은 누구나 크든 작든 자신의 비전을 갖게 되어 있다. 물론 그리스도인의 비전에는 몇 가지 전제 조건이 요구되기는 하지만, 아무튼 그리스도인은 그리스도인다운 비전을 품는 것이 당연하다고 본다.

내 주변에는 나름대로의 비전을 가진 사람들이 참 많다. 스케일이 크든지 작든지, 현실적이든지 황당하든지, 제도 친화적이든지 반체제적이든지, 품은 비전의 모양과 내용은 달라도 그들에게는 한 가지 공통점이 있다. 그것은 그들 모두가 한결같이 돈이 없다는 것이다.

그러고 보면 재산이 많은 사람들 가운데 비전이 있는 사람을 한 사람도 본 적이 없다. 그렇다면 비전 있는 사람은 재물이 없고 재물이 많은 사람은 비전이 없다는 말이 사실이라는 것인가?

그렇다. 그런 것 같다. 비전 있는 사람은 재물이 없고, 재물이 많은 사람은 비전이 없는 것 같다. 재물 있는 사람의 비전이란 대체로 자신이 가진 재물을 보존하고자 하는 범주를 벗어나지 못하고, 재물 없는 사람의 비전이란 그저 잃을 것 없는 자의 공허한 상상에 지나지 않는 경우가 많다.

그러므로 자신의 비전을 자랑하지 말고, 비전 없는 사람을 멸시하지 말라. 욕망하는 비전은 비전이 아니고, 비전이 없는 재물은 의미 없는 욕망에 지나지 않는다.

단순하게 말해서 재물은 욕망을 대표하고, 비전은 소망을 대표한다. 재물이 영원하지 못하다는 사실을 우리는 이미 알고 있다. 그러면 비전은 영원한가? 비전 역시 영원한 것은 아니다. 그러나 재물은 공유하기 어렵고 독점을 추구하는 속성 때문에 다툼의 원인이 되지만, 비전은 공유할 수 있고 연합을 추구하며 세대를 이어 계승될 수 있다.

돈에 집착하는 이유

"돈을 사랑하지 말고 있는 바를 족한 줄로 알라 그가 친히 말씀하시기를 내가 결코 너희를 버리지 아니하고 너희를 떠나지 아니하리라 하셨느니라"(히 13:5)

하나님께서는 "내가 너희를 버리지 아니하고 너희를 떠나지 아니하리라"고 말씀하신다. 그러나 바로 앞에서 "돈을 사랑하지 말라"고 하셨으므로, 이 말씀은 '돈'과 관련하여 하신 말씀인 것을 알 수 있다. 유추해 보면, 그리스도인이 돈을 사랑하는 이유가 하나님을 신뢰하지 못하기 때문임을 암시한다. 즉, 하나님이 자기를 버리고 떠나실까 봐 돈에 집착하게 된다는 것이다.

이 세상을 살아가면서 돈이 없으면 여러 가지로 불편하고 고통스러운 것이 사실이다. 갑작스럽게 경제적 어려움이 닥치면, 우리는 그것을 고난이라고 부르기도 한다. 물론 고난이 경제적 궁핍만을 의미하는 것은 아니지만, 가장 대표적이고 일반적인 것은 역시 경제적인 고통이다.

경제적 어려움으로 고난받아 보지 않은 사람이 어디 있겠는가? 그래서 모두들 경제적 고난을 피해 보겠다고 열심들이다. 물론 고난이 반드시 부정적인 결과만을 가져오는 것은 아니라고 성경은 말하고 있다.

> "…우리가 환난 중에도 즐거워하나니 이는 환난은 인내를, 인내는 연단을, 연단은 소망을 이루는 줄 앎이로다"(롬 5:4-5)

그런데 주의할 점, 여기서 '연단'은 'Discipline'(훈련)이 아니라 'Character'(성품을 이룸)이다. '성품을 이룬다'는 것은, 수동적으로 참으며 시간을 보낸다고 해서 이루어지는 것이 아니다. 오래 인내하며 기다려도 소망이 이루어지지 않는 것은 '캐릭터'(성품)를 이루지 못했기 때문인지도 모른다. 주님을 오래 따랐으면서도 아무런 성품의 변화가 없다면, 아마도 마지막 순간까지 소망을 이루기 어렵지는 않을지 걱정스럽기도 하다.

자신이 당하는 고난에 하나님께서 개입하시고 있다면, 성경은 그러한 고난을 금과 은의 연단(refine, purify)이라고 표현한다(말 3:2~3). 금과 은의 연단을 받는 사람은 어떠한 경우든지 한 가지 확실한 보증이 주어지게 된다.

그것은 결단코 버림받지 않는다는 사실이다. 버리기 위해 금과 은을 연단하는 법은 없다. 금과 은을 연단하는 이유는 버리기 위해서가 아니라 취하기 위해서이다.

그러므로 안심하고 돈에 의지하는 마음을 버리라. 하나님을 신뢰하고 경제적 어려움을 너무 두려워하지 말라. 하나님은 우리를 버리지도 떠나지도 않으신다. 오직 하나님께서 허락하신 비전을 품고 하나님 앞으로 나아가라.

비전 있는 자와 재물 가진 자

자, 비전 있는 자가 되고 싶은가, 재물 가진 자가 되고 싶은가? 솔직히 나는 재물이라고 대답하고 싶다. 비전은 내가 아니어도 상관없지만, 재물은 오롯이 나만의 것이기에. 그러나 그렇게 대답하지는 않을 것이다. 체면을 구기고 싶지 않기 때문이다.

물론 이 문제는 체면 어쩌고저쩌고 할 문제는 아니다. 이는 주님의 뜻을 어떻게 분별하느냐의 문제인 동시에, 기독교 신앙의 본질과 관련된 문제이기도 하다.

> "한 사람이 두 주인을 섬기지 못할 것이니 혹 이를 미워하고 저를 사랑하거나 혹 이를 중히 여기고 저를 경히 여김이라 너희가 하나님과 재물을 겸하여 섬기지 못하느니라"(마 6:24)

그리스도인이라면, 재물을 가진 자가 되고 싶을지라도 비전 있는 자가 되려고 노력해야 한다. 그러면 우리가 주 예수 안에서 품을 수 있는 비전은 무엇일까? 주님의 비전, 바울의 비전, 다윗의 비전, 모세와 여호수아의 비전은 무엇이었는가?

목사가 되겠다, 선교사가 되겠다, 찬양 사역자가 되겠다는 것이 비전인가? 어떤 신분이 되겠다는 것보다는 어떤 일을 하겠다는 것이 더 중요하다. 무엇을 이루겠다는 것보다는 어떤 존재가 되겠다는 것이 더욱 중요하다.

비전이라 해서 반드시 무슨 거창한 것만을 의미하는 것은 아니다. 평범한 엄마의 비전, 어느 장애인의 비전, 회사원의 비전, 사업가의 비전, 실업자의 비전, 농사꾼의 비전 등 누구나 자신만의 비전을 가질 수 있다.

그러나 어느 누구의 어떤 비전이든지 하나님 나라의 영광을 위해, 한 번뿐인 내 인생의 참다운 의미를 위해, 하나님께서 주신 모든 것을 힘써 키워서 다시 하나님께 돌려드린다는 대원칙을 잊어서는 안 될 것이다.

사람이 세상에 태어날 때 자기 의지로 태어나는 사람은 아무도 없다. 그리고 자신의 힘이 아니라 타자(주로 부모)의 수고 가운데 키워진다. 말하자면 남의 덕에 산다는 말이다. 그 '남'의 끝에 하나님께서 계심은 물론이다. 나의 생명에서부터 시작하여, 나의 되어진 모든 것과, 지금 누리고 있는 것들 전체에 이르기까지, 오직 하나님의 은혜로 비롯되었다는 사실을 인정하지 않을 수 없게 되는 것이다.

"내가 나 된 것은 하나님의 은혜로 된 것이니…"(고전 15:10)

그래서 어느 시점부터는, 마치 철든 자녀가 늙으신 부모에게 효도를 다하듯이, 하나님께 나의 것들을 돌려드리게 된다. 마지막에는 하나님으로부터 나온 나의 생명 역시 그분께로 돌아가지 않겠는가? 그때까지 나의 모든 것을 하나님께 돌려드려야 한다.

돌려드리는 구체적인 방법에는 개인차가 있을지라도, 이 원리는 바뀔 수 없다. 하나님으로부터 나와서 하나님께로 돌아갔으니 이 세상에 남은 것은 내 삶의 흔적뿐, 아름답고 향기로운 기억으로 남아야 한다. 그것이 바로 하나님께 영광이요, 그리스도인의 일생이다.

흔히 구약은 현세적 소망을 중심으로 하고, 신약은 구원의 소망, 즉 내세의 소망을 중심으로 한다고 말한다. 구약의 소망은 어떻든, 내세의 천국 소망을 바라보며 현세인 오늘의 고난을 인내하는 것이 신약의 소망이라는 점은 분명히 말할 수 있다.

하지만 오늘 종말 시대의 기독교는 신약의 소망을 계승하되, 현실을 부인하는 수동적인 태도를 넘어설 필요가 있다. 내세뿐 아니라 현세에서도 우리는 주님의 뜻을 이루며 살아야 한다.

비전은 목표와 함께 구체적 계획과 절차를 포함하는 것이 핵심이다. 목표가 없는 비전은 비전이 아니다. 계획이 없는 비전은 비전이 아니다. 비전을 이루어 가는 과정에 대한 인식이 없다면, 어떻게 오늘의 힘든 일을 감당해 낼 수 있겠는가? 오늘 이 하루도 그 소망과 비전을 이루어 나가는 과정이기에, 힘들고 어려워도 즐거워하며 감당할 수 있다.

어차피 가진 재물도 별로 없고, 큰 재물을 모을 능력도 가능성도 별로 없는데, 비전까지 없다면 우리는 얼마나 불쌍한 존재인가? 우리는 결코 비전도 없고 재물도 없는 사람은 되지 말자.

우리에게 비전이 있다면, 우리는 재물이 없지만 비전은 있는 자이다. 두 가지 모두 가진 사람보다는 못할지 모르지만, 재물만 있고 비전은 없는 사람보다는 더 행복한 사람일 수 있다. 왜냐하면 재물은 나의 죽음과 함께 흩어지겠지만, 비전은 나의 사후에도 남아 있을 수 있으니까.

하나님에 대한 부요함

혹시 큰 재물을 가졌거나 가질 가능성이 높은 사람들은, 비전을 잃지 않도록 주의하라. 행여나 그 재물을 어떻게 보존하고 불려 나갈 수 있을까 하는 데 마음을 빼앗기지 말라.

자신이 가진 재물의 소유와 사용 과정 사이에 균형을 이루도록 잘 관리하라. 이 재물을 어떻게 하나님의 뜻에 맞게 사용하여 그분의 영광을 나타낼 수 있을까 하는 데 집중하라. 만약 그리할 수 없다면, 그 재물은 오히려 당신에게 독이 될지도 모른다.

"자기를 위해 재물을 쌓아 두고 하나님께 대하여 부요하지 못한 자가 이와 같으니라"(눅 12:21)

"자기를 위해 재물을 쌓아 두고 하나님께 대하여 부요하지 못한 자"가 바로 그런 사람이다. 오늘 이 세상에는 그리스도인 가운데서도 그런 사람들이 얼마나 많은지 모른다. 이는 우리 모두에게 해당하는 일이라고 할 수 있다.

이 자본주의 시대를 살아가면서 우리는, 조금이나마 자기를 위해 재물을 쌓아 두지 않고서는 살아갈 수 없는 현실을 인정할 수밖에 없다. 그러므로 문제의 핵심은, "자기를 위해 재물을 쌓아 둠"보다는 "하나님께 대해 부요하지 못함"에 있는 것이다.

사실 "자기를 위해 재물을 쌓아 둠"과 "하나님께 대해 부요하지 못함"은 거의 항상 갈등 관계에 있게 마련이다. 그럼에도 불구하고 우리는 전적으로 어느 한쪽을 선택하지 못한다. 우리가 육체의 존재인 이상 그것은 당연한 일이다. 따라서 그것으로 인해 근심할 필요는 없다.

재물이 없다면 비전만으로 충분하다. 다만, 무슨 교회나 센터나 기도원을 짓겠다는 '부동산의 비전'은 포기하기 바란다. 그건 비전이 아니라 결국 욕심일 뿐이다.

만약 재물이 있다면, 하나님에 대한 부요함을 위해 그것을 사용하라. 비전이 없다면, 비전 있는 사람들의 의견을 들어 보는 것도 좋겠다. 최대한 손실을 줄이려 노력하고, 가능하면 더 늘리기 위해 노력하는 것도 좋다.

자기 생애 가운데 충분히 사용하고 나서, 자녀에게 물려줄 최소한의 것을 남기고, 믿음의 후계자를 세워 그에게 모두 넘겨주라. 그가 다시 하나님을 위해 그것을 사용할 것이다.

위험 가운데 평안하기

어려움 가운데 미소 짓기

쫓기는 가운데 여유 부리기

죽음 앞에서 조크 던지기

가장 위험한 곳에서 가장 평안하게 살기

오늘날 우리가 살아가는 한반도는 전쟁의 위험성이 세계에서 가장 높은 지역 가운데 하나이다. 타국에서는 모두들 한반도에서 언제 전쟁이 일어나나 예의 주시하고 있다. 그렇게 흘러온 세월이 벌써 60년이 넘었다. 그러나 정작 우리 자신은 전쟁의 위험은 아랑곳하지 않고, 세계 어느 지역보다도 더 편하게 살아 왔고, 지금도 살고 있다.

세계에서 가장 위험한 지역에서 가장 마음 편하게 살아가는 것, 바로 그것이 한국인이 처한 역설적인 현실이다. 그렇다면 어떻게 그런 일이 가능했을까?

한국인들은 모두 선천적으로 담력이 강해서일까, 식민 시대의 상처에 덧붙여 워낙 큰 동족상잔의 비극을 겪고 난 뒤끝이므로 세상사에 달관해서일까, 아니면 자신을 둘러싼 환경과 상황을 냉철하게 직시하지 못한 결과라고 해야 할까? 아무튼 지금 우리는 그렇게 살고 있다.

그런데 이는 한국인들에게만 해당하는 사항이 아니라 모든 인생들에게 적용되는 원리라고 할 수 있다. 인생이란 짧고 굴곡이 심하며 아무도 죽음에서 벗어날 수 없는 법이지만, 우리는 이 부조리한 인생 가운데 소망을 잃지 않고 목적을 성취하기 위해 불철주야 노력을 기울이며 행복을 추구하고 있지 않은가?

그렇게 본다면 이러한 현실은 다시, 인생의 원리라기보다는 모든 그리스도인들의 딜레마요 역설인지도 모르겠다.

그리스도인의 삶

도대체 그리스도인의 삶이란 어떤 것인가? 어떤 것이어야 하는가? 그리스도인의 삶은 비그리스도인의 삶과 어떻게 다른가? 어떻게 달라야 하는가? 이러한 질문에 대해, 사람의 삶이란 게 다 거기서 거기지 무슨 특별한 차이가 있겠느냐고 의문을 제기할 수도 있을 것이다.

사실 그리스도인이나 비그리스도인이나 삼시 세 끼 밥 먹고, 상황과 조건의 변화에 따라 근심과 염려와 불안과 두려움을 벗어나지 못하면서, 때때로 작은 일에 큰 의미를 부여함으로써 자신을 위로하며, 그렇게 그렇게 안달복달 지지고 볶으며 죽음을 향하여 늙어 가는 모습에 무슨 차이가 있을 수 있겠는가? 우리 인생이라는 것이 환경과 조건은 달라도 결국은 다 그렇지 않은가?

하지만 겉으로 보이는 모습이 전부라면, 우리의 믿음은 다 헛것에 불과하고, 부활도 영생도 모두 인간 욕망의 투사에 지나지 않는다고 할 것이다. 그렇다고 모든 결론을 죽음 이후로 돌리는 것 역시 비그리스도인들은 물론 같은 그리스도인들에게도 설득력을 가지기 어려울 것이므로, 바람직한 태도라고 하기 어렵다.

그렇다면 겉으로 보기에는 별로 다를 것이 없으나 분명히 현실적으로 다른, 그리고 초월적인 어떤 것에 결론을 돌리지 않는 그리스도인의 삶의 차별점은 어떤 것일까? 어떠한 삶의 현실이 그리스도인 고유의 삶의 모습이라고 말할 수 있겠는가?

그것은 '가장 위험한 곳에서의 평안'이라고 말할 수 있다. 광야 길 같고 포로 길 같은 우리 인생길에서, 예수 그리스도와 함께 있다는 오직 한 가지 사실로 말미암아 지극한 평안 가운데 살아가는 것이다. 그것이야말로 그리스도인의 삶의 고귀한 특성이다.

그러나 단순하게 평안을 누린다는 것으로는 충분하지 못하다. 그런 관점에서 본다면 기독교보다는 오히려 불교가 더 합당하지 않겠느냐고 이의를 제기할 사람도 있겠다. 사실 모든 종교가 신자들에게, 삶의 위안과 함께 인생의 문제들을 해결해 나갈 힘을 공급해 준다고 주장한다.

그런 주장은 어느 정도 사실이다. 하지만 정말 중요한 문제는 부조리한 인생을 긍정할 수 있는 힘이 아니라, 그 힘의 본질적인 성격이다. 그 힘이 임시방편인가, 아니면 궁극적인 것인가 하는 점이다.

타 종교에서도 자신들이 따르는 그들의 신이, 현세의 복과 평안을 가져다주고 또한 내세의 구원을 약속해 준다고 주장한다. 또 진심으로 그렇게 믿는다. 그리고 그들의 주장은 결코 거짓만은 아니다. 기독교만이 위로와 평안을 줄 수 있고 타 종교인들의 고백은 사실이 아니라고 몰아붙이는 태도는, 영적 세계와 신앙의 본질을 잘못 이해한 데서 나오는 편협함에 지나지 않는다.

그들은 그렇게 믿고 있고, 또 자신들의 믿음을 뒷받침할 수 있는 많은 근거와 경험의 간증들을 제시할 수 있다. 그래서 그들의 종교가 수천 년 동안이나 이어져 내려올 수 있었던 것이다. 이러한 점들을 모두 인정하고 난 후에야 비로소, 예수를 따르는 데서 오는 평안과 그들이 말하는 평안이 어떻게 다른지 이야기할 수 있다.

일반적으로 이와 같은 논쟁은 결국 주관적인 신념이냐 객관적인 사실이냐로 귀결되게 마련이다. 서로가 상대방에 대해 주관적 신념으로 몰아붙이고, 자기 자신은 객관적 사실에 근거하는 것으로 옹호할 것이므로, 논란은 언제까지나 그치지 않을 것이다. 만약 설득이 가능했다면 세계의 종교는 이미 하나로 통일되고 말았을지도 모를 일이다.

설득이 불가능한 가장 큰 이유는, 각자가 독특한 종교적 경험의 틀을 가지고 있는데, 서로가 자신의 경험만 경험했지 상대방의 경험에 대해서는 경험하지 못했기 때문이다. 그러므로 상대방을 설득하기 원한다면 먼저 상대방의 종교적 경험을 이해하고 인정하지 않으면 안 된다.

종교적인 경험의 차이

종교적 경험이란 곧 영적인 경험을 의미한다. 모든 종교에는 고유한 영적 체험이 있다. 고등 종교만 그런 것이 아니라 무당에서부터 아프리카 원시 신앙에 이르기까지 그러하다. 무당도 신 내림이라는 영적 체험에 기초하여 자신의 영역을 지켜 나간다. 밀림 가운데서 밤을 새우다가 영적 존재와 교감하는 경우도 있다.

기공 수련을 통해 강력한 영적 체험을 했다는 보고도 많다. 수백 km 떨어져 있는 사람을 본다든지 상대방의 몸속이 들여다보인다든지 했다는 등의 증언이다. 그러고 보면 옛날에 10년을 면벽하여 도를 닦았다는 것도, 결국은 영적 체험을 통해 도를 이루고자 하는 시도라고 할 수 있다.

그렇게 이 세상은 영적인 힘으로 가득 차 있고, 눈으로 보이는 세계의 배후에서는 치열한 영적 투쟁이 벌어지고 있다. 자, 그렇다면 누가 진짜인가 하는 문제가 남게 된다. 아니면 모두가 진짜일까? 모두가 진짜라고 보는 입장이 바로 종교다원주의요 다신교적이고 범신론적인 힌두이즘의 입장이다.

반면에 우리 기독교에서는 기독교적인 영을 제외한 모든 영을 인정하지 않는다. 우리는, 다른 종교와 신앙 체계의 영들이 여러 가지 다른 모습을 보일지라도, 결국은 타락한 천사 사탄의 지배를 받고 있는 것으로 본다. 물론 이런 견해를 다른 종교에서는 좀처럼 인정하지 않으려고 할 테지만 말이다.

무당들은 자신이 늙고 연약해지면, 자기 능력의 기반이 되었던 무당신이 자기를 떠나 더 젊은 무당에게로 갈 것이라는 사실을 알고 있다고 한다. 그래서 늙기 전에 한밑천 챙기려고 여러 가지 술수를 동원해서 사람들을 속인다는 것이다.

참 의미심장한 이야기가 아닐 수 없다. 단적인 예이기는 하지만, 다른 영들의 행태를 단적으로 보여 주는 사례라고 할 수 있다. 그래서 기독교에서는 이를 우상 숭배라고 말한다.

우상 숭배의 가장 큰 특징은, 인간 욕망의 투사를 극대화시킴으로써 사람들을 조종하려고 한다는 점에 있다. 복 받고, 장수하고, 부자 되고, 만사형통하기를 바라지 않는 사람이 어디 있겠는가? 영의 힘이란 결국 자기가 지배하는 사람들을 통해 입증될 수밖에 없으므로, 영향력을 확대하기 위해서 사람들의 마음을 사로잡으려고 하는 것이다.

이때 우상 숭배는 사람들의 마음을 사로잡기 위한 방편으로 그들의 욕망을 자극하게 된다. 그 대표적인 두 가지 방식은 유혹과 위협이다. 자신을 따르면 복을 주겠다고 유혹하거나, 자신을 따르지 않으면 저주를 받을 것이라고 위협하는 것이다. 그러므로 기복주의는 우상 숭배와 동일한 원리 위에서 움직인다는 사실을 알 수 있다.

기독교의 영은 결코 유혹과 위협의 방법을 사용하지 않는다. 성령은 당신의 뜻대로 모든 일을 주도해 가시지, 우리의 선택에 따라 이랬다저랬다 하시지 않는다. 헌금을 많이 하면 복을 받는다든지, 열심을 내지 않으면 불행한 일이 생길 것이라든지 하는 것은, 모두 성령께서 하시는 말씀이 아니며, 사람이 자기 목적을 위해 하는 우상 숭배적인 발언에 지나지 않는다.

주님의 뜻은 어떤 경우에도 결코 변질되거나 뒤집어지지 않는다. 주님은 어떠한 상황에서도 우리를 떠나거나 버리지 않으신다. 그러므로 그분과 우리의 관계는 끝이 좋지 않을 수가 없다. 또한 우리에게는 주님과의 인격적인 교제가 있다. 일방적인 강요는 있을 수 없다.

하기야 다른 영적 현상들도 형식적으로나마 비슷하기는 하다. 왜 무당신이, 무당으로 점찍은 사람을 괴롭히며 쫓아다니는가? 본인의 동의를 얻기 위해서이다. 그러나 성령께서는 그렇게 유치하고 치사한 방법을 사용하시지 않는다. 그분은 감화하고 감동시키기를 즐겨 하신다. 성령님은 이 세상의 모든 영들보다 더 강하시다. 그리스도인은 성령께서 이 세상의 모든 영들보다 더 강하시다는 사실을 믿는 사람들이다.

위험 앞에서 평안하기, 어려움 가운데 미소 짓기, 위기 가운데 침착하기, 쫓기는 가운데 여유 부리기, 죽음 앞에서 조크하기, 나의 빈

주머니 털어 너의 빈 주머니 채워 주기, 이길 수 있지만 져 주기 등은 주님 앞에서 행할 때 진정한 가치가 있다. 이는 개인적 능력의 발현이 아니라 주님에 대한 충성의 증표로 간주될 수 있다.

이러한 덕목들이 가능한 이유는 주님께서 능력을 부어 주시기 때문이고, 그와 동시에 주님에 대한 신뢰와 부활에 대한 믿음이 확고하기 때문이다. 이 세상의 것들이 다 지나가는 것에 불과함을 잘 알고 있다면, 미련과 아쉬움이 아주 없을 수는 없겠으나 무어 그렇게 연연할 것이 있겠는가?

그리스도의 군사와 승패의 예측

진정한 군사에게는 승리나 패배에 대한 예측보다 군령이 더 중요한 법이다. 군령을 받으면, 불리한 전쟁일지라도 뛰어나가 승리를 위한 최선의 노력을 경주하는 것이 군사의 마땅한 의무이다.

그런데 전쟁이라는 것은 살아 있는 생물과 같다는 말이 있다. 큰 나라가 작은 나라를 이기고, 우수한 군비를 갖춘 군대가 그렇지 못한 군대를 이기는 것이 당연한 이치겠지만, 때로는 작은 군대가 큰 군대에게 승리하기도 하고, 누가 보아도 이길 수밖에 없는 전투에서 패배하기도 하는 것이 전쟁이다.

허허실실(虛虛實實) 귀신도 모르는 것이 전쟁의 승패라는 말이 있다. 어째서 이런 의외의 결과가 나오는 것일까? 현격한 전력의 차이를 메우고도 남는 핵심적인 승리의 요인은 과연 무엇일까?

그것은 한마디로 사기 또는 군사들의 단합이라고 말할 수 있다. 군대치고 군사들의 단합을 강조하지 않는 군대는 없겠지만, 중요한 것은 그것이 언제 발휘되느냐 하는 것이다.

승리를 기대할 수 있을 것 같을 때에는 어느 군대든 사기가 올라가고 모든 병사가 하나로 뭉치겠지만, 패배가 예견되는 상황에서는 이야기가 달라진다. 군사들은 겁을 집어먹고, 자기 목숨만이라도 건져 보겠다는 이기적인 생각에 사로잡혀 도망치게 된다. 한 병사가 도망치면 결국 모든 병사가 도망치게 되고, 마침내 전쟁에서 패배하게 될 것이다.

만약 패배가 예상되는 상황에서도 군사들의 단합이 흐트러지지 않고 지켜질 수 있다면, 패배가 승리로 바뀔 수 있는 것이 전쟁이다. 물론 그렇게 될 수 있는 것은 지휘관의 역량과 함께 지속적이고도 오랜 훈련을 통해서 가능하다.

그러므로 상황과 관계없이 언제나 죽을 각오로 가장 높은 사기와 단합을 유지해 나갈 수 있는 군대가 있다면, 그 군대는 절대로 패배하지 않는 군대라고 할 것이다. 그리스도의 군대가 바로 그런 군대이다.

전쟁은 하나님께 속한 것이니, 하나님의 뜻에 합당한 태도로 주어진 임무에 온 힘을 다하는 것이 참된 그리스도인의 자세이다. 그렇다고 한다면, 전세가 불리하다고 해서 의기소침해질 이유가 어디 있겠는가? 물론 전세가 유리하게 전개되고 있다고 하여 교만해질 이유도 없다고 본다.

　그리스도의 군대는 구원받은 병사들로 이루어져 있으며, 최종적인 승리를 보장받은 최강의 군대이다. 그들은 전황에 관심을 두지 않는다. 그들의 관심은 오직 지휘관인 예수 그리스도의 명령이다. 지휘관에 대한 완벽한 신뢰가 그것을 가능하게 한다. 그들은 이미 경험으로 그것을 알고 있는 것이다.

　전쟁터보다 더 위험한 곳이 어디 있으랴? 잠시 잠깐만 한눈을 팔아도 어디선가 날아온 화살이 목덜미를 꿰뚫고 지나갈지 모르는 곳이 바로 전쟁터이다. 한반도는 언제든지 전쟁터로 화할 수 있는 위험 지역이지만, 사실 위험하지 않은 곳이 이 세상에 어디 있겠는가? 어쩌면 내가 사는 곳이 언제나 가장 위험한 지역일지도 모른다.

　인생 자체가 수많은 위험 가운데 살아갈 수밖에 없게 되어 있고, 또 성경은 그리스도인의 삶을 가리켜 영적인 전쟁이라고 말하고 있다. 그리고 영적인 전쟁이든 육적인 전쟁이든 그리스도인은, 전황과 전세에 상관없이 지휘관의 명령에 절대 복종할 준비가 되어 있는, 그리스도의 군사들이다. 그렇다면 가장 위험한 곳에서 가장 편안한 자세를 취하지 못할 이유가 어디 있겠는가?

말씀과 빛

하나님이 말로서 존재하시는 이유는?
어떻게 말의 주체인 동시에 말 자체일 수 있는가?
왜 하나님은 빛을 가장 먼저 만드셨을까?

왜 하나님이 말씀으로 존재하시는가?

청년 시절부터 요한복음 1장 1절의 말씀은 수수께끼처럼 의문스러웠다. 의문의 핵심은 두 가지이다. 첫째, 왜 하나님이 말씀으로 존재하시는가? 둘째, 어떻게 하나님이 말씀의 주체인 동시에 말씀 자체일 수 있는가?

그러나 아무도 이 의문에 시원스러운 대답을 해 주는 사람이 없었다. 목사님들에게는 질문을 드리기가 꺼려졌다. 틀림없이 만족스러운 대답을 얻지 못할 것으로 예상되었기 때문이다.

판에 박은 듯한 대답에 다시 의문을 제기하면 마치 믿음이 없는 듯한 취급을 받는 것이 싫었고 (지금도 믿음이 많이 부족한 것이 사실이지만) 납득이 되지 않았는데도 마치 이해가 된 것처럼 고개를 끄덕거리는 것도 스스로에게 납득이 되지 않았다.

"태초에 말씀이 계시니라 이 말씀이 하나님과 함께 계셨으니 이 말씀은 곧 하나님이시니라"(요 1:1)

창세기 1장에서 하나님은 말씀으로 온 우주를 창조하셨다. 그런데 하나님 자신이 말씀의 주체인 동시에 또한 말씀 자체라고 하니, 도대체 무슨 말인지 이해하기가 어렵다.

여기서 말씀이란 말(word), 즉 언어이다. 그런데 언어는 존재 자체가 아니라 존재의 한 속성이요 기능이라고 할 수 있다. 어떻게 존재의 속성 가운데 하나인 동시에 존재 자체일 수 있을까? 이는 마치 삼위일체와 마찬가지로 하나님의 신비 가운데 하나가 아닐 수 없지만, 대답할 수 있는 부분은 충분히 대답할 필요가 있다고 본다.

요한복음에 따르면 예수 그리스도는 하나님의 말씀인 동시에 하나님 자신이시다. 그래서 예수 그리스도를 가리켜 "살아 계신 하나님의 말씀"이라고 하는 것이다. 그런데 하필이면 왜 말씀일까? 왜 빛이라든지 에너지라든지 불이나 열이나 원자라든지 하지 않고, 언어라고 할까?

우리는 성경을 가리켜 하나님의 말씀이라고 한다. 성경이 인간의 언어로 기록되어 있기 때문에 그렇게 표현하는 것일까? 아니, 그보다는 요한복음에서 예수 그리스도를 하나님의 말씀이라고 기록했기 때문에 그렇게 표현했으리라. 그렇다면 이 모든 것은 그냥 은유적인 표현으로 이해할 수밖에 없는 것인가?

'말'이란 의사소통을 전제로 하는 법이다. 의사소통은 말하는 주체와 듣는 객체가 있어야 성립될 수 있다. 즉, 의사소통은 대상을 전제로 한다. 그 대상이 누구이겠는가? 대상은 바로 인간이다.

일방적으로 말하고 일방적으로 듣는 관계라고 해도 그것은 엄연히 의사소통의 관계이며, 대상관계라는 사실을 부정할 수 없다. 그런데 하나님은 의사소통을 필요로 하시지 않는다. 의사소통은 인간에게 필요한 기능일 뿐이다.

또한 '말'은 하나님의 본질이라기보다 하위 기능의 하나일 뿐이다. 하나님 자신을 하위 기능인 '말'이라고 표현하신 것은, 곧 하나님 자신을 하위 기능에 제한하신 것이나 다름이 없다.

자신을 하위 기능에 가두시는 것은 인간에 대한 사랑 때문이다. 마치 아버지가 어린 자녀와의 약속을 지키기 위해, 서둘러 일을 마치고 허둥지둥 약속 장소로 달려가는 것과 같다. 엄밀하게 말해서 언약이란 자기 제한의 일종이라고 할 수 있다. 하나님은 그럴 필요가 전혀 없으신 분이다.

말씀의 능력

우리는 태초에 하나님께서 세상을 창조하셨다는 것을 믿는다. 그것이 믿어지지 않는다고 해서 구원에 대한 믿음이 전혀 없다고 말할 수는 없겠지만, 믿어지지 않는 이유는 어떤 현실적 근거를 발견하기 어렵기 때문이다. 그러나 현대 물리학은 몇 가지 결정적인 근거들을 우리에게 제시해 주고 있다.

우주를 채우고 있는 모든 물질들은 입자(양자)로 구성되어 있다. 그리고 우리가 살아가는 물질세계를 지배하는 최대 최고의 법칙은 인과율의 법칙이라고 할 수 있다. 뉴턴의 물리학은 바로 이 인과율의 법칙에 기초해서 성립되었고, 현대 과학 문명은 모두 뉴턴의 물리학에 의해 세워졌다고 해도 과언이 아니다.

그런데 현대 물리학은, 우리가 살아가는 일상의 세계와 달리 미시세계, 즉 양자의 세계는 인과율의 법칙대로 움직이지 않는다는 사실을 발견하였다.

양자들의 세계는 이성으로는 전혀 이해할 수 없는 불가사의한 현상들로 가득 차 있다. 예를 들어 전자의 이중 슬릿 실험에서, 양자들은 아무 데도 소속되지 않은 상태(파동)로 떠돌다가 인간의 의식과 접촉한 다음에야 비로소 실체가 확정(입자=물질)되는 이상한 현상을 보여 주고 있다.

이러한 현상은 유신론자든 무신론자든 모든 물리학자들이 동의하는 사실이며, 다만 그 해석에 있어서만 유신론적이거나 무신론적인 입장의 차이를 보이고 있을 뿐이다. 이미 불교나 힌두교 쪽에서는 자신들에게 유리한 방향으로 이런 사실들을 이용하고 있다.

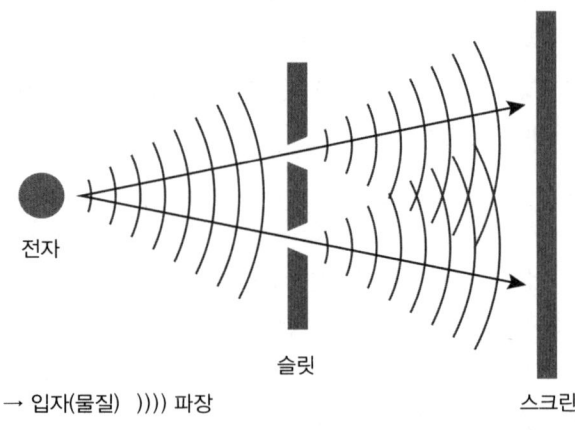

〈전자의 이중 슬릿 실험에 대한 그림〉

 현대 양자론은 고전 물리학이 현대 물리학으로 전환되는 결정적인 요인이 되었을 뿐 아니라 철학, 신학, 인문학과 과학의 경계까지 허물어 버리는 원인이 되고 있다.

 그래서 양자를 연구하는 물리학자들은 불가피하게 물리학에 형이상학을 도입할 수밖에 없게 되었으며, 신의 존재를 가정하지 않을 수 없는 지경에 이르게 되었다. 초월적인 어떤 세계와 그 힘을 인정하지 않을 수 없게 된 것이다. 이제 현대 물리학은 과학이 아니라 마치 철학과 같은 양태를 보이고 있는 실정이다.

일반적으로 현대 과학은 우주의 시원을 빅뱅 이론으로 설명하고 있다. 그런데 이 이론 역시 매우 인과율적이다. 빅뱅으로부터 100억 년이 흘러 오늘날 우리가 보고 경험하는 세계에 이르기까지의 과정에 대해 설명하고 있지만, 왜 빅뱅이 일어났느냐에 대해서는 제대로 설명하지 못하고 있다. 아무것도 없던 곳에서 갑자기 빅뱅이 일어나게 된 이유는 무엇인가?

빅뱅이 일어나기 이전은 어떤 세계였을까? 빅뱅이든 무엇이든 그 기초가 물질인 이상 모든 것은 양자들의 운동으로부터 시작되었을 것이다. 양자역학에 의해 밝혀진 것처럼, 존재하지 않았던 양자들이 갑자기 생성되고, 이어서 강력한 운동을 일으켰을 것이라는 가정이 충분히 설득력이 있는 것으로 보인다. 태초의 세계에서 무엇이 이런 일을 가능하게 할 수 있을까?

'말'은 의식을 전제하게 마련이다. 의식이 있지 않으면 '말'도 존재할 수 없다. 그러므로 태초에 말씀이 천지를 창조했다는 진술은, '무'에서부터 양자들의 강력한 운동을 일으켜 세상의 모든 '유'를 창조할 만한, 어떤 전지전능의 의식이 있었을 것이라고 추론하는 것을 어렵지 않게 만든다.

우주는 우연히 탄생한 것이 아니라 전지전능의 의식에 의해 생성되었다. 생명은 우연히 발생한 것이 아니라 전지전능의 의식에 의해 창조된 것이다.

많은 사람들이 TV에서 방영된 '물은 알고 있다'는 영상을 시청한

적이 있을 것이다. 물론 책도 출간되어 있다. 그에 따르면, 물이 사람의 말에 반응을 보인다고 한다. 이것은 놀라운 발견이 아닐 수 없다.

물론 별로 놀라지 않는 사람들도 많다. 입으로는 놀랐다고 하면서 삶으로는 하나도 놀라지 않는 사람들도 있다. 하지만 이 놀라운 발견에 놀라지 않는 것이야말로 진정 놀라운 일이라고 하지 않을 수 없다. 사이비라고 비판하는 사람도 있지만, 결과를 조작한 것이 아닌 이상 사이비라고 말할 수는 없다.

물은 무생물이다. 몇 가지 원소들이 결합된 화합물에 미량의 무기질들이 함유되어 있을 뿐이다. 그런데 그런 물이 사람의 말에 반응을 보인다는 것이다. 현미경으로 물의 결정을 관찰한 결과, 긍정적인 말에는 긍정적인 반응을, 부정적인 말에는 부정적인 반응을 분명히 보여 주었다. 심지어 물의 이러한 반응은 말뿐 아니라 글자에도 동일하게 나타났으며, 언어의 종류를 따지지 않고 같은 결과를 보여 주었다.

이런 현상에 대한 확실한 검증을 위해, 이번에는 밥에 대해 같은 실험을 하였다. 역시 동일한 밥을 각기 다른 용기에 담은 다음, 물의 경우와 동일한 실험을 했다. 한쪽에는 긍정적인 말을, 다른 쪽에는 부정적인 말을 계속 들려주었다. 며칠 후 용기를 확인해 보니 역시 같은 결과를 보였다. 긍정적인 말을 들려준 밥은 하얀 곰팡이를, 부정적인 말을 들려준 밥은 검은 곰팡이를 생성했다.

이런 현상은 무엇을 의미하는 것일까? 사람의 말과 의식에 사물들이 반응을 보인다는 사실일 것이다. 암 초기 환자가 죽기도 하고 암

말기 환자가 살기도 하는 것이 인간사인데, 이는 긍정적인 말과 긍정적인 의식의 작용이라고 볼 수 있다.

사람의 말에도 이런 능력이 있다면, 하나님의 말씀에는 어떤 능력이 있겠는가? 예수의 이름으로 치유를 명령하면 때때로 의사들이 납득하지 못할 결과가 일어나는 것도 이상하지 않다. 하나님께서 친히 말씀하신다면 빅뱅인들 일어나지 못할 까닭이 없다.

사람이 말을 하면 영이 알아듣고, 사람이 알아듣고, 사물이 알아듣는다. 말은 원소들에게까지 영향을 미친다. 인간 세상은 말로 가득 차 있다. 말이 없는 세상은 자기의식이 없으므로 존재 의미도 없는 세상이다.

모든 인간의 언어는 하나님의 말씀에서 비롯되었다. 따라서 이 세상은 하나님의 말씀으로 가득 차 있다. 긍정적인 말은 반드시 긍정적인 결과를 가져오고, 부정적인 말은 반드시 부정적인 결과를 가져온다. 그러므로 장난일지라도 부정적인 말은 하지 말라.

언어의 법칙과 은유

왜 하나님께서 말씀으로 존재하신다고 하는 것일까? 굳이 그렇게 말해야 할 이유가 무엇인가?

모든 정신적인 것들은 언어로 존재하게 마련이다. 모든 생각, 이야기, 개념, 관념, 가치관, 세계관, 의식, 의미 등은 언어로 존재한다. 인간과 관련해서 진리는 반드시 언어로 진술되어야 한다. 언어로 진술되지 않으면 아무것도 공유할 수 없고, 공감할 수도 없다. 언어로 표현되지 않은 대상은 그저 사물이고 물질이며, 존재하지 않는 것이나 마찬가지이다.

인간의 모든 감정과 욕구는 언어로 정돈(또는 절제)되지 않으면 짐승의 본능과 조금도 다를 바 없다. 짐승의 본능은 그저 철저하게 자기 충족적인 것으로서, 일종의 무질서한 공격 에너지에 불과하다. 생물학적으로 인간이냐 짐승이냐가 중요한 것이 아니라, 언어로 자기 자신을 정의할 수 있느냐 없느냐가 중요하다. 물론 짐승에게는 처음부터 언어의 가능성이 주어져 있지 않다.

우리는 눈으로 보는 이 물리적 세계의 배후에, 눈에 보이지 않는 거대한 영적 세계가 존재하고 있음을 알고 있다. 그 영적 세계는 물리적 세계와 어떻게든 연결되어 있으며, 상호 연동되어 서로 영향을 주고받는다. 하지만 모든 영적 세계 및 영적 존재와, 그들의 창조력 또는 파괴력은, 언어로 표현되지 않으면 최소한 인간과는 아무런 관계가 없다. (뒤에서 언급하겠지만 여기서 말하는 언어는 단순히 '말'[language]만을 의미하지 않는다.)

말(언어)이 없으면 당연히 의사소통(意思疏通)도 없다. 아니, 소통(疏通) 이전에 아예 의사(意思)가 성립되지 않는다. 짐승들도 원시적인 의사를 가지고 있다고 말할지 모르지만, 그것은 의사라기보다는 욕구에 가깝다고 생각된다. 의사소통이 없는 세계는 인간의 세계가 아니다. 그것은 완전한 어둠의 세계이다. 아무 의미가 없는 세계이며 따라서 그것은 세계라고 부를 수 없다.

우리는 이 세상에 태어나 한평생을 사람의 말과 하나님의 말씀 가운데 살아간다. 사람은 처음 지어질 때에는 '듣는' 존재로 지어졌다. 하나님은 말씀하시고 사람은 듣는 것이다. 그러나 타락 이후 사람은 '말하는' 존재, 말하고 싶어 하는 존재가 되고 말았다.

우리는 모두 서로 듣기보다는 말하고 싶어 한다. 듣는 것은 매우 중요한 덕목이지만, 그것조차도 사실은 어떤 목적을 위한 전략적 들음이라는 사실을 인정할 수밖에 없다.

그러나 비록 사실이 그럴지라도, 우리는 말하기보다 듣기를 노력하며, 말하되 듣는 이를 즐겁게 해 주고 하나님을 영화롭게 하기 위해 노력해야 한다. 우리가 사람의 말을 아주 그치지는 못할지라도, 사람의 말을 좇아야 하겠는가 하나님의 말씀을 붙잡아야 하겠는가?

하나님의 말씀은 사람을 살리고 세상을 변화시키며 하나님 나라의 영광을 선포하는 능력이 있다. '들음'에는 언제나 '따름'이 포함되는 법, 우리는 오직 하나님의 말씀을 듣고 하나님의 말씀을 따라야 한다.

그런데 언어란 단순히 말과 문자만을 의미하는 것이 아니다. 오늘날에는 의식의 대상이 되는 모든 세계와 원리와 법칙이 다 언어의 법칙에 지배를 받는다는 사실이 인정되고 있다.

언어의 법칙이란 기본적으로 사물과 사실과 관념들을 지시하는 명사로부터 시작된다. 다음 단계로, 명사들의 동작을 규정하는 동사가 있다. 그러면 비로소 사물들이 생명을 받아서 살아 움직이는 상태가 된다.

이어서 명사들의 상태를 나타내는 형용사로 나아가게 되는데, 형용사는 사물과 사실과 관념들을, 자연 그대로의 모습을 넘어서는 새로운 창조 상태로 이끌 수 있다. 동사와 형용사는 부사를 만나 더욱 강력한 힘을 얻게 되고, 나머지 품사들은 이들의 결합 관계를 분명하고 매끄럽게 만드는 역할을 한다.

앞에서 형용사는, 사물과 사실과 관념들을 자연 그대로의 모습을 넘어서는 새로운 창조 상태로 이끌 수 있다고 했는데, 그런 기능을 확대한 것이 바로 비유라고 할 수 있다. 명사와 명사의 결합을 통해서도 비유를 표현할 수는 있지만, 이는 매우 제한적이기 때문에 일종의 예외처럼 생각해도 무방할 것 같다.

아무튼 언어는 비유를 통해서 무한대로 확장될 수 있는 자리에 서게 되며, 이제 언어는 언어 이상의 것이 되어 사람뿐 아니라 영과 사물과 그리고 하나님과 소통하게 되는 것이다.

여기서 언어의 법칙이 문학적인 범주를 넘어선다는 사실을 이해하는 것이 매우 중요하다. 컴퓨터 프로그래밍 언어, 암호, 기호학 등이 언어에 속하는 것은 말할 것도 없고, 음악 기법, 미술의 채색 원리, 무용의 동작 원리, 더 나아가 신체 증상의 의학적 해석, 요리에서 식

재료의 배합 원리, 의상의 코디 원칙, 심지어 천체의 운행과 물리적 법칙들까지 언어의 법칙에 따른다고 말할 수 있을 정도이다. 다시 말해서 만약 언어가 없었다면 이 모든 것이 가능하지 않았다는 것이다.

이른바 비유에는 여러 가지가 있을 수 있다. 은유, 직유, 풍유, 환유 등이 모두 비유에 속한다. 비유의 대표는 은유이다. 은유를 조금 넓게 해석한다면, 은유가 곧 비유라고 말해도 틀린 말은 아니라고 생각한다.

그런데 은유에는 문학적 은유만이 아니라 비문학적 은유도 포함된다. 상징도 은유이다. 그뿐 아니라 도로 표지판, 음악, 무용, 미술, 영화, TV 프로그램 등에도 은유가 포함될 수 있다. 해석을 필요로 하는 모든 현상은 은유일 수 있다.

어떤 문장이나 사건 전체가 은유일 수도 있다. 다른 사람과 관계를 맺으며 또 하나님과 관계를 맺고 살아가는 한 인간의 삶 자체가 은유이다. 성경은 거대한 하나의 은유이다. 예수 그리스도는 역사상 가장 위대한 은유이다. 은유는 항상 관계 맺기와 끊기를 통하여 새로운 존재를 창조한다. 하나님께서 말씀으로 존재하신다는 표현 자체가 이미 하나의 문학적 은유이면서 또한 사실적 은유이다.

가장 먼저 빛을 창조하신 이유

하나님께서 세상을 창조하실 때 빛을 가장 먼저 만드셨음을 우리는 알고 있다. 왜 하필이면 가장 먼저 빛을 만드셨을까? 땅이나 물이나 불이나 원자가 아니라 왜 빛을 먼저 만드셨을까? 그 이유를 고대인들은 결코 이해할 수 없었을 것이다. 그저 어둠을 물리치기 위해서 빛을 만드신 것이 아니라는 말이다.

물리적 세계의 본질은 물질과 운동이다. 운동을 위해서는 반드시 에너지가 필요하다. 그런데 물질과 에너지는 동일하다. 현대 물리학은 빛이 파동인 동시에 입자임을 밝혀냈다. 다시 말해서 빛은 물질이면서 에너지라고 할 수 있다.

이 우주에서 오직 빛만이 절대적 기준이다. 아무것도 빛보다 빠를 수는 없다. 빛보다 빠른 우주선은 있을 수 없기 때문에 외계인이나 UFO 역시 있을 수 없다. 시간의 흐름을 늦출 수는 있으나 과거로 돌아가는 타임머신 또한 불가능하다. 빛이 없으면 어떤 물질도 운동도 존재할 수 없다.

하나님께서 두 번째로 만드신 것이 물이었다. 모두가 알다시피 물은 생명체의 생성과 보존을 위해 없어서는 안 될 필수적인 요소이다. 수소 원자 두 개와 산소 원자 하나가 결합하여 물(H_2O)이 생성된 것이다. 빛에 이어 물을 창조하심으로써 하나님은 물리 세계와 생명체의 존재를 위한 기반을 마련하셨다.

하나님께서 태초에 말씀으로 계시다가, 말씀으로 천지를 창조하시되 가장 먼저 빛을 창조하셨다. 말씀은 인간 세상을 세우는 데 반드시 필요한 기본적인 요소이다. 하나님은 오직 인간을 위해 당신 자신을 하위 기능에 종속시키시고, 언약을 통하여 스스로를 속박하는 데 주저함이 없으셨다. 예수 그리스도를 통해서 우리는 그것이 '우리'를 위함이 아니라 '나'를 위함임을 깨닫게 되었다.

그 일은 까마득한 먼 옛날에 일어난, 우리와 관계가 있다고는 도저히 생각할 수 없는 그런 초월적인 사건이 아니라, 바로 '나'를 위한 하나님의 희생이요 헌신이요 무릎 꿇음이었다. 그래서 오늘날 이 세상이 존재하고 내가 존재할 수 있다. 요한복음 1장 1절의 말씀은 지금 이 시간에도 현존하는 하나님의 은혜로 우리에게 다가온다.

종교 개혁과
티무르

루터의 종교개혁은 인쇄술 때문에 성공했다?

인쇄술의 발명은 르네상스의 산물이다.

콘스탄티노플 함락은 르네상스의 한 요인이다.

티무르로 인하여 콘스탄티노플 함락은 50년 연기되었다.

티무르와 앙카라 전투

1402년 7월 20일 앙카라 인근의 추부크에서는 세기의 대결이 벌어지고 있었다. 오스만 투르크의 바예지드 1세와 티무르의 대결이었다. 이 앙카라 전투에서는 양쪽을 합하여 100만 명의 군대가 모였다고 하는데, 당시에 이만한 규모의 군사 동원이 가능한 세력은 역시 오스만 투르크와 티무르 외에는 달리 없었다고 말할 수 있을 것이다.

오스만 투르크는 마치 떠오르는 태양처럼 국력을 넓혀 가고 있는 신흥 세력이었다. 계속되는 전투에서 연전연승을 거두었고, 이미 소아시아의 대부분과 발칸 반도의 절반 이상을 차지하고 있었다. 이제 남은 것은 비잔틴 제국의 수도 콘스탄티노플뿐이었고, 그것도 수중에 넣는 것은 시간문제였다. 누가 보아도 지금은 오스만 투르크의 전성기였다.

바예지드 1세는 오스만 투르크를 전성기에 이르게 한 중심축이었다. 젊었을 때부터 군사적 재능을 나타내어 '번개'라는 별명을 얻었을 정도였다. 그만큼 군사적 감각이 뛰어나고 군대의 진퇴에 능하였으며, 위기를 느낀 비잔틴 제국의 요청에 따라 파견된 십자군을 격퇴하기도 하였다. 그의 치세 때에 오스만 투르크의 국경은 한껏 팽창하였다.

한편 티무르는 중앙아시아의 패권자로서 1390년 즉위한 이후 30년 동안 강한 정복자의 면모를 보이고 있었다. 그가 정복한 지역은 코라즘, 동차가타이한국, 이란, 바그다드, 인도의 델리, 킵자크한국의 일부, 모스크바 인근 등 실로 광범위하였고, 티무르는 그동안 단 한 번도 패한 적이 없었다. 티무르는 자신에게 반항하는 자를 용납하는 법이 없었고, 강한 자들을 굴복시키기를 즐겨했다.

티무르의 눈에 비친 오스만 투르크는 아마도 좋은 싸움 상대였을지 모른다. 활동 지역이 달라서 그동안 부딪칠 일이 없었지만, 이제 상황은 달라졌다. 특히 바예지드 1세에게 영토를 빼앗긴 많은 호족들이 티무르에게 투항하였고, 원래 소아시아 지역에는 관심이 없었던 티무르의 마음속에 슬슬 전의가 불타오르고 있었다.

비잔틴 제국의 황제 마뉴엘 3세는 티무르에게 서신을 보내, 함께 연합하여 오스만 투르크를 타도하자고 제안했다. 만약 그렇게 한다면 베네치아는 해군을 지원하겠다고 약속했다. 하지만 티무르는 일

언지하에 그 제안을 거절했다. 티무르는 오스만 투르크에 승리하는 것 못지않게, 누구의 도움도 받지 않고 자신만의 힘으로 그 일을 이루는 것을 중요하게 여겼다.

먼저 티무르는 바예지드 1세에게, 그동안 빼앗았던 땅을 원래의 호족들에게 돌려주라고 요구했다. 바예지드 1세가 이 요구를 거부함으로써 더 이상 싸움을 피할 수 없게 되었다. 마침내 대회전(大會戰)이 시작되고, 전투는 하루 종일 계속되었다. 바예지드 1세와 그의 군대는 분전(奮戰)하였으나, 중앙아시아 계열의 투르크인들이 티무르 편으로 돌아서는 탓에 전세가 기울어졌다. 퇴각하던 바예지드 1세는 낙마하는 바람에 포로가 되고 말았다.

이제 오스만 투르크의 운명은 바람 앞의 등불과 같았다. 그동안 정복했던 지역들은 전부 독립을 선언하며 떨어져 나가고, 아들들은 서로 후계자가 되겠다고 자기들끼리 싸우고 있었다. 소아시아 최강자의 자리에서, 이제는 존립을 걱정해야 하는 신세가 되고 말았다. 과연 오스만 투르크가 과거의 영광을 회복할 수 있을지 매우 의심스러웠다.

그런데 이상한 것은 티무르였다. 그는 오스만 투르크의 영토에 아무런 관심을 기울이지 않았다. 도망치는 바예지드 1세의 아들들을 추격하지도, 그 땅을 점령하지도, 행정 구역으로 편입하거나 감독관을 파견하지도 않았다. 그저 오스만 투르크에게 회생하기 어려울 만큼의 타격을 가함으로써 전투에 있어서 자신의 긍지를 드높이고는 유유히 자신의 땅으로 돌아갔을 뿐이다.

티무르는 그런 사람이었다. 싸움을 즐긴다고 할까, 지고는 못 산다고 할까. 칭기즈 칸의 후예를 자처한 그는 끝없는 정복과 승리를 갈구했고, 마지막으로 중국의 명나라를 정벌하기 위하여 20만 대군을 이끌고 출발했으나 얼마 못 가서 진중에서 병사했다.

그가 도중에 병사하지 않았다면 세계의 역사는 또 어떻게 흘러갔을지 모를 일이다. 티무르는 적들에 대하여 잔인한 보복을 가하는 왕으로 악명이 높았지만, 또한 문화를 사랑하고 즐길 줄 아는 왕으로도 기록되어 있다.

오스만 투르크는 크게 약화되었으나, 네 아들 가운데 메호메트 1세가 권력 투쟁에서 승리한 후 점차 힘을 회복하기 시작했다. 메호메트 1세의 아들인 무라트 2세를 지나, 오스만 투르크가 콘스탄티노플을 함락시킴으로써 동로마 제국을 멸망시킨 때는, 바예지드 1세의 증손자인 메호메트 2세의 치세인 1453년이었다. 티무르가 아니었다면 콘스탄티노플의 함락은 바예지드 1세 때에 이루어졌을 가능성이 거의 확실하다.

인쇄술의 발명과 콘스탄티노플 함락

면죄부로 구원을 거래하는 로마 가톨릭 교회의 타락에 분노한 루터는, 1517년 10월 31일 면죄부 거래에 반대하는 95개 조항이 담긴 반박문을 작성하여 비텐베르크 대학 교회의 정문에 게시하였다.

그런데 보름 후에는 독일 전체가 그 내용을 알게 되었고, 얼마 지나지 않아서 유럽 전체에 퍼져 나갔다. 전화도 TV도 인터넷도 없던 시대에, 어떻게 그렇게 짧은 기간에 유럽 전체가 95개조 반박문에 대하여 알게 되었을까?

과거라면 도저히 상상할 수 없는 이러한 사태가 일어나게 된 제1원인은, 구텐베르크에 의한 인쇄술의 발명(1450년)이라고 할 수 있다. 만약 활판 인쇄술이 없었더라면 루터의 개혁 역시, 앞 세대인 후스나 사보나롤라의 개혁과 마찬가지로 실패로 끝나고 말았을 가능성이 매우 크다고 하겠다. 사실 루터의 투쟁 과정 역시 실패한 과거의 진행을 답습하는 것처럼 보였다.

물론 인쇄술의 발명은 콘스탄티노플 함락 이전(3년 전)에 일어난 일이다. 그러나 인쇄술의 발명이 르네상스와 관련 있다는 사실은 부인할 수 없다. 르네상스의 요인 중 가장 중요한 하나가, 동로마 제국의 멸망으로 인하여 제국을 탈출한 많은 인적·물적 자원들과 함께, 로마 제국의 고전 문화가 대거 이탈리아로 몰려들었기 때문인 것은 분명하다.

르네상스는 갑자기 생성된 어떤 단일한 사건이 아니라, 오랜 기간을 두고 이루어진 복합적인 문화의 흐름이었다고 보는 것이 타당하다. 따라서 콘스탄티노플의 함락이 시간문제로 여겨졌던 50년 정도의 기간을 상정하는 것은 충분히 가능한 일이다.

그 기간 동안 서유럽은 오스만 투르크에 대한 두려움과 함께 강력한 도전을 받았을 것이며, 새로운 돌파구를 향한 모든 노력을 물심양면으로 경주하지 않을 수 없었다. 그 결과 가운데 하나가 바로 인쇄술의 발명이다.

예를 들어 오스만 투르크로 인하여 막혀 버린 동양과의 소통을 이으려는 시도는, 희망봉을 돌아 인도로 가는 해로의 개발로 나타났다. 또한 좀 더 짧은 해로를 개척하려는 시도는 신대륙의 발견이라는 예상 밖의 결과를 가져왔다. 그렇게 콘스탄티노플의 함락, 르네상스, 지리상 발견 등이 어우러져, 역사는 중세에서 근대로 진입하게 되는 것이다.

그렇게 볼 때, 티무르의 승리를 통하여 콘스탄티노플 함락이 50년 정도 뒤로 늦춰진 것을 우연으로만 볼 근거는 없다. 아무리 싸움과 승부를 즐기고 영토 확장에는 관심이 없는 티무르라 할지라도, 겨우 이긴 적을 그대로 놓아두는 것은 또 무슨 비상식적인 경우인가?

그는 결코 적에게 관대한 사람이 아니었다. 갑자기 불쑥 끼어들어 KO 펀치를 한 방 날리고는 마치 아무 일도 없었다는 듯이 사마르칸트로 돌아가, 불과 3년 뒤에 죽음을 맞는 티무르는 분명 좀 괴상한 사나이다.

이와 같이 구텐베르크의 활판 인쇄술과 루터의 종교 개혁을, 르네상스 및 콘스탄티노플의 함락과 연결시켜 생각해 본다면, 이를 바른 기독교 신앙의 회복과 확산을 위하여 하나님께서 섭리하신 결과로 해석하지 못할 이유가 어디 있겠는가?

3부 | 한마디 해도 될까요?

이 시대의
새로운 순교자

순교는 형식 논리의 지배를 받지 않는다.
분명한 의식과 고백과 결단이 있어야 순교이다.
병상에서도 순교할 수 있다.

그리스도교를 따르는 사람들에게 최대의 명예는 아무래도 순교일 것이다. 최고의 명예이기는 하지만, 모두가 두려워하고 아무도 바라지 않는 것이 바로 순교이다. 순교란 우리가 다 아는 바와 같이, 주님을 위해 목숨을 바치는 것을 말한다. 생명은 하나밖에 없고 따라서 순교의 기회도 한 번밖에 없다. 그러나 그 한 번 기회를 쓰고 나면 나의 인생은 영원히 끝이 날 터인데…….

모든 인간은 죽음을 두려워하게 마련이다. 더 이상 존재하지 못하게 되는 것을 누가 두려워하지 않으리. 죽은 이후 갈 곳이 어디인지는, 그저 한없이 좋은 곳이라는 것 외에 확실한 것이 없고, (성경이 자세한 것을 말하고 있지 않은 이유는 아마도 미리 알 필요가 없기 때문일 것이다.) 미래에 얻을 것에 대한 기대보다 현재에 잃어야 할 것에 대한 부담이 더

크니, 이래저래 죽음은 두려운 것일 수밖에 없다. 그것도 한창 나이에 죽어야 한다면 더욱 그럴 것이다.

나는 어릴 때부터 순교가 두려웠다. 순교에 대한 이야기를 들을 때마다, 예수를 부인하지 않으면 지독한 고문을 가한 다음 목을 베어 죽이겠다고 위협하면 어떻게 할까 걱정하곤 했다. 과연 나는 믿음을 지킬 수 있을까? 믿음을 지키지 못해 결국은 지옥에 떨어지지 않을까 신경이 쓰여서, 며칠 동안은 잠을 설치곤 했다. 물론 이제 그런 걱정은 하지 않는다.

그것은 내가 걱정할 문제가 아니다. 이 세상에 의도를 가지고 행하는 지독한 고문을 스스로의 힘으로 이겨 낼 수 있는 사람은 아무도 없다. 주님께서 감당할 힘을 주시지 않으면 아무도 할 수 없는 일이다. 만약에 순교하는 것이 정말 하나님의 뜻이라면, 하나님은 반드시 감당할 힘도 함께 주실 것이다. 그러므로 그것은 내가 걱정할 문제가 아니며, 또 걱정한다고 해도 달라질 것은 아무것도 없다.

사실 정말 어려운 것은 순교 자체가 아니다. 주님을 사랑하고 하나님 나라를 사모하는 사람이라면, 하나님 앞에 자신의 생명을 드리는 것이 불가능한 일이라고는 생각되지 않는다.

그러나 정작 두려운 것은 순교 자체라기보다는 순교에 이르는 과정이라고 할 수 있다. 순교에 이르기까지 받아야 할 고통 말이다. 죽음을 받아들이기로 결심하는 것과 죽음의 과정을 감당하는 것은 별개의 문제이다.

인간이란 참 이상한 존재이다. 산처럼 거대한 고통 앞에서 꿋꿋이 버티던 사람이, 어느 때는 지극히 사소한 일에 걸려 넘어지곤 한다. 반대로 한없이 연약해 보이던 사람이 어떤 일에는, 마치 사람이 달라지기라도 한 것처럼 강렬한 의지와 공격성을 보여 주기도 한다.

자신도 자기의 한계를 모를 수 있는 것이 인간이다. 자신 속에 얼마나 많은 죄가 도사리고 있는지, 또는 어떤 선함이 숨겨져 있는지, 미처 깨닫지 못한 채 오늘을 살아가고 있는 우리들이다.

일반적으로 우리가 생각하는 순교관은, 교회사에 기록되어 있는 예화들을 통해서 형성되었을 것으로 생각된다. 기독교를 핍박하는 사람들에게 둘러싸여 배교를 강요받는다. 예수를 부인하면 아무 일 없겠지만, 부인하지 않는다면 죽음을 면치 못할 것이다. 믿음을 지키기 위해 지불해야 할 대가는 실로 엄청나다. 갖가지 종류의 고문, 화형, 높은 데서 떨어뜨리기, 짐승에게 먹이로 던져지기 등등.

"그냥 총살이나 참수로 해 주시면 안 될까요? 그 정도라면 어떻게든 개겨 보겠는데……!"

이러한 생각에 따른다면, 오늘날의 세계에서 순교는 오직 선교지에서만 가능하다. 그것도 기독교에 대한 핍박이 왕성하게 일어나고 있는 지역, 특히 이슬람교가 활발한 지역에서만 순교는 가능하다. 순교를 하려면 그런 지역을 찾아가야 한다. 반대로 그런 지역에만 가지 않으면 순교할 위험도 없다. 따라서 순교할 것인지 배교할 것인지 근심할 필요도 없다. 다시 말해서 순교는 오직 선교지에서만 일어날 수 있는 매우 예외적인 사건으로서, 나와는 하등의 상관이 없는 일이다.

그러나 이는 형식 논리에 지나지 않는다. 로마 시대에는, 핍박의 정도가 시기별로 지역별로 조금씩 다르기는 했지만, 순교냐 배교냐의 선택에 직면해야 하는 것은 제국 전체에 걸쳐서 일어나는 일이었다. 로마 제국 안에 살고 있는 이상 결코 피할 수 없는 일이었다는 말이다.

그렇게 본다면, 우리는 좋은 시대를 만나서 그런 고민을 하지 않고 살아도 되니 정말 다행한 일이라고 생각할지도 모른다. 하지만 사실은 그렇지 않다. 오늘도 성도들의 사정은 로마 시대와 별로 다르지 않다.

먼저 순교냐 아니냐 하는 것은 외형적으로 판단할 수 없는 문제라는 점을 지적하고 싶다. 외부로 드러난 모습이 순교처럼 보인다고 해서 다 순교가 아니다. 선교지에서 핍박자들에게 납치되어 죽임을 당했다, 그들에게 대항하다가 살해당했다, 무리하게 사역하다가 병들어 죽었다, 동분서주하던 중 사고를 당해 죽었다고 해서 모두 순교라고 할 수는 없다는 말이다.

물론 유가족과 동역자들과 선교사로 파송한 분들은 그렇게 믿고 싶을 것이다. 하지만 마지막 순간에 주님을 위해 자신의 생명을 드린다는 분명한 의식과 고백과 결단이 없었다면, 그것은 분명히 순교라고 말할 수 없다. 순교는 형식 논리에 따라 결정될 수 있는 것이 아니기 때문이다.

오늘날에는 순교의 조건이 더 까다로워졌다고도 할 수 있는데, 그것은 순교와 배교를 강요하는 주체가 로마 시대처럼 분명히 드러나지 않는 경우가 많기 때문이다. 지금 우리에게 그것을 요구하는 자가 누가 있는가? 아무도 없다. 예외에 가까운 몇몇 경우를 제외하고는.

순교는 주님께 자기 생명을 드리는 과정이라고 했다. 과정이란 길 수도 있고 짧을 수도 있고 순간적일 수도 있게 마련이다. 긴 과정이라면 아직 시간이 있겠지만, 만약 폭발적인 순간이라면 생각할 시간이 부족하다. 따라서 그리스도인이라면 항상 순교의 마음가짐을 가지고 있을 필요가 있다. 말하자면 미리 결정을 내려놓지 않으면 안 된다. 그렇지 않으면 결단의 순간에 주님을 배신하게 될지도 모르기 때문이다.

순교는 주님을 위해 자신의 생명을 드린다는 분명한 의식과 고백과 결단이 요구된다. 그런 의식과 고백과 결단이 충족된다면 외형적인 모습이 어떻든 그것은 분명히 순교이며, 주님께서 기뻐 받으시는 산 제사라 하기에 부족하지 않을 것이다.

누구나 한 번은 죽어야 하는 인생이다. 어차피 피해 갈 수 없는 그 죽음이, 순교로 승화될 수 있다면 얼마나 다행한 일인가? 그리스도인이라면서, 죽음은 피할 수 없음을 인정하면서 왜 순교는 피할 수 있을 것으로 기대하는가?

사람은 반드시 죽지만 그 죽음이 언제 이를지는 아무도 알 수 없는 법이다. 나이 들어 죽는다면 자연스러운 일이겠지만, 아직 젊어서 죽어야 한다면 좀 억울할 수도 있을 것이다. 그러나 죽는 시기가 치명적으로 중요한 문제인 것은 아니다. 정말 중요한 문제는 그 죽음이 순교냐 아니냐 하는 것이다.

이르고 늦다는 차이가 있을 뿐 죽음은 이미 결정되어 있고, 그냥 내버려 두어도 어차피 곧 죽을 목숨들이 아닌가? 그런데 그 목숨을 제값보다 훨씬 더 많은 값을 주고 주님께서 사시겠다는 것이다. 그것이 바로 순교이다. 어느 쪽이 남는 장사인지 따져 보라. 자, 그냥 죽겠는가, 순교로 죽겠는가?

도시 계획이 확정되어 곧 헐릴 집을 비싼 값으로 사는 사람은 아마 없을 것이다. 그러나 우리 주님은 그런 분이시다. 주님은 자신의 목숨을 바쳐서 우리 각 사람의 목숨을 사셨다. 이미 값이 지불되었고 계약은 되돌릴 수 없는데, 지금 와서 망설인다면 어떻게 될까? 체결된 계약을 파기하면 당연히 계약금을 돌려받을 수 없는 법이다. 돌려받을 수 없는 계약금이 얼마인지는 말하고 싶지 않다.

주 예수를 믿는 사람의 죽음은 항상 순교여야 하며, 언제나 순교일 수 있다. 순교의 과정이 얼마나 길든 얼마나 짧든, 주님을 위해 자신의 생명을 드린다는 분명한 의식과 고백과 결단이 있다면, 그것은 순교이다.

늙어 병상에서 죽어도 그리스도인은 순교자의 반열에 이를 수 있는 특권이 있다. 마지막 과정을 거치는 동안 순교의 고백을 하나님께 충분히 올려 드림으로써, 어쩔 수 없이 맞는 죽음을 스스로 선택하는 죽음으로 바꾸도록 하라.

당신이 순교하는 과정은 그대로 전도요, 하나님께 영광이요, 하나님 나라의 부요함이 될 것이다. 비신자들은 당신의 순교를 보고 이렇게 말할 것이다.

"어떻게 이런 아름다운 죽음을 맞이할 수 있을까? 이분이 믿는 예수님이 누구인지 나도 좀 알아 봐야겠다."

신자라면 이렇게 말할 것이다.

"장로(권사)님의 죽음은 정말 멋진 죽음이었어. 그리스도인의 죽음이 어떠해야 하는지 보여 주셨어. 나도 나중에 그런 죽음을 맞고 싶다."

그리스도인의 인생은 하나님으로부터 받은 것을 하나님께 다시 돌려드리는 과정이다. 처음에는 받기만 하다가 어느 때부터는 받는 과정과 드리는 과정이 병행된다. 그리고 점점 받는 것보다 드리는 것이 더 많아지다가, 더 이상 드릴 것이 없어서 마지막으로 남은 생명을 돌려드리는 것이 바로 순교이다.

물론 드릴 것이 아직 많이 남았는데 생명을 먼저 돌려드려야 하는 경우도 있다. 아쉬움이 남지만 하나님의 뜻에 순종할 수밖에…….

가장 단순하게 말한다면, 하나님으로부터 생명을 받아 이 세상에 왔다가 하나님께 생명을 돌려드리고 원래 자리로 돌아가는 것이 그리스도인의 인생이다. 이제 늙었다면 가진 모든 것을 하나님께 돌려드리고 순교를 준비하라. 아직 시간이 있다면 가진 모든 것을 하나님께 돌려드리고 순교할 계획을 세우라. 가장 귀한 생명을 드리면서 그보다 덜 귀한 것들을 아까워하지 말라. 소홀히 여기지도 말라. 방법은 제각기 다를지라도, 하나도 남김없이 하나님께 돌려드리되 자원하는 마음으로 결정함이 마땅하리라.

이렇게 그리스도인의 순교는 완성되는 것이다.

벼랑 끝에
서는 용기

왜 우리의 간증은 받은 일에 대한 것뿐인가?
하나님의 응답을 전해 준 사람은 모두 어디에 있는가?

《벼랑 끝에 서는 용기》라는 책이 있다. 일반적으로 사람이 살다 보면 누구나 벼랑 끝에 서는 때가 있는 법이다. 하지만 그것은 스스로 서는 것이라기보다는 어쩔 수 없이 세워지는 것으로 보는 것이 타당하다. 누가 스스로 원해서 벼랑 끝에 서겠는가?

벼랑이란 매우 위험한 곳이다. 한 발만 잘못 디뎌도 까마득한 아래쪽으로 굴러떨어질 수밖에 없는 장소이기에, 아무도 벼랑 끝에 서고 싶어 하지 않는 것은 당연한 일이다. 그런데 스스로 그곳에 선다는 것이다.

여기서는 그것을 용기라고 표현했다. 스스로 벼랑 끝에 설 수 있는 이유가, 용기가 있기 때문이라는 것이다. 하지만 이 말은 적절한 표현이라고 할 수 없다.

용기가 있다고 해서 추락할 위험성이 줄어들지는 않는다. 따라서 이는 두려움을 무릅쓸 용기라기보다는 굴러떨어지지 않으리라는 확신이라고 하는 편이 더 좋을 것 같다. 하나님께서 절대로 굴러떨어지지 않도록 하실 것이라는 믿음 말이다.

이 책에는 주로 선교 사역과 관련하여, 하나님께서 위기 상황 가운데서 구원해 주신 많은 사례들이 수록되어 있다. 도저히 이루어질 것 같지 않았던 일들이, 간절하고 집중적인 기도에 대한 응답으로 성사된 경우들에 대한 간증들이다.

무리한 듯 보이는 목표가 세워지고, 해결 방법이 보이지 않아 고민하고 있으면, 마음을 모아 간구하는 가운데 알지 못하던 누군가가 나타나, 하나님의 보내심을 받았노라며 내게 필요한 도움을 준다는 것이다.

이마도 이런 사례들은 사실일 것이다. 약간의 과장은 있을지 몰라도 거짓말이라고는 생각되지 않는다. 오히려 하나님의 기적적인 응답을 직접 보고 경험할 수 있다면, 얼마나 큰 감동과 은혜가 넘쳐 흐를지 생각만 해도 가슴이 벅차오른다.

하나님은 능히 그런 일을 하실 수 있고, 또 그런 일 행하시기를 즐겨하신다고 믿는다. 그러나 하나님께서 행하신 놀라운 일들을 증거하는 것은 당연한 일이지만, 그것을 서술하는 방식과 태도에는 분명히 문제가 있다.

하나님의 기적이란, 기도와 간구로 응답을 받는 사람만으로는 성립될 수 없는 법이다. 응답을 받는 사람뿐 아니라 응답하는 사람이 있어야 한다. 기도와 간구에 응답하기 위해 하나님으로부터 보내심을 받은 사람이 있어야, 비로소 이런 기적적인 간증이 성립될 수 있다는 말이다.

그래야 기도와 간구로 응답을 받는 사람과 하나님으로부터 보내심을 받은 사람이, 서로 사정을 잘 알지 못하는 채로 만나, 하나님의 놀라운 섭리를 함께 깨달아 가며 그분의 영광 앞에 감격하게 되는 것이다.

물론 이 사례들에도 하나님의 보내심을 받은 사람들이 빠짐없이 등장하고 있다. 하지만 그들은 주연이 아니라 엑스트라에 지나지 않는다. 그들 각자가 하나님으로부터 보내심을 받는 특별하고 개인적인 과정을 경험했겠지만, 여기서는 전혀 언급하지 않는다. 왜냐하면 그들은 엑스트라에 불과하니까.

그들은 동네 입구에 있는 구멍가게 주인아저씨처럼, 그저 한번 나타나 조미료 역할을 하는 것으로 충분하다. 심지어 다른 인물로 대체하거나 아예 무시하고 몇 마디 언급만으로 지나가도 상관없는 소모품처럼 취급된다.

그들은 엑스트라가 아니라 적어도 주연의 상대역, 다시 말해서 제

2의 주연 내지는 조연들 가운데 으뜸으로 대접받아야 마땅하다. 그럼에도 불구하고 이렇게 가볍게 취급되는 이유는 무엇일까? 감독은 왜 그들의 배역을 이렇게 축소하는 것일까?

그 이유는 오직 하나, 관객들의 시선이 주인공에게 집중되도록 하기 위함이다. 주인공이 어떤 응답을 받는지, 응답의 내용물이 무엇인지, 그 규모가 얼마나 엄청난지 등에 관심을 갖도록 하기 위해서이다.

만약 그것이 사실이라고 한다면, 결국 이런 기적적인 간증들이, 하나님의 뜻과는 거리가 먼 인간의 욕심이 되어 버리는 것이 아닌지 의구심이 들 수밖에 없다. 정말 그렇다면, 그들이 강조하고자 하는 것은 인간적인 욕심을 하나님의 이름으로 정당화하려는 시도에 지나지 않는다.

기적 같은 응답을 많이 받아 큰 사역을 이루고 싶지 않은 사람이 어디 있으랴. 재정 능력이 충분했다면 작은 목회에 만족할 사람이 어디 있으랴. 따라서 이러한 간증들은 하나님의 영광이 아니라 자칫 사람의 욕심만 자극하게 될 위험이 크다는 사실을 고려해야 할 것이다.

왜 우리의 간증은 온통 하나님께 무언가를 받은 일에 대한 것뿐인가? 하나님의 뜻을 따라 누군가에게 무언가를 공급해 준 간증은 왜 하나도 들을 수 없는가?

모든 간증이 기적적인 기도 응답에 대한 간증일 수는 없겠지만, 아무튼 우리 모두는 주기보다는 받기를 좋아하는 것이 사실이다. 그러나 하나님께서 하시는 일이라면, 받는 것 못지않게 주는 것 역시 감격스러울 수 있음을 인정하고 수용해야 한다.

우리의 간증은 이전과는 좀 달라질 필요가 있다. 누군가 알지 못하는 사람이나 전혀 기대하지 않았던 사람을 통해서 기도 응답을 받은 것뿐 아니라, 모르는 사람에게 보내심을 받아 그들의 기도 응답이 되어 주는 것 또한 우리의 간증에 당연히 포함되어야 한다.

사실 응답을 받는 쪽보다는 보내심을 받는 편이 더 놀랍지 않은가? 알지도 못하는 사람에게 영문도 모른 채 보내져서 결국 그들의 기도 응답이 된다는 것은, 작기는 하지만, 하나님의 명령에 따라 자기도 알지 못하는 곳으로 갔던 아브라함의 순종을 연상케 한다.

이제 아예 기도를 바꾸어 보자. 하나님께 무언가를 달라고 하는 기도를 하지 않을 수는 없다. 그런 기도 역시 하나님이 기뻐하시는 기도요 또 육신으로서의 인간이 당연히 해야 할 기도라고 생각한다. 하지만 그에 덧붙여, 누군가의 기도에 대한 응답이 될 수 있도록, 나의 마음의 문과 기회를 열어 달라는 기도도 해 보자.

나를 도울 자를 보내 달라는 기도와 더불어, 내가 도울 자를 보내 달라고 기도하자. 그래서 오늘 내가 도울 사람이 누구인지, 하나님께서 내게 보낸 사람이 도대체 누구인지, 눈에 불을 켜고 민감한 영적 상태를 지속해 보자. 나의 인간적 본성에 따른 소원보다는, 먼저 하나님의 뜻을 분별하려고 기를 써 보자.

너무 큰 것을 기대하지만 않는다면, 생각보다 많은 기회가 보일지도 모른다. 생각보다 많은 사람들이, 누군지도 모르는 나의 도움을 기대하면서 하나님의 보내심을 받았을지도 모른다. 이렇게 서로가 서로에게 돕는 자가 되고, 서로가 서로에게 기도 응답이 되어 주자. 그러면 하나님 나라가 오늘 나의 삶에 온전히 이루어지게 될 것이다.

Three⑶-Han(한 = 1)
캠페인

모양만 갖춘 선교는 선교가 아니다.
기도와 묵상처럼 선교는 생활이 되어야 한다.
현지인을 목사로 세우는 것이 대안이다.

선교는 모든 그리스도인의 영원한 의무이다. 잘 알려져 있다시피 한국 성도들의 열심은 선교에서도 예외가 아니다. 그래서일까? 우리나라는 미국에 이어 세계 2위의 선교사 파송국이라는 명예로운 이름으로 불리고 있다. 땅끝까지 이르러 주님의 증인이 되라시던 명령에 순종하여, 오늘도 많은 선교사들이 이 모양 저 모양으로 힘들고 어려운 사역에 열중하고 있다. 그러나.

 선교지 현지의 속사정을 들여다보면 실정은 꼭 그렇지도 않다는 것이 문제이다. 먼저 중복 투자와 과다 경쟁의 문제를 꼽을 수 있다. 동일한 지역에 교단마다 선교사를 파송하고 신학교를 세우는 바람에, 선교를 위한 영적 전쟁이 아니라 마치 살아남기 위한 생존 투쟁처럼 되어 버린 분위기가 있다. 먼저 자리 잡은 선교사가 있는 지역은 피하는 것이 당연한 일이지만, 각 교단은 아랑곳하지 않고 있다.

한국 교회도 마찬가지이다. 교회마다 주보를 보면 후원하는 선교사 명단이 수록되어 있는 경우가 많다. 작은 교회가 그렇게 많은 선교사를 후원한다고 놀라지는 마시라. 실상은 매월 3~5만 원, 많으면 10만 원을 송금하는 것에 지나지 않는다. 그런 것을 과대 포장하여 자기 교회를 선전하는 데 이용하는 것일 뿐이다. 그러다가 교회 살림이 조금만 어려워지면 가장 먼저 선교비부터 끊어 버린다. 파송 선교사라면, 요구하는 것은 또 얼마나 많은지.

몇 백만 원, 몇 천만 원 들여서 선교지에 교회 하나 세우면, 성도들은 뭐 대단한 일을 하는 줄 알 것이다. 그러나 교회를 세우는 것보다는 세운 교회를 유지하는 것이 더 큰 문제이다. 사정이 그런데도, 선교 헌금을 강요하다시피 해서 흙벽돌로 건물을 세우고는, 치적 과시용으로 선전하는 경우가 허다하다. 그러다 보니 선교사들도 실적을 부풀리고 싶은 유혹을 받게 되고, 경우에 따라서는 가짜 선교사까지 판을 치는 실정이다.

필리핀에서 실제로 있었던 일이다. 자칭 선교사라는 사람이 허름한 건물 하나를 구입한 다음 여러 교회로부터 예배당 건축의 명목으로 헌금을 받았다고 한다. 그는 돈을 받은 지 몇 개월 뒤 헌당 예배를 드린다며 건축 헌금을 드린 교회의 당회원들을 초청했다. 그런데 사실은 같은 건물의 머릿돌만 바꾸어 가며 여러 교회를 속인 것에 지나지 않았다. 예배에 참석한 모든 현지인들이 일당을 받은 가짜 신자들이었음은 물론이다.

사실 성도들의 사정 역시 별로 다르지 않다. 교회 자치회마다 매월 선교 헌금을 모아 교회에 드리지만, 정작 선교에는 관심이 없거나 선교에 대해 잘 모른다. 말하자면 한 달에 한 번씩 3~5만 원씩 돈을 내는 것으로 자신이 선교에 참여하고 있다 여기는 것이다.

그러나 돈을 내는 것과 선교에 참여하는 것은 엄연히 다른 일이다. 얼마간의 헌금을 내고, 생각나면 입에 발린 몇 마디 기도를 하는 것으로는 선교에 참여한다고 말할 수 없다.

선교는 모든 성도의 생활이 되어야 한다. 예배와 말씀 묵상과 기도가 생활화되어야 하는 것처럼, 선교 역시 생활화되어야 한다. 선교를 위한 헌금은 당연하고, 예배와 말씀 묵상과 기도가 뒤따라야 한다. 그뿐만 아니라 구체적인 자기 선교지를 정하고, 선교 활동의 내용도 정하는 것이 좋다.

물론 현지 선교사와의 연합도 매우 중요하다. 가능하다면 주기적으로, 그것이 어렵다면 적어도 한 번은 자신의 선교지를 방문할 필요가 있다. 항상 촉각이 자신의 선교지를 향하여 곤두서 있어야 한다. 선교는 곧 신앙생활 자체라고 할 수 있다. 그리스도인이라면 결코 건너뛰거나 생략할 수 없는 것이 바로 선교라는 것이다.

필리핀의 경우, 마닐라 인근에만 선교사라는 이름을 내세우는 한국인이 1,200명이 넘는다고 들었다. 당연히 진짜보다 가짜가 더 많을 것이다. 은퇴 후 선교지를 기웃거리는 목사님들도 거기 포함된다. 선교에는 관심 없고 한인 교회를 갉아먹는 데만 관심을 둔다면 그도 가짜이다.

이제는 선교에 대한 모든 미신과 과장과 왜곡을 버리고, 오직 주님의 선교 명령만을 위해 헌신할 때가 되었다. 아마도 이 시대는 개인적인 선교보다 여러 사람이 연합하는 네트워크 선교가 필요한 때가 아닌가 한다.

그렇다면 대안이 있는가? 여러 대안 가운데 하나는 현지인을 목사로 세우는 것이다. 한국인 선교사 파송을 줄이고 현지인을 목사로 세워 나가는 것은 시대의 흐름에도 부합된다.

60~70년대 한국 선교사들은, 당시 서구의 선교사들과 달리, 현지인들과 함께 생활함으로써 그들의 신뢰를 얻는 경우가 많았다. 그러나 선진국의 문턱에 진입한 오늘날의 한국 선교사들은 현지인들과 함께 생활하는 경우가 별로 없다. 이런 시대에 현지인을 목사로 세우는 것은 새로운 대안이 될 수 있다.

이는 재정 효율상으로 보아도 매우 유리한 방법이다. 예를 들어, 한국인 선교사 한 사람이 선교지에 가서 10년간 열심히 사역했다고 가정하자. 매월 선교비와 생활비를 합쳐서 최소 300만 원이 소요되었다고 하자. 당연히 적지 않은 성과를 거두었으리라.

그런데 만약 그 비용으로 현지인을 목사로 세운다면, 10년 후에는 대략 100명의 현지인을 목회자로 세울 수 있다. 현지인 목사들은 어쨌든 자기 나라에서 평생을 목사로 살아갈 것이다. 한국인 선교사가 거둔 성과와 비교할 수 없다고 생각한다.

물론 선교를 돈으로만 환산하려는 것은 아니다. 단순 비교이기는 하지만, 한계점에 도달한 한국 선교의 대안을 위한 어떤 시사점을 찾으려는 것일 뿐이다.

당연히 현지인을 목회자로 세우기 위한 신학교 사역과 행정 관리를 위한 필수 인원들, 그리고 특별한 목적의 선교사들은 계속 파송되어야 한다. 다만 보여 주기 식으로 무리하게 일을 벌이거나, 실적 과시용으로 교회당이나 선교 센터를 건축하는 일 등은 최대한 자제할 필요가 있다. 필요하다면 현지인 스스로 할 것이고, 임대하는 것도 한 방법이다.

또한 지금까지의 선교 방법은 교회 중심, 목사 중심, 선교 단체 중심으로 진행되어 왔다. 말하자면 상대적으로 평신도들은 선교 사역에서 소외되어 왔다고 해도 과언이 아니다. 재정은 평신도들이 담당하고, 명분은 목사들이 차지하는 구조였던 것이다.

하지만 이제는 달라져야 한다. 선교에 참여하는 것은 주님께 더 가까이 나아갈 수 있도록 많은 동기를 제공해 주는 일이다. 평신도들에게서 그런 기회를 빼앗아서는 안 될 것이다.

그러므로 나는 모든 그리스도인에게, 주님 앞에 서기 전에 각자 적어도 한 사람의 목사를 세우자고 제안하는 바이다. 대략 3~4년 동안 매월 10만 원 정도(나라마다 약간의 차이는 있겠지만)를 헌신하면 한 사람의 목사를 세울 수 있다.

매달 10만 원! 적지 않은 돈이지만, 있어도 부자 되는 것 아니고 없어도 살아가는 데 지장 없는 돈이다. 나중에 주님께서 "무엇을 하다가 왔느냐?"고 물으시면, "목사 한 사람을 세워 놓고 왔습니다" 하고 대답할 수 있지 않겠는가?

현지인 목사 한 사람을 세우고자 한다면, 선교 헌금을 내는 것만으로는 충분하지 않다. 가장 중요한 것은 선교지를 가슴에 품는 일이다. 선교지를 가슴에 품기 위해서는 먼저 선교지를 방문하고, 세우려는 현지인 신학생을 만나 보는 것이 필수라고 생각된다. 선교지의 사정을 파악하고 신학생과의 교감을 지속해 가는 것이 중요하다. 그렇게 자신의 선교지를 마음에 품어야 한다.

이제 후원하는 사람은, 자신이 후원하는 신학생과 그의 비전과 그의 나라에 깊은 관심을 갖고 기도할 것이다. 후원을 받는 신학생은, 자기를 후원해 주는 사람을 위해 더욱 감사한 마음으로 기도할 것이다. 그런 과정을 통해서 하나님의 나라가 얼마나 풍성해지고, 후원자와 신학생의 심령이 얼마나 주님의 마음으로 가득 채워질 것인가?

이 사역에서 교회와 선교 단체는 행정적 절차만을 담당해 주면 된다. 이른바 "한 사람이 한 평생에 한 목사 세우기 운동"(Three[3]-Han[한 = 1] 캠페인)이다.

20-50-100만
프로젝트

20년 동안 어떤 일이 일어날 것인가?
그 일이 과연 가능하겠는가?
왜 1천만일 수는 없는 것인가?

선교 한국과 관련하여, 그 열심과 집중력에 대해서는 누구나 찬사를 아끼지 않을 것이라고 생각한다. 그러나 좁은 안목과 단기적인 계획으로 인해, 기대했던 만큼의 성과를 거두는 데 실패하고 있다는 것도 분명한 사실이다.

선교 현실의 난맥상을 타파하기 위해 오래전부터 교단 간 소통, 선교 단체의 난립 방지, 통합 선교 본부 설립 등의 대안이 제시되어 왔으나, 별로 효과를 보지 못했다. 그리고 오늘날에 와서는, 교단과 선교 단체의 통제를 받지 않는 자비량 선교사들이 늘어 감에 따라, 이런 방안은 대안으로서의 의미를 상당 부분 상실하고 말았다고 해도 과언이 아니다.

이런 현실에서 현지인 목사 세우기는 현실적인 하나의 대안이 되기에 부족함이 없다고 본다. 이는 선교의 원래 목적에 잘 부합할 뿐 아니라, 비용 대비 효과라는 측면에서도 큰 이점을 가지고 있다.

또한 이를 통해서 선교사라는 이름과 선교사로서의 활동 사이의 간격을 좁힐 수 있기를 기대한다. 꼭 필요한 인원만 선교사로 파송해야 하며, 현지인을 목사로 세우거나 직접 현지인을 상대로 목회하는 경우 이외의 선교사 활동 영역은 매우 좁게 규정할 필요가 있다.

선교지에서 신앙생활을 한다고 해서 모두 선교사라고 할 수는 없는 노릇이다. 한국 교회는 오랫동안 선교사라는 이름을 대단히 큰 명예로 여기는 전통을 가지고 있었다. 그러다 보니 너도 나도 선교사로 불리기를 원하게 된 것 같다.

이제 선교사라는 이름을 둘러싸고 있는 안개를 걷어 내고, 선교를 모든 그리스도인의 생활이라는 영역으로 끌어들여야 할 때가 되었다. 그야말로 그리스도인 모두가 선교에 적극적으로 참여하는 사람이 되어야 하며, 선교사는 더 이상 특별히 명예로운 직업으로 취급되지 말아야 한다.

20-50-100만 프로젝트란 향후 20년 동안, 아시아와 아프리카를 중심으로 한 40~50개 나라에서, 100만 명의 현지인을 목사로 세우자는 계획이다.

수년 전 이 아이디어가 떠올랐지만, 거의 공상에 가깝게 여겨져서

나 자신도 구체적으로 생각해 본 적이 없었다. 그저 가끔 지인들과의 대화에서 생각이 나면 언급하곤 했을 뿐이다. 어느 날 이 얘기를 들은 누군가가 나를 나무라며 이렇게 말했다.

"이런 계획은 사람이 하려고 하면 공상에 불과할지 모르지만 주님께서 하고자 하시면 현실이 될 수 있는 일입니다. 왜 처음부터 공상으로만 여기려고 하십니까? 주님의 뜻을, 자신의 경험만을 근거로 넘겨짚으려고 하지 마십시오."

나에게 이 말은 다소 충격적이었는데, 지금까지 그리스도인으로서의 삶을 뒤돌아보는 한편, 용기도 얻을 수 있었다. 그와 동시에 나 자신이 주관하지 않아도 관계없고, 나의 세대에 이루어지지 않아도 욕심부리지 않으며, 다른 누군가가 도모한다면 그저 힘껏 돕기로 마음을 먹었다. 오직 하나님 나라가 땅끝까지 온전히 세워지기를 바랄 뿐이다.

100만 명의 목회자를 세운다고 하니까 엄청난 일인 것 같지만, 50개국으로 나누면 2만 명, 20년으로 나누면 1천 명이다. 매년 1개국에서 1천 명씩 목사를 세우는 것이니 꼭 불가능하달 수는 없는 숫자이다. 물론 만만하게 볼 일이 아닌 것은 틀림없다.

몇 가지 문제점을 예상해 본다면, 재원을 어떻게 마련할 것인가, 신학 교육 기관과 교과 과정은 어떻게 구축할 것인가, 현지 신학생들을 어떻게 관리할 것인가 등을 꼽을 수 있겠다.

재원 마련과 관련하여, 총비용을 아주 단순하게 최소한으로 계산해 보면 〈100만(명)×[36~48개월]×10만(원)=3조 6천억~4조 8천억 원〉이 된다. 실제로는 아마 이보다 두 배 이상, 즉 10조 원은 들 것으로 짐작된다. (물가 상승으로 인해서 계속 인상될 가능성이 높다.)

20년에 걸쳐 소요될 비용이므로 당장 전액이 필요한 것은 아니지만, 그래도 초기 자금으로 몇 십억에서 백억 원 정도는 필요할 것이다. 사실 가장 중요한 것은 이 초기 비용을 어떻게 마련하느냐 하는 문제가 아닌가 한다.

필요한 재원이 엄청난 규모인 것 같지만, 한국 교회가 합의하여 역량을 집중한다면 못할 일도 아니라고 본다. 선교 헌금과 개인 후원금 및 각 교단의 선교 기부금이 중요한 몫을 차지할 것이다. 또한 거액의 자산가들 중 몇 사람이 결단을 내린다면 아주 불가능한 액수는 아닌 것 같다. 여기에 Three(3)-Han(한=1) 캠페인이 매우 중요한 역할을 해 줄 것으로 기대한다.

물론 재정 집행의 투명성을 확보할 수 있는 방안을 철저히 강구해야 할 것이며, 재단 설립이나 통합 기관을 세우는 일도 소홀히 할 수 없다. 단, 교단 간 영향력 다툼이나, 기존의 대형 교회 목사님들이 지교회 담임목사와 겸하여 중요한 자리를 차지하는 관행은 용납하지 말아야 한다.

아울러 이런저런 명목으로 자기 명예를 위해 이름을 올리는 것도 허락하지 말아야 할 것으로 생각한다. (이렇게 해서 과연 통합 재단이 세워지고 재정이 마련될지 의심스럽기는 하다.)

이 프로젝트는 철저히 실무 중심으로 구성하는 것이 좋겠다. 무슨 교단 증경총회장쯤 되는 분이 와서, 몇 년 동안 별로 하는 일도 없이 그냥 대표로 계시다가 가는, 그런 전통에서는 벗어나야 한다. 원로들에 대한 예전 따위는 완전히 무시하고, 건물이나 차량에 들어가는 비용도 최대한 아끼며, 현지인들의 헌금이나 봉사를 힘써 이끌어 내야 한다.

현지 한인 사회의 자원 봉사도 중요하다. 그러나 선교사들과 그 가족들의 생활은 최대한 보장해 주는 것이 마땅할 것이다.

현지인을 목사로 세우려면 신학교가 필요한 것은 당연한 일이다. 신학교를 세우려면 교수와 건물이 필요한 것도 당연한 일이다. 요즘 선교지마다 이단 신학교들이 늘어 가는 추세임을 감안하면, 프로젝트에서 가장 중요한 것은 이 일일지도 모른다.

아무리 많은 목사를 세워도, 그들이 잘못된 신학으로 무장하고 있다면 그 해악은 실로 엄청날 것이다. 그렇게 된다면 차라리 세우지 않은 것보다 못한 결과를 초래할지도 모르기 때문이다.

이 문제는 기존 신학교를 지원하고 통합하고 개선하는 방법을 찾는 것이 맞다. 그러나 기존 신학교를 직접 돕는 방식은 최소화하는 것이 좋겠다. 건물을 세워 준다, 정기 후원금을 보낸다 하는 것은 재원을 고갈시킬 뿐이다.

다만 교수와 선교사들의 인건비만은 상황에 따라 조금씩 지원해 주는 것이 좋을 것 같다. 목사들을 계속 세워 나간다면, 그들의 학비(1인당 월평균 10만 원)가 신학교의 수입원이 될 수 있을 것이다.

신학교의 교과 과정은 한국식이 아니라 최대한 현지 사정에 맞추어야 하리라. 섣불리 한국에서 하던 그대로 행하여, 현지의 특성과 그로부터 파생하는 역동성을 해쳐서는 안 될 것이다. 특히 허례허식이나 체면치레 따위는 단호히 배격하는 것이 좋다. 커리큘럼의 내용도 이론적인 것보다는 실무적인 것으로 구성하여, 현지의 목회 사역에 직접적인 도움이 되도록 해야 한다.

신학교 문제 못지않게 중요한 것이 현지인 신학생의 관리 문제이다. 현지 사정은 대부분 정치적 경제적 불안정으로 인하여 먹고살기 어려운 것이 사실이다. 이런 상황이므로 신학생들이 수년 동안 학업에만 열중하기 어려운 구조를 이루고 있다. 결석과 휴학을 밥 먹듯 하다가, 학업을 끝내는 데 3년이 아니라 10년이 걸릴 수도 있다.

따라서 신학생을 잘 관리해야 하는 것은 당연한 일이 아닐 수 없다. 그러기 위해서 먼저 신학생을 선발하는 데 엄격한 검증 절차를 거쳐야 할 것이다. 현지에서는 대학에 갈 수 있다는 사실 하나만으로도 큰 특혜이므로, 많은 사람들이 신학생이 되기를 원할 수도 있기 때문이다.

신학생의 졸업 후 사역을 지원하는 문제에 대해서는 여기서 말을 아끼고자 한다. 나의 생각으로는 졸업 후 1년 동안은 후원을 계속하는 것이 어떨까 하는데, 그렇게 되면 재원이 1조 2천억 원 더 늘어나게 되므로 말하기가 쉽지 않다.

공부하는 기간 중에 졸업 후 사역 계획을 함께 만들어 가며 선별적으로 지원하는 것도 한 방법이다. 이를 검증하는 과정과 절차를 통하여 20-50-100만 프로젝트가 더욱 풍성해질 수도 있다.

마지막 세대라는 이 종말의 시대에, 이들 100만 명의 목사들로 인해 어떤 일이 일어날지 기대된다. 그들을 다시 이슬람권이나 다른 지역으로 파송할 수도 있다. 동시에 왜 1천만 명일 수 없는가 하는 의구심도 든다. 아마도 100만 명이 한국 교회가 감당할 몫이라고 한다면, 나머지 900만 명은 유럽이나 미국 또는 다른 나라에서 감당해야 할 몫인지도 모른다.

차후에 현지인 목회자끼리의 경쟁이나 이합집산 등의 문제도 예상할 수 있다. 처음에는 한국 선교사와 신학교의 권위 및 치리에 복종하던 사람들이 차츰 반발하게 될 가능성도 있다. 그러나 그것은 그들의 문제이다. 우리는 바른 신학과 실천적인 신앙을 가르쳐 현지인 목사들을 세워 나갈 뿐이다.

차후에 하나님께서 그들을 어디로 끌고 가실 것이냐 하는 문제는 하나님과 그들 사이의 문제이므로, 우리는 오직 온 힘을 기울여 양육에 힘써야 할 것이다. 이것이 바로 오늘날 우리의 선교이다.

개척 교회 살리기
프로젝트

성도의 5%를 개척 교회로 파송하라.
대형 교회라면 성도의 10~20%를 파송하라.
가나안 성도라면 자기 자신을 개척 교회로 파송하라.

개척 교회가 죽어 가고 있다는 경고가 나온 지 꽤 된 것 같다. 시간이 제법 지났으니 다 죽었을 것 같은데, 아직도 죽지 않고 살아 있는 것을 보면 신기하다. 요즘 명예 퇴직한 사람마다 치킨집 아니면 카페를 개업하는 것이 유행이라는데, 개척 교회들이 적어도 카페 숫자만큼은 살아남아 있는 것 같다.

2016년 현재 전국의 카페 수가 2만 개쯤 된다고 하니까, 개척 교회 숫자도 그만큼은 되지 않을까? 실제로 내가 운영하는 카페교회 근처에는 카페와 교회와 미용실 숫자가 거의 엇비슷하다.

전국의 교회 숫자는 미등록 교회까지 합쳐서 7~8만 개쯤 된다고 들었다. 그 가운데 70%가 교인 30명 이하의 규모라는데, 그렇게 본다면 개척 교회의 숫자는 훨씬 더 늘어나게 된다.

매년 몇 개의 교회가 사라지고 몇 개의 교회가 새로 생기는지는 잘 모르겠다. 하지만 전체 그리스도인의 숫자는 정체되어 있는데 교회 숫자는 조금씩 늘어나고 있다 하니, 결국 개척 교회는 사라지지 않을 모양이다.

개척 교회가 죽어 가고 있다는 경고 못지않게, 개척 교회를 살리자는 구호가 나온 지도 오래되었다. 그런데 아직도 개척 교회는 죽지 않았고, 그렇다고 뭐 살아난 것도 아니다. 매년 배출되는 목사들이 너무 많기 때문에, 어쩔 수 없이 개척 교회도 덩달아 늘어날 수밖에 없다는 견해도 있다.

성도들의 숫자에 비해 교회 수가 너무 많은 것이 문제라는 지적이지만, 별로 동의하고 싶지는 않다. 기존 성도들을 대상으로 교회를 개척하는 목사가 어디 있겠는가? 하긴 처음부터 교회 개척은 생각해 보지도 않는 목사들도 수두룩하니, 수평 이동을 목표로 하는 교회 개척도 없지는 않을 것이다.

그보다는 몇 년 뒤에 교회 문을 닫게 되더라도, 할 수 있는 모든 시도를 다 해 볼 수 있다면 아쉽지는 않을 거라는 점을 강조하고 싶다. 진짜 중요한 문제가 바로 이 점이라 할 수 있는데, 즉 교회 개척이 불공정한 게임이라는 사실이다.

교회를 개척하고 나서, 쓸 수 있는 방법이 별로 없다는 사실을 깨닫는 데까지는 별로 오래 걸리지 않는다. 시대는 달라졌는데, 재정도 없고 사람도 없으니, 전도든 뭐든 제대로 시도하기가 어렵다. 재정도 사람도 기존 중대형 교회들이 독점하고 내놓지 않으니, 이것이 불공정 게임이 아니고 무엇이겠는가?

이제 시대의 풍조는 개척 교회를 원하지 않는 것 같다. 이 시대의 성도들은 누구나 사람이 많이 모이고 편의 시설이 충분한 대형 교회를 선호한다. 아직 어린 자녀가 있다면 더욱 그러하리라. 하지만 이러한 흐름은 명백히 복음의 본래 모습이 아니다. 이미 주님의 가르침이 변질되고 왜곡된 지 오래이다. 어려운 환경을 이기고 전도하기보다 자기만족에 취해 버린다면, 그것은 더 이상 참된 교회라고 말할 수 없다.

그래서 나는 개척 교회를 살리기 위한 다음과 같은 프로젝트를 제시하고 싶다.

첫째, 출석 교인 100명(성인 기준)이 넘는 교회들은 적어도 그중 5%를 의무적으로 개척 교회에 파송하되, 게으른 자가 아니라 충성된 자로서 열심과 능력이 있는 사람을 파송하라.

파송할 사람을 구할 때는, 먼저 개척 교회 살리기가 곧 주님에 대한 각별한 헌신임을 잘 설명하고, 가능하면 자원하는 사람을 구하도록 한다. 자원하는 사람이 없으면 대상이 될 만한 사람을 물색해서 시간을 두고 설득하라. 교회의 위치는 파송할 사람의 거처에서 반경 10km 내에 있는 교회로 한다.

지원할 개척 교회의 선정은 구체적이고 일관된 기준을 근거로 하는 것이 좋다. 예를 들면 먼저 명단을 만든다든지, 명단은 파송 신청서와 목회 계획 등을 고려하여 선정한다든지, 또는 주변 개척 교회의 이름만 무작위로 놓고 제비를 뽑는다든지 하라는 말이다. 이때 반드시 같은 교단으로 제한하지 않았으면 좋겠다. 오직 주님께서 이루고자 하시는 뜻만을 생각하기 바란다.

둘째, 파송받은 사람은 최소한 3년을 개척 교회 살리기에 헌신한 다음, 다시 본 교회로 돌아갈지 아니면 파송된 교회에 그대로 남을지 결정하도록 한다. 파송한 교회는 적어도 3년에 한 번씩은 개척 교회 살리기 프로젝트에 참여할 수 있기를 바란다. 물론 성장이 정체 상태에 빠진다면 참여하지 않아도 무방할 것이다. 이것을 무슨 외형적인 율법이 아니라 하나님의 진정한 소원에 대한 응답으로 보자.

셋째, 지원을 받은 개척 교회는 5년 뒤에 동일한 인원을, 늦어도 8년 후에는 두 배의 인원을 다른 개척 교회로 파송하겠다는 서약을 해야 한다. 이 약속은 성도 수가 100명에 이르지 않아도 행해져야 하며, 주님 앞에서 한 약속이므로 반드시 지켜져야 한다.

개척 교회가 지원받을 수 있는 최대 인원은 네 가정, 또는 10명을 넘지 않아야 한다. 이런 지원을 받고도 3~5년 뒤에 아무런 변화가 일어나지 않는다면, 그것은 전적으로 개척 교회의 목회자 탓이라고 본다. 그는 아마도 목회의 비전과 은사가 없는 사람일 것이다.

넷째, 대형 교회 성도들 가운데 더 높은 뜻을 좇아 자기 스스로를 개척 교회에 파송하는 사람들이 많아지도록 격려하기 바란다. 신앙생활을 오래 했으면서 아직도 여전히 은혜 중심의 신앙생활을 하려는 사람들이 너무 많은 것이 우리의 현실이다. 신앙의 연조가 10년이 넘었다면, 이제는 은혜 중심의 신앙을 벗어나 사역 중심의 신앙생활로 나아가야 할 때이다. 자신을 위한 신앙생활을 넘어서 주님을 위한 신앙생활을 추구하라.

이렇게 해서 한국 교회에, 개척 교회로 성도들을 파송하는 운동이 활발하게 일어나야 한다. 적어도 수년마다 두 배씩 늘어나야 한다. '가나안 성도들'도 교회를 떠날 것이 아니라 개척 교회로 자신을 파송하라.

특히 대형 교회들은 분발하라. 당장에는 손해처럼 보일지 모르지만, 하나님 앞에서는 얼마나 큰 이익인지 모른다. 그렇게 된다면 교회 개척도 더 이상 불공정 게임이라고 할 수는 없을 것이다.

1만 명이 출석하는 교회가 있다고 하자. 5%이면 500명이다. 그러나 이 정도 규모라면 적어도 10~20% 정도는 파송해야 한다고 생각한다. 그러면 한국 교회에는 평지풍파(?)가 일어나리라. 그 정도 영향력을 가지고 있으면서도 그 영향력을 행사하지 않는 이유가 무엇인가? 설마 소문대로 이기심 때문은 아닐 것으로 믿고 싶다.

주님의 가르침의 본질은 사랑이다. 여기에는 아무도 이의를 제기하지 않을 것이다. 그리고 사랑의 반대는 미움이 아니라 이기심이다.

성도 없는 목회
→ 보내는 목회

이명(移名)과 권징(勸懲)이 무너진 이상 교인 등록은 의미가 없다.
모든 그리스도인은 어느 교회의 성도가 아니라 주님의 성도이다.
3년 동안 훈련시켜서 다른 교회로 보내자.

교회마다 등록 교인 숫자와 출석 교인 숫자가 다르다는 것은 이미 잘 알려져 있는 사실이다. 이렇게 된 이유는, 과거에 등록했으나 이제는 더 이상 출석하지 않는 교인들의 교적부를 정리하지 않고 그대로 놔두기 때문이다. 그 이유는 여러 가지가 있겠지만, 조금이라도 교세를 부풀려서 홍보하고자 하는 의도가 가장 클 것으로 짐작된다.

그 교인들이 어디로 갔는지는 정확히 알 수 없다. 다른 교회에 출석하는지, 이른바 가나안 성도가 되었는지, 아니면 아예 교회를 떠났는지 알 수 없다. 아무튼 그들은 허수 또는 중복된 수로서, 정확한 통계를 내는 데 방해가 될 뿐이다. 그래서 각 교회의 등록 교인을 모두 합하면 실제 기독교 인구를 훨씬 상회하게 되는 것이다.

○○교회 등록 교인이란 말 자체가 지금은 어폐가 있는 것 같다. 등록이라 함은 교적부에 기록하는 형식적인 절차를 뜻하는 것일 뿐이다. 물론 등록한다는 것은 곧 출석하겠다는 의지를 보여 주는 행위로 볼 수 있다.

하지만 등록 교인이 의미를 상실하게 된 것은 시대적 현실의 변화 때문이다. 등록 교인이란 이명(移名)과 권징(勸懲)이 살아 있어야 비로소 의미가 있는 제도이다. 이명과 권징이 다 무너진 지금 등록 교인이 무슨 의미가 있겠는가?

어떤 교회에서는 이 교회에 뼈를 묻겠다는 서약서를 요구하기도 한다는데, 대단하다고 해야 할지 시대착오적이라고 해야 할지 잘 모르겠다. 어차피 이 지상의 모든 교회는 그림자에 지나지 않는다. 교회의 본체는 하늘에 있다.

지상의 교회는 천상에 있는 교회의 그림자에 지나지 않는다. 따라서 이 지상에 단 하나의 교회도 남지 않은 상황이 닥친다고 해도 교회는 없어진 것이 아니라고 할 수 있다. 왜냐하면 저 하늘에 교회의 본체가 존재하고 있기 때문이다.

그러나 이 땅에 있는 교회가 비록 하늘 교회의 그림자에 불과하다 할지라도, 주님께서는 우리 각자가, 자기가 속한 교회를 마치 하늘에 있는 교회를 섬기듯이 하길 원하신다. 한 사람이 한 번에 한 교회 밖에 섬길 수 없는 육체적 존재라는 점을 감안한다면, 당연한 결론이 아닐 수 없다.

반면에 주님의 분명한 뜻이 있다면, 이 교회를 떠나 저 교회로 가는 것은 손바닥을 뒤집는 것보다 더 쉬운 일이다. 왜냐하면 이 땅의 그림자는 그림자에 불과하니까! 그래서 교회를 정하는 것도 교회를 옮기는 것도 아무렇게나 함부로 해서는 안 되며, 반드시 주님의 뜻을 분별한 다음 행하여야 한다.

한 지역에 한 교회만 있던 시대라면, 대부분의 사람들이 태어난 곳에서 죽는 시절이라면, 지금 속한 교회에 뼈를 묻는다는 것은 굳이 서약서를 작성할 필요가 없을 만큼 당연한 일이라고 할 수 있다.

하지만 오늘날 이 글로벌 시대에 그런 서약을 한다는 것은 시대착오적인 동시에 가능하지도 않은 일이다. 그것은 결국 목회 권력을 강화하겠다는 의지의 과잉 표현으로 생각될 뿐이다. 모든 성도는 오직 주님께 속했을 뿐 어느 한 교회에 속했다고 말할 수 없다.

이런 여러 이유 때문에 회원제 시스템을 도입하는 교회들도 있다. 회원제 시스템이란 등록 교인(등록만 해놓고 교회 출석도 안하는 교인)이나 출석 교인(교회 출석은 하지만 교회 사역과 운영에는 관심 없는 교인) 외에 회원 교인(교회 사역과 운영에 적극 참여하는 교인)이라는 새로운 포지션을 설정하고, 그들 회원 교인을 중심으로 교회를 운영해 보겠다는 것이다.

하지만 헌신된 교인들 위주로 적극적인 교회 사역을 펼쳐 보겠다는 의도에 충분히 공감하면서도, 한편 엘리트주의라는 비난을 받을 여지도 충분하다고 본다.

명칭을 무엇이라 부르든지, 시스템을 어떻게 개편하든지, 근본적으로 바뀌는 것은 아무것도 없다. 교인들을 모으기 위해, 교인들이 이탈하지 못하도록 하기 위해, 가진 자원을 집중하기 위해 어떤 시도를 하든, 달라지는 것은 없다.

모든 교회와 모든 목사는 동역자인 동시에 경쟁자이다. 따라서 연합하는 가운데서도 경계를 게을리하지 말아야 한다. 특히 가까운 곳에 있는 교회들은 더욱 그러하다. 원교근공(遠交近攻)이 전국 시대만의 원칙일 수는 없다. 하긴 지금이 바로 전국 시대이기는 하다.

그렇다면 아예 성도 없는 목회는 어떨까? 성도 없는 목회란 등록 교인이든 출석 교인이든 회원 교인이든 아예 구분하지 말고, 교인 관리 시스템을 구축하지도 말자는 것이다. 모든 성도는 오직 주님의 양일 뿐임을 인정하고, 주님의 뒤만을 따르게 하자는 것이다.

성도들은 주님의 법 외에 모든 의무에서 자유로워지고, 스스로 자신의 길을 깨달아 가도록 인도되어야 한다. 주일성수와 십일조는 더 이상 의무가 아니며, 스스로 자원하지 않는 모든 물적(物的)·육적(肉的)·심적(心的)·영적(靈的) 헌신은 주님 앞에 상달되지 않음을 깨닫도록 해야 한다.

물론 예배와 교육은 계속되며, 오히려 더욱 강화된다. 하지만 등록 교인은 한 사람도 없다. 오직 함께 예배드리는 사람은 사역자와, 나그네와, 가나안 성도(임시 성도)와, 훈련받는 제자들뿐이다.

여기서 주목할 것은 훈련생들이다. 훈련생이란 3~5년 동안 훈련 받은 후 다른 교회나 사역지로 파송될 성도들을 말하는 것이다. 이들은 스스로 찾아올 수도 있고 타 교회에서 위탁을 받을 수도 있다. 아무튼 이렇게 성도들을 훈련시켜 파송하기를 계속해 나가는 것이 성도 없는 목회의 핵심이다.

이제 훈련의 내용이 무엇인가가 가장 중요한 점일 것이다. 이들이 받는 훈련은, 기존의 신학과 성경 중심의 훈련 위에 여러 가지 전인적이고 통합적인 훈련을 더하고, 다시 인문학적인 성찰을 연결시키는 것을 포함한다.

성경을 통하여 바른 지식의 그리스도인을, 상담 심리학을 통하여 건강한 정신의 그리스도인을, 성령 훈련을 통하여 능력 있는 그리스도인을 키우는 것이 이 훈련의 목적이다. 그 위에 인문학적 소양을 배양하여, 세상을 향해 열린 마음과 함께, 담지 못할 것이 없는 큰 그릇들을 세워 나가려는 것이다. 이른바 크리스천 전인통합훈련이다.

모든 교회가 이런 교회일 필요는 없다. 하지만 모든 교회가 다 자기 것으로 삼기 위해 성도들을 훈련시키는 교회일 필요도 없다고 생각한다. 즉, 남 좋은 일 시키는 교회도 몇 개쯤 있는 것이 좋지 않을까? 가능하다면 이런 교회를 세워 보고 싶다

총회장 선출의 비결

각 교단마다 매년 총회장 선거에서 금권 선거가 판을 친다는 것은 이미 비밀이라고 할 수 없다. 세상 사람들도 다 알고 있는 사실이다. 오죽했으면 제비뽑기라는 방법까지 도입했겠는가? 이런 추한 모습을 보이면서까지 총회장이 되려고 하는 이유는 총회장이라는 명예, 자리와 연결되어 있는 이권, 권한을 이용한 자기 목적 달성 등 여러 가지가 있을 것으로 짐작된다.

그러나 그 이유가 무엇이든 성직을, 하나님의 뜻이 아니라 정치적으로 차지하려는 시도는, 하나님 앞에 심판을 받아 마땅한 죄라고 할 것이다. 하물며 돈으로 표를 사려고 했음에랴!

그런 사람들이 어떻게 지도자의 자리에 남아 있을 수 있는지 모르겠다. 주변의 모든 사람들이 그렇게 하니까 자신도 그럴 수 있다고 생각하는 것이겠지만, 그들과 같이 심판도 받게 될 것이 분명하다.

목회 사역에 비하여 상대적으로 교단 정치에 적극적으로 참여하는 목사를 흔히 '정치 목사'라고 부르는데, 우리나라에서는 다소 부정적인 느낌이 강하다. 물론 정치 자체가 혐오스러운 것은 아니다. 사람들이 모이면 자연히 정치가 필요해지고, 정치가 필요한 이상 누군가 그것을 맡아서 관리하는 것은 당연한 일이다.

하지만 정치가 필요한 범위를 넘어서서 지나치게 강한 권한을 휘두르거나, 서로 자리를 차지하겠다고 갈등과 분열을 일삼는다면, 그것은 이미 정치가 아니라 부패와 타락의 이전투구(泥田鬪狗)에 불과하다. 결국 자기 욕심과 명예와 이권을 위해 주님께 흙탕물을 끼얹은 것이나 다름이 없다.

교단의 사정이 이러하니 연합 기관의 사정 역시 다르지 않다. 이렇게 갈등과 분열을 일삼는 사람들은 뭐라고 할까, 결국 대제사장과 서기관들 같은 사람이라고 할 수 있을 것 같다. 대제사장과 서기관들이 주님에게 어떤 해를 가했으며 주님께서 그들을 어떻게 생각하셨는지는 우리가 이미 다 알고 있는 바와 같다.

한 가지 위로가 되는 것이 있다면, 이런 금권 타락 선거가 불교에서도 빈번하게 일어난다는 사실이다. 타 종교에서 위로를 발견해야 한다는 사실 자체가 더욱 부끄러운 일이지만 말이다.

군소 교단에서는 한 사람이 평생 총회장을 독식하는 경우도 없지 않다. 물론 사정이 있다고 하겠지만, 아무리 생각해 봐도 성경적이라고 강변할 수는 없을 것 같다. 대제사장도 종신직이었다고 말할지 모르지만, 그렇다면 대제사장이 도대체 왜 이렇게 많은지 설명해야 할 것이다.

어느 쪽이 더 좋다, 더 나쁘다고 말하기보다는, 둘 다 욕심이고 이기심이라고 하지 않을 수 없다. 예전에는 단지 구설수에 올랐다는 이유 하나만 가지고도, 사실 여부를 떠나, 서슴없이 직을 사임하는 것이 목사의 바른 덕목이었는데…….

장로교의 경우, 현재 장로교라는 이름을 가진 교단이 300개가 넘는다고 한다. 500개가 넘는다는 말도 있다. 몇 개인지 정확한 계산이 불가능한 실정이다. 장로교단이 300~500개라면 총회장 자리도 300~500개라는 말인데, 만약 교단이 처음과 같이 하나였다면 총회장 자리도 하나였을 것이다. 원래 1개였어야 할 자리가 500개나 되는데도 다툼이 끊이지 않는다면, 도대체 자리가 몇 개나 되어야 더 이상 싸우지 않게 될지 정말 궁금하다.

물론 독노회(獨老會) 교단의 총회장 자리 따위야 안중에도 없는 목사님들이 많겠지만, 총회장 자리가 줄어들까 봐 교단 통합이 안 된다는 말까지 있을 정도이다.

이제 주님의 뜻을 두려워하지 않는 이런 부패와 타락의 교단 정치를 끝낼 때가 되었다. 교단 정치가 세상 정치와 하등 다를 것이 없다면, 교회가 세상과 다르다는 것을 누가 믿겠는가? 그런데 불행히도 오늘날 우리의 교단 정치는 세상 정치보다도 못하다. 기독교가 세상으로부터 배척받는 중요한 이유 가운데 하나이다.

그러므로 다음과 같이 총회 헌법 개정을 제안하고 싶다.

1. 총회장의 임기를 5년으로 하고 증경(曾經)총회장의 교단 정치 참여를 철저히 금지한다.

2. 총회장 당선 즉시, 담임하는 교회를 완전히 사임하도록 한다. 총회장 퇴임 후 사임한 교회로 영원히 복귀할 수 없는 것은 물론이다.

3. 총회장 퇴임 즉시 5년 동안 해외 선교사로 파송한다.

4. 불법 선거의 증거가 하나라도 나온다면 교단에서 자동 영구 제명한다.

5. 그래도 문제가 해결되지 않으면, 입후보와 함께 담임하는 교회를 사임하도록 한다. 총회장 퇴임 후 사임한 교회로 영원히 복귀할 수 없는 것은 물론이다.

헌법을 이렇게 개정했는데도 총회장이 되고자 한다면, 그분은 총회장이 될 자격이 있다고 생각한다. 총회장은 그런 분들 가운데서 나와야 마땅하다. 노회장이나 연합 기관장도 동일한 원칙을 적용해야 한다.

한국 교회
갱신의 묘수

고양이 방울은 마련했는데,

과연 달 수 있을지…….

얽히고설킨 한국 교회의 난맥상을 단번에 해결할 수 있는 묘수가 있다면 믿을 수 있겠는가? 이 한 수면 알파고를 이길 수 있는 것은 물론(?) 기독교를 바라보는 세상의 부정적인 시각을 일신할 수 있을 뿐 아니라, 세속 정치에까지 변화와 갱신을 위한 강력한 영향을 미치게 될 것이 분명하다.

물론 여기서 말할 수 있는 것은 방울(?)에 대한 이야기일 뿐이다. 이 방울을 어떻게 고양이 목에 다느냐 하는 문제는 여전히 남아 있는 셈이다. 그러나 방울의 정체가 밝혀지고 나면 고양이의 정체도 밝혀진다는 점이 이 묘수의 요점이라고 할 수 있다.

과연 열쇠를 가진 사람과 자물쇠를 가진 사람이 누구이기에, 예수를 섬긴다는 사람들 사이의 문제가 이렇게 오래도록 풀리지 않고 남아 있는 것인지 정말 의심스럽다.

그러나 우리는 어느 누구도 원망할 필요가 없다는 점에 동의해야 한다. 사람이 자기가 가진 것을 내놓지 않으려 하는 것은 당연한 일이다. 지금 무언가를 가진 사람이나 장래에 그것을 가질 사람 모두 그 점에서는 마찬가지이다.

따라서 애써 차지한 것을 포기하지 않는다고 하여 그를 정죄할 수는 없는 노릇이다. 그럼에도 끝까지 공격을 멈추지 않으려 하는 사람은, 아마도 그를 시기하거나 그가 가진 것을 탐낸다는 오해를 받게 될지도 모르겠다.

아무튼 이 묘수는 매우 강력한 힘을 발휘할 것이다. 그 구체적 내용은, 한국 500대 교회의 담임목사들이 일시에 한꺼번에 담임목사직에서 물러나라는 것이다. 무슨 뚱딴지같은 소리냐고 할지 모르지만, 이 방법밖에는 없다. 담임목사직만으로는 충분하지 못하다. 담임목사직뿐 아니라 총회와 노회의 직분과 연합 기관의 직책까지 모두 내려놓아야 한다.

그중에는 지금까지 아주 모범적인 목회 사역을 해 온 분도 있을 것이다. 부임한 지 1년밖에 안 된 분도 있을 수 있고, 새로운 프로젝트를 시작한 지 얼마 안 된 분도 있을 수 있다. 가정, 부모와 자녀 문제 등 여러 가지 피치 못할 사정이 있는 분들도 있을 것이다. 그러나 그 모든 사정을, 오직 주님의 영광을 만천하에 드러낸다는 한 가지 목적에 종속시키도록 하자.

주님의 영광을 위해 무릅써야 했던 사정이 어려우면 어려운 일일수록, 주님 앞에서의 상급은 더욱 높이 올라갈 것이 확실하다.

그것이 믿어지지 않는다면, 분명히 그는 더 빨리 물러나야 할 사람이다. 믿지만 지금은 물러날 때가 아니라고 생각하는 사람은 어제 이미 물러났어야 할 사람이다. 주님의 뜻이 분명하지 않다고 생각한다면 목사 자체를 사퇴함이 마땅할 것이다. 주님의 뜻은 언제나 한결같으시다.

담임목사직을 사임하고 나면, 각 교회에서는 능력이 허락하는 한 전별금 또는 위로금을 최대한 지급하는 것이 좋을 것이다. 새로운 일을 시작할 수 있도록, 새 길을 찾을 수 있도록, 할 수 있는 모든 지원을 아끼지 않는 것이 좋겠다. 그래서 매우 어렵고 힘든 결정을 내린 분이 받아 마땅한 명예와 안정을 충분히 누리게 하는 것이 좋다. 이런 결단은 사람으로서는 쉽게 할 수 있는 것이 아니다.

하지만 충분한 전별금을 받고 시무하던 교회를 사임한 목사님들이 뭔가 새로운 사역을 시작할 때는, 사임한 교회로부터 반경 200km 밖으로 나가는 것이 옳다. 다른 대형 교회 담임목사로 부임하는 것은 전면적으로 금지되어야 한다.

새로운 교회를 개척할 수는 있겠지만, 자신의 명성을 수단으로 기존 성도들을 유인하려 해서는 안 될 것이다. 교회를 개척할 때는 기존 성도는 받지 않는다고 아예 정관에 명시하라.

이렇게 해서 단지 500명의 헌신과 희생으로 한국 교회 전체가 살아날 수 있다. 모든 그리스도인이 개혁을 향한 강렬한 도전에 직면하게 될 것이다. 회개는 쇼나 이벤트를 통해 이루어질 수 없다. 누군가의 강요에 의해 이루어질 수도 없다.

머리가 희끗희끗한 목사님들이, 오직 주님의 영광을 위한다는 명분으로 오래 가꾸어 온 터전을 버리고 떠날 때, 우리는 갈 바를 알지 못하고 떠나는 아브라함의 뒷모습을 발견하게 되리라.

세상은 우리 기독교를 다른 시각으로 바라보게 될 것이다. 자신들보다도 못하다고 생각하던 상대가 갑자기 고답(高踏)적인 의의 길을 가는 것을 볼 때의 어리둥절함이라니……. 정말 통쾌하지 아니한가? 이것이 우리 기독교의 원래 모습이다. 우리는 이보다 훨씬 더 선하고 아름다운 길을 거쳐 여기 이르렀다. 잠시 흔들렸다고 아예 잃어버렸다 여겼더냐?

이제 세상에 대한 교회의 입김은 더 강해질 것이다. 우리나라의 수준 낮은 정치도 영향을 받게 될 것이다. 국회의원의 1/3이 그리스도인이라고 한다. 자기 믿음을 정치적 신념 아래에 두는 사람은 그리스도인이라고 할 수 없다. 자신의 정치적 신념에 제발 주님을 끌어들이지 좀 말라.

기독교적인 가치와 정치적인 가치가 충돌할 때는 뒤를 돌아볼 필요가 없다. 주변의 모든 사람들이 그리스도인이라면 당연히 그러리라고 예상하게 될 때까지, 우리는 더욱 분발하지 않으면 안 된다. 국회의원 역시 그러해야 하고, 그런 사람이 국회의원이 되어야 한다.

꿈 같은 이야기일 수도 있겠다. 방울은 영원히 고양이의 목에 걸리지 않을지도 모르겠다. 주님의 강제가 작동할 때까지 그 자리에 그대로 있게 될지도 모른다. 우리의 시대가 끝나기 전에, 우리의 생애가 끝나기 전에, 이런 일이 일어나는 것을 꼭 보고 싶다.

셋이 가서
네 개 시키기

셋이 가서 둘 시키기?
셋이 가서 셋 시키기!

카페를 운영하다 보면 자주 보는 풍경이 있다. 손님 세 사람이 들어와서 두 잔만 주문하는 것이다. 때로는 한 잔을 둘이 나누어 마실 수 있도록 빈 잔을 요구하기도 한다.

물론 조금 전에 무얼 마셨다든지, 속이 좋지 않다든지, 아니면 최소한 지금은 가진 돈이 없다든지 하는 이유가 있다면, 충분히 이해할 수 있는 일이다. 하지만 그 이유가 그저 돈을 절약하기 위한 것이라면, 이해하고 싶지도 않고 이해할 필요도 없다고 생각한다.

가끔 오는 손님이지만 항상 함께 오는 부부가 있다. 그런데 이 부부는 올 때마다 커피를 한 잔만 주문하곤 한다. 주문한 커피는 남편이 마시고 아내는 아무것도 마시지 않는데, 그 이유가 궁금하다.

때로는 네댓 사람이 시끌벅적하게 떠들며 들어와서 세 잔을 주문한다. 이어서 큰 소리로 "집사님", "권사님" 한다. 참 꼴불견스럽다. 같은 그리스도인의 눈에도 좋지 않아 보이는데, 비그리스도인의 눈에는 어떻게 비칠지…….

기독교가 세상으로부터 손가락질을 받는 데는 다 이유가 있다. 그 이유가 꼭 지도자들의 부패와 탈선 때문만이 아님은 분명하다. 주님께서 가르치신 사랑은 궁극적으로 자기 목숨까지 담보로 제공할 수 있어야 하는 것인데, 작은 희생도 마다하기를 넘어 마땅히 지불해야 할 것조차 아까워한다면, 손가락질을 받지 않는 것이 도리어 이상한 일이라고 할 만하다. 비그리스도인들보다 낫기는커녕 오히려 못하니, 무슨 그리스도인이 그 모양인가?

대체로 입장을 바꾸어 자신이 상대방이라면 싫어할 만한 일은 행하지 않는 것이 도리이다. 인간관계의 가장 기본적인 규범조차 자신의 작은 이기심을 만족시키기 위해 무시한다면, 복음 전파는 처음부터 가능하지 않을 것이다.

유대인에게 유대인처럼 굴지는 못하더라도, 헬라인처럼 굴어서야 어디 쓰겠는가! 그리스도인이라면 자신의 일거수일투족이 주님 앞에 노출되어 있음을 깨닫는 것 못지않게, 모든 비그리스도인들의 주목을 받고 있음을 깨달아야 할 것이다.

그래서 셋이 가서 두 잔이 아니라 네 잔을 주문하라고 권하고 싶다. 둘이 가서 세 잔을, 넷이 가면 여섯 잔을 주문하라고 말하고 싶다. 아무 말 없이 그리하지 말고, 그리스도인임을 드러내면서 그리하라고 제안하고 싶다. 그런 사람들을 보고 카페 사장님이 이렇게 말할 수 있도록 말이다.

"저, 혹시…… 교회 다니시는 분들인가 봐요?"

그리스도인은 이렇게 행하는 사람들이라는 사실을 세상으로 하여금 알게 해야 한다. 그리스도인은 원래부터 이런 사람들인데, 언제부터인지 모르지만 그 본분이 흐려졌었던 것 같다.

콩나물 한 봉지에 1,500원이라면, 500원을 깎을 게 아니라 500원을 더 주자. 그렇다고 잘난 체해서는 절대 안 된다. 상대방의 자존심을 상하게 해서는 도로아미타불(?)이다.

"그렇게 싸게 팔면 뭐가 남겠어요? 같이 살아야죠."

그러면 콩나물 장수는 이렇게 생각하겠지.

"요즘 이런 사람들이 왜 이렇게 많아졌지? 전에는 이런 일이 거의 없었는데, 참 이상한 일이네. 지난번 그 얌전해 보이던 아주머니가 교회 다닌다고 했었는데, 이 사람도 교회 다니는 사람인가? 교회 다니는 사람들은 다 깍쟁인 줄 알았는데, 그렇지도 않은가 봐. 아무튼 좋은 일이야. 암, 좋은 일이구 말구!"

대한민국 1천 만 성도들이 다 이렇게 행동한다면 어떻게 될까? 큰 돈 드는 일도 아니고 큰 손해 보는 일도 아닌데, 왜 지금까지 이렇게 하지 못했을까? 마치 무엇인가에 씌기라도 한 것처럼 작은 이익을 추구하기에 정신이 팔렸던 것 같다. 이제부터라도 그리스도인의 바른길을 이 작은 길에서부터 행해 나가자!

크리스천
운전 수칙

1. 이 운전 수칙은 목사, 장로, 권사 등 지도자들이 먼저 솔선수범하여 실행한다.

2. 그러나 이를 의무로 받아들여 차량 운행을 힘들어하지 말고, 자발적으로 참여하여 기쁘고 즐거운 운전이 되도록 항상 기도한다.

3. 먼저 자신이 그리스도인임을 주변에 알린다. 이를 위해 차량의 앞뒤에 그리스도인임을 나타내는 분명한 표지를 부착한다. 자기 차량이 아닌 경우, 착탈식 표지판을 사용하면 될 것이다.

4. 다른 운전자들을 진심으로 그리스도의 사랑으로 품기로 마음먹는다. 모든 운전 상황을 그리스도인의 의를 나타내는 기회로 삼기로

작정한다.

5. 가능하면 모든 교통 법규를 준수하려고 노력한다. 그러나 교통 법규를 지키지 않는 다른 운전자들을 정죄하지 않는다. 교통 법규를 지키지 못할 경우에는 반드시 비상등을 잠시 켜고 운행하자.

6. 차선 변경 시 보는 사람이 있든 없든, 반드시 방향 지시등을 점멸하도록 한다.

7. 무리한 끼어들기를 하지 않는다. 끼어들기를 하려고 할 때, 끝까지 양보하지 않는 차량이 있으면 억지로 끼어들지 않는다. 끼어들기를 했을 때는 반드시 고마움을 표시하는 수신호와 함께 비상등을 켜도록 한다.

8. 무리하게 끼어드는 차량이 있으면 차선을 양보한다. 그러나 어쩔 수 없어서 밀려나는 것이 아니라 양보하는 것임을 상대가 알도록 신경을 써서 운전한다.

9. 항상 안전거리를 유지한다. 바짝 붙어서 앞 차를 위협하지 않도록 조심한다. 그와 동시에 앞 차와의 간격을 지나치게 벌리지 않도록 한다.

10. 1차선으로 행할 때는 너무 느린 속도로 운행하지 않도록 주의하자. 앞 차와의 간격을 멀리 떼어 놓고 운전하는 경우에는 제한 속도와 상관없이 2차선으로 운행하도록 하자.

11. 지나친 과속은 삼간다. 특히 난폭 운전이나 곡예 운전은 다른 운전자들의 혐오감을 불러일으킨다. 성격상 고속 운전을 즐기는 타입이라 해도 지나치지 않도록 유의한다.

12. 접촉 사고 시 자신에게 잘못이 있다면 솔직하게 인정하자. 상대가 억지를 부리면 같이 언성을 높이거나 화를 내지 말고 차근차근 설득하려고 노력하자. 그래도 여의치 않다면 직접 상대하지 말고 보험사나 경찰에 맡겨 처리한다. (전적으로 자신에게 잘못이 있을 경우 성숙한 그리스도인의 모습을 충분히 발휘할 수 있다.)

13. 그리스도인끼리 접촉 사고가 났을 경우에는 한층 더 성숙한 모습으로 해결한다. 모든 불신자들이 은연중에 보고 있음을 명심하라.

14. 안전 운전을 하되 다른 운전자들의 짜증을 유발시키지 않도록 완급을 잘 조절하여 운전한다.

15. 어떤 경우에도 약하거나 모자라거나 강요에 의해서가 아니라, 충분한 능력이 있지만 주님의 가르침에 따라 자발적으로 양보하고 있음을 상대방이 알아채도록 유도한다. 그리스도인은 결코 연약하지도 굼뜨지도 소심하지도 않으며, 오직 하나님 나라를 위해 자기를 희생하는 존재임을 부각시킨다.

※ 믿음은 마음의 확신이 아니라 구원의 능력이 되어야 한다.

크리스천 여행 수칙

1. 이 여행 수칙은 목사, 장로, 권사 등 지도자들이 먼저 솔선수범하여 실행한다.

2. 그러나 이를 의무로 받아들여 모처럼의 여행을 힘들어하지 말고, 자발적으로 참여하여 기쁘고 즐거운 여행이 되도록 항상 기도한다.

3. 이번 여행이 하나님의 인도하심 가운데 의로운 열매를 맺을 수 있는 시간이 되기를 기도로 준비한다.

4. 함께 동행하는 사람들을 진심으로 그리스도의 사랑으로 품기로 마음먹는다.

5. 기회가 오면 자연스럽게 자신이 그리스도인임을 밝힌다.

6. 다른 그리스도인이 있는지 확인하고 그들과 연합하는 모습을 불신자들에게 보여 주려고 노력한다.

7. 기회가 있으면 노약자에게 자리를 양보한다.

8. 기회가 있으면 노약자의 무거운 짐을 들어 준다. 버스에 짐을 싣고 내릴 때도 늘 다른 사람들을 돕는다.

9. 줄을 서고 질서를 지킨다. 역시 기회가 있으면 노약자에게 앞줄을 양보한다.

10. 팀의 뒷정리에 신경을 쓴다. 누군가 뒤처진 사람은 없는지, 누가 놓고 내린 물건은 없는지 항상 확인하려고 노력한다. 그러나 섣불리 앞으로 나서지 않는다.

11. 반드시 주일 예배를 드린다. 다른 그리스도인들과 함께 예배드리기를 힘쓴다.

12. 기독교 유적지나 식당 등에서는 기도한다. 가능하다면 다른 그리스도인들과 함께 기도하는 시간을 갖는다.

13. 쇼핑을 할 때도 늘 그리스도인다운 절제된 모습으로 행동한다.

14. 술(와인이나 맥주)을 마실 기회가 있다면 특별히 더 신경을 쓸 필요가 있다. 정중히 거절하더라도 술을 죄악시하지 않도록 한다. 그래도 자꾸 권한다면 "가족들과 함께 집에 있을 때에는 가끔 한 잔씩 하기도 하지만, 그러나 혹시 하나님과 교회에 누를 끼칠까 하여 공적인 자리에서는 삼간다."라고 솔직하게 말한다. 혹시 마신다면 어떤 경우에도 과도한 음주는 삼가며 취한 모습을 보이지 않도록 한다. 조금만 마셔도 얼굴이 붉어지는 체질이라면 가급적 마시지 않기를 권하고 싶다.

15. 어떠한 경우에도 다투거나 화를 내거나 짜증을 내지 않는다.

※ 믿음은 마음의 확신이 아니라 구원의 능력이 되어야 한다.

크리스천 전인통합훈련이란 무엇인가?

오늘날 기독교의 위기라고 불리울 만한 여러 가지 사건과 상황들의 책임은 1차적으로 목사들과 지도자들에게 있는 것처럼 보이지만 사실 그 책임은 근본적으로 평신도들의 몫이라고 할 수 있다. 교단 분열, 교회의 세속화, 금권 선거 등은 눈을 뜨고 깨어 있는 평신도 집단이 형성되어 있었다면 일어날 수 없는 일이다. 그런데도 평신도들에게는 아무런 책임 의식이 없다.

목사나 평신도는 직분이지 신분이 아니다. 하나님 나라를 이루는 일에 목사나 평신도의 차이가 있을 수 없다. 모든 믿는 자들은 그리스도의 군사로 부름받은 자들이고 지금은 영적 전쟁을 수행 중이다. 그런데 너무 오랫동안 후방에만 편히 있다 보니까 자신이 군인의 신분이라는 사실조차 잊어버린 사람들이 너무 많아졌다는 것이 오늘날의 현실이다. 그러니 어찌 기독교의 위기가 아니겠는가?

크리스천 전인통합훈련은 모든 믿는 자들을 정예화된 군사로 키워 그리스도교의 위기를 극복하고 총사령관이신 주님의 지휘에 따라 이 영적 전쟁을 승리로 이끌기 위한 제자훈련 프로그램이다. 기존의 프로그램들이 지식 중심 또는 은사 중심으로 기울어져 한쪽으로 치우치기 쉬운 약점을 보완하여 지정의와 영혼육을 통합하려고 시도하였다. 따라서 성경 공부와 기초 신학, 상담치료를 통한 자기 성찰, 성령 훈련, 인문학적 소양의 확립 등을 교육하며, 삶의 변화를 위해 유익한 많은 것을 포함하고 있다.

가장 중요한 것은 역시 통합적 사고의 확장이라고 할 수 있다. 편집적이고 강박적인 사고는 자기중심적이고 배타적인 특성을 보이게 마련이다. 세상을 구원하겠다면서 세상적인 것을 배척하는 것은 이치에도 맞지 않는다. 모두 다 주님은 완전하지만 우리가 연약하고 무능하여 벌어지는 사연들이다. 따라서 크리스천 전인통합훈련은, 복음의 능력에 대한 믿음은 더욱 강조하되 사람의 연약과 무능에 대해서는 최대한 이해해야 한다고 생각한다. 자신에게는 엄격하고 타인에게는 관용을 베풀고자 한다. 자꾸 엄격한 잣대만 들이대려는 것은 복음의 능력을 믿지 못하기 때문일 수 있고, 복음의 능력을 확신한다면 오히려 인생의 부조리함에 더 관대할 수 있다고 보기 때문이다.

결국 우리는 육체적 한계를 넘어서지 못하는 자신을 바라보는 안타까운 시선으로 주님의 십자가를 바라볼 수밖에 없게 될 것이다. 그 위에 주님의 하염없는 은혜가 채워지기를 기대하는 바이다.

크리스천 전인통합훈련 커리큘럼

<table>
<tr><td>기
본
설
명</td><td>

전인통합훈련은 모든 믿는 자들을 준비된 그리스도의 군사로 세우기 위하여 지식뿐 아니라 영혼육·지정의의 통합적 변화와 갱신을 추구하는 훈련이며 모든 그리스도인이 정예화된 군대로 세워질 때까지 멈추지 않고 계속될 것이다.

첫째, 신학의 기본을 가르쳐 기독교 신앙에 대하여 바르게 이해하고 전파하고 실천하는 그리스도인의 삶을 살도록 훈련한다.
둘째, 마음의 쓴뿌리들을 치유하고 관계의 문제를 회복하여 심리적으로 건강한 그리스도인의 삶을 살도록 훈련한다.
셋째, 성령 사역을 통하여 능력 있는 그리스도인의 삶을 살도록 훈련한다.

그러나 무엇보다도 중요한 것은 매일 말씀을 묵상하며 하나님의 음성을 듣고 중보기도하며 삶으로 선교에 참여하는 경건 생활의 습관화이다.

- 평신도신학 – 개인 신앙을 신학적으로 정립하여 다른 형제·자매와 공유하며 불신자에게 자신의 신앙을 변증할 수 있을 뿐 아니라 이단에 대항할 수 있도록 역량을 배양한다.
- 성경 전체를 스스로 해석하고 다른 형제·자매와 나눌 수 있도록 역량을 배양한다.
- 성령 체험 및 은사의 기름부으심과 임파테이션을 통하여 치유나 축사까지도 가능한 믿음의 사람으로 성장하도록 한다.
- 질병 및 통증의 계통과 원인을 알아야 더 효과적으로 치유할 수 있으므로 대체의학과 해부학에 대한 지식도 배우도록 한다.
- 지식의 확장뿐 아니라 내면의 치유와 함께 경건 생활의 습관화를 통하여 영적인 변화를 이끌어 내며, 다른 형제·자매를 영적으로 안내하는 신앙의 멘토 또는 가정교회 목사로 헌신할 수 있도록 역량을 배양한다.
- 성격 변화, 내적 치유, 부부 치료, 가족 치료, 아버지학교·어머니학교, 영성 치유의 내용을 포함한다.
- 다음 과정을 이수해야 함
  - 한국제자훈련원 세미나(필수)
  - 임파테이션 세미나(필수)
  - MT 중 1회 선교지 방문(추천)
  - 성지 순례 또는 단기 선교(졸업 여행 / 입교 때 3년 적금 가입 또는 적립된 훈련비를 사용)

</td></tr>
</table>

- 특강 또는 외부 수강 : 사역의 구체성을 위하여 워드프로세서, 파워포인트, 엑셀, 사진(포토샵), 동영상(프리미어), 악기(기타, 하모니카, 오카리나, 드럼 등 선택), 외국어 등에 대한 내용도 배우도록 한다. (악기와 외국어는 원하는 사람에 한하여 입교와 동시에 수강 계획서 작성하여 제출)
- 3년 120주 360시간(각 단계마다 1년 40주 120시간)
- 1학기당 20주(평균) / 주당 3시간(찬양 · 기도 및 치유와 축사 · 축복 30분, 성경 암송 및 과제 검사 20분, 성경 연구 및 강의 · 세미나 60분, 독서 나눔 및 집단 상담 60분, 휴식 10분, 워십 · 드라마는 시간 外)
- 학기마다 두 번 테스트 있음. 성적은 산정하지 않고 패스 여부만 결정함. (과제와 테스트 포함)
- 전인통합훈련학교는 수강비 없이 후원으로 운영함. 단, 성취 동기를 격려하기 위해 납부했다가 돌려받는 예탁금이 있음.
- 예탁금은 학기당 50만 원 이상(※)을 매학기 개강 시 납부하고 졸업 시 환불함. (단, 매학기 결석 3회 이하일 경우 / 지각이나 조퇴는 따로 관리하지 않음)
- 예탁금 환불은 졸업 시 여섯 학기 훈련비를 합산하되 정상 출석 학기 훈련비만을 환불함. (예를 들어 3회 이상 결석한 학기가 두 학기라면 네 학기 훈련비만 환불함)
- 훈련 기간 동안 난민 돕기 또는 선교사나 선교지 신학생 1명 이상 후원.
- 입학과 동시에 3년 생활 계획서 제출.
- 입학과 동시에 일천번제 감사 예배와 소원 기도(예물 포함)를 시작하여 수료 때까지 기도 응답받도록 함.
- 입학과 동시에 그리스도인의 재정 원칙 준수로 수료 때까지 재정 문제가 해결되도록 함. (재정 컨설팅 포함)
- 그리스도인의 생애가 하나님으로부터 받은 시간과 능력과 물질과 신체와 생명을 힘써 키워서 다시 하나님께 돌려드리는 과정이라는 것을 확신하고 그에 대한 전망과 계획을 갖도록 함.(※※)

(※)예치한 훈련비가 많을수록 훈련생의 성취 동기가 강렬해지고 학교의 기도도 뜨거워짐. ㅋㅋㅋ (^^)

(※※)그리스도인의 순교는 선교지에만 있지 않습니다. 늙어 병상에서도 하나님께 돌려드리는 마음으로 마지막 남은 생명을 바친다면 그것은 순교입니다.

● 전인통합훈련의 기본 구조

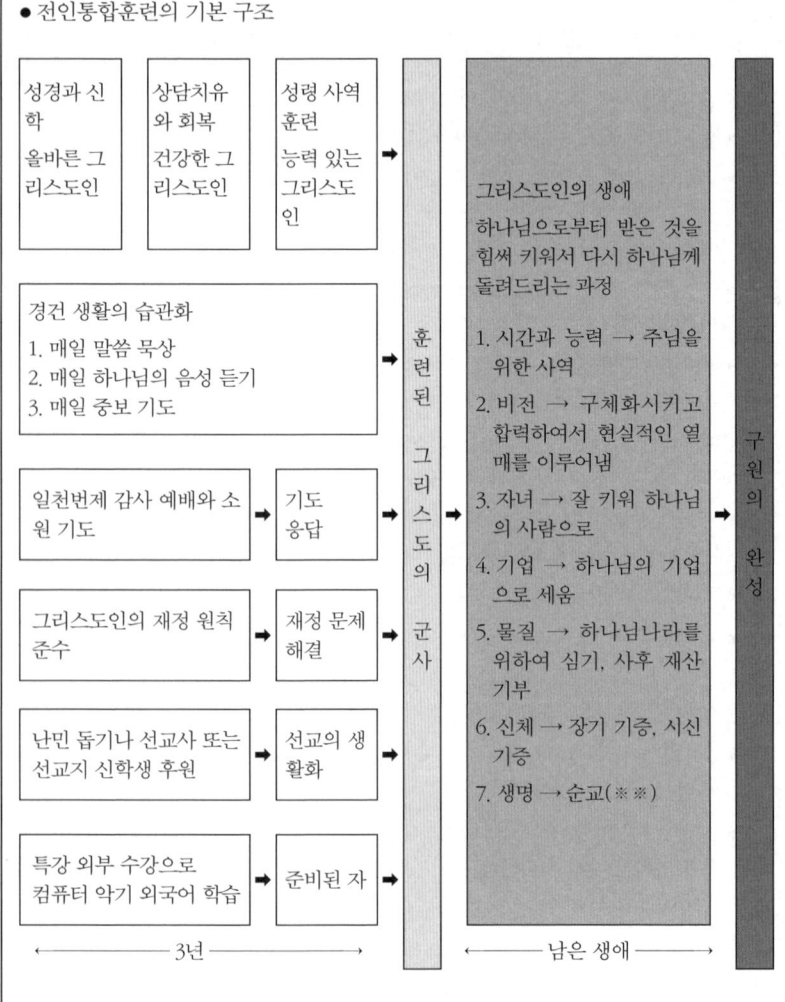

● 전인통합훈련의 구조를 다시 한번 도식으로 정리해 보면 다음과 같다.

전인통합훈련의 기본 틀은 경건 생활의 습관화라는 기본 토대 위에 성경과 신학, 상담치유와 회복, 성령 사역 훈련이라는 세 개의 기둥을 세우는 것으로 설명할 수 있다. 그 기둥 위에 어떤 지붕을 올리고 어떤 벽을 붙일 것인가는 본인 스스로 하나님과의 일대일 만남을 통해 이루어 가야 할 일이다.

이렇게 3년간 헌신하면 반드시 변화가 일어날 것이고, 준비된 그리스도의 군사로 세워질 것이며, 기도 응답을 받을 것이고, 재정 문제가 해결되며, 생활 선교사로서 남은 생애를 온전히 하나님께 돌려 드리는, 하나님의 기뻐하심을 입은 자의 복을 받게 될 것이다.

성경과 신학

신학의 기본을 가르쳐 기독교 신앙에 대하여 바르게 이해하고 전파하고 실천하는 그리스도인의 삶을 살도록 훈련한다.

1. 성경의 의미를 이해하지 못한 채 무조건 많이 읽는 것만이 능사는 아니다.
2. 신학을 알아야 자기 신앙의 좌표와 방향을 알 수 있다. 방향이 잘못된 믿음은 맹신이며 불신보다 더 위험할 수 있다.
3. 기독교 변증을 위한 지식도 필요하다. 자기 신앙의 정체성을 설명할 수 있어야 한다.
4. 가장 중요한 것은 바른 생각이다. 관념적이라는 한계를 벗어나지 못함에도 불구하고 모든 것을 이끌어 가는 것은 생각이다.

상담치유와 회복

마음의 쓴뿌리들을 치유하고 관계의 문제를 회복하여 심리적으로 건강한 그리스도인의 삶을 살도록 훈련한다.

1. 묶여버린 마음의 결박들은 기도와 성령 사역으로도 쉽게 풀리지 않는다.
2. 상담치유와 정신분석은 마음의 결박들을 푸는 데 도움을 받을 수 있는 소중한 도구이다. 성령 사역과 병행하면 더욱 큰 효과를 기대할 수 있다.
3. 인간의 심리를 구성하는 법칙을 이해하고 어린 시절에 받은 트라우마를 극복하며 내면의 변화를 이끌어 낸다.

성령 사역 훈련

성령 사역을 통하여 능력 있는 그리스도인의 삶을 살도록 훈련한다.

1. 오늘날 이른바 성령사역에 많은 거품이 끼어 있는 것이 사실이지만 거품 때문에 본질을 거부해서는 안 된다. 거품을 거두어 내고 본질에 접근해야 한다.
2. 초대교회 시대는 이상적인 신앙 공동체 시대로 알려져 있다. 동시에 이 시대는 성령의 역사뿐 아니라 악령의 역사도 왕성했던 시대였다. 이와 같이 영적 역사에는 위험성이 따르게 마련인데, 그래서 초대교회 시대는 끊임없는 영적 긴장이 요구되던 시대이기도 했다. 구더기가 무섭다고 장 안 담그랴!
3. 말씀이 곧 텍스트만을 의미하지는 않을 것이다. 예수 그리스도께서 살아 계신 말씀이라면 그분이 사신 삶과 하신 모든 가르침은 말씀의 범주에 포함되는 것으로 받아들이는 것이 옳다. 경험하지 않고 판단하는 것은 공정하지 못하다고 본다.

경건 생활의 습관화

매일 말씀 묵상하기, 매일 하나님의 음성 듣기, 매일 중보 기도하기는 신앙생활의 기본적 토대로서 이것이 없이는 아무리 큰 사역을 하고 아무리 많은 공부를 한다 해도 하나님 앞에 아무 공로 없게 될 것이다. 정말 중요한 것은 프로그램이나 커리큘럼보다는 경건 생활의 습관화일지도 모른다. 그러므로 이는 모름지기 믿는 자라면 반드시 실천해야 할 일이다.

커리큘럼의 내용

경건생활		사역훈련		비고
성경연구	독서와 기독교인문학	기초신학	치유와 회복	

일반 과정
자신의 신앙 상태를 점검하고 내면의 성찰과 치유 및 성격 변화에 초점을 맞춘다.

학기	성경연구	독서와 기독교인문학	기초신학	치유와 회복	비고
1학기	복음서 1	독서 과제	하나님 나라에 대하여 1	오리엔테이션	매일 말씀 묵상과 묵상노트 기록 및 하나님의 음성 듣기
	복음서 2	기독교인문학	하나님 나라에 대하여 2	컬러테라피 1	
	복음서 3	독서 과제	하나님 나라에 대하여 3	컬러테라피 2	
	복음서 4	기독교인문학	하나님 나라에 대하여 4	구조화 집단상담	중보기도와 기도수첩 작성 그리고 생활선교 실천
	복음서 5	독서 과제	예수님의 공생애 1	구조화 집단상담	
	복음서 6	기독교인문학	예수님의 공생애 2	도형 상담 1	
	복음서 7	독서 과제	예수님의 공생애 3	도형 상담 2	찬양·기도 및 치유와 축사·축복 연습
	복음서 8	기독교인문학	예수님의 공생애 4	구조화 집단상담	
	복음서 9	독서 과제	바울의 전도 여행 1	구조화 집단상담	
	복음서 10	기독교인문학	바울의 전도 여행 2	에니어그램 1	
	행 1~6장	독서 과제	바울의 전도 여행 3	에니어그램 2	성령 체험 및 은사의 기름 부으심과 임파테이션 실습
	행 7~12장	기독교인문학	바울의 전도 여행 4	에니어그램 3	
	행 13~18장	독서 과제	종말론 1	에니어그램 4	
	행 19~23장	기독교인문학	종말론 2	에니어그램 5	
	행 24~28장	독서 과제	종말론 3	에니어그램 6	
	계 1~5장	기독교인문학	종말론 4	구조화 집단상담	대체의학과 기초 해부학에 대한 지식 습득
	계 6~10장	독서 과제	기독교인의 재정 원칙 1	구조화 집단상담	
	계 11~14장	기독교인문학	기독교인의 재정 원칙 2	구조화 집단상담	
	계 15~18장	독서 과제	기독교인의 재정 원칙 3	구조화 집단상담	
	계 19~22장	기독교인문학	종합 정리		외적 은사와 내적 열매의 조화와 균형을 추구
MT					
2학기	롬 1~5장	독서 과제	신학 서론	오리엔테이션	
	롬 6~10장	기독교인문학	신론	MBTI 1	
	롬 11~16장	독서 과제	삼위일체론	MBTI 2	상황과 조건에 따라 다음과 같은 과정을 병행할 수 있음
	고전 1~5장	기독교인문학	인간론	MBTI 3	
	고전 6~10장	독서 과제	죄론	MBTI 4	
	고전 11~16장	기독교인문학	기독론 1	구조화 집단상담	
	고후 1~6장	독서 과제	기독론 2	구조화 집단상담	일천번제 감사예배 및 소원기도 → 기도 응답
	고후 7~13장	기독교인문학	기독론 3	구조화 집단상담	
	갈 1~6장	독서 과제	구원론	구조화 집단상담	
	엡 1~6장	기독교인문학	성령론 1	에고그램 1	
	빌 1~4장	독서 과제	성령론 2	에고그램 2	
	골 1~4장	기독교인문학	교회론	에고그램 3	
	살전 1~5장, 살후 1~3장	독서 과제	귀신론	구조화 집단상담	

2학기	딤전 1~6장, 딤후 1~4장	기독교인문학	구속사 1		구조화 집단상담	그리스도인의 재정 원칙(펀드레이징에 대한 이해 포함) 준수→재정 문제 해결 영어회화 마스터하기 위십·드라마 실습 그림을 통한 성경 장제목 암기(소선지서·시가서) 및 핵심 구절 암송 워드프로세서·파워포인트·엑셀·사진(포토샵)·동영상(프리미어) 배우기 원하는 사람에 한해 악기(기타·색소폰·하모니카·오카리나·드럼 등 택 1) 익히기
	딛 1~3장, 몬 1장	독서 과제	구속사 2		구조화 집단상담	
	히 1~6장	기독교인문학	언약신학		성격변화훈련 워크샵 1	
	히 7~13장	독서 과제	이단		성격변화훈련 워크샵 2	
	약 1~5장	기독교인문학	영지주의		성격변화훈련 워크샵 3	
	벧전 1~5장, 벧후 1~3장	독서 과제	가톨릭		성격변화훈련 워크샵 4	
	요일, 요이, 요삼, 유	기독교인문학	종합 정리			
MT						
심화 과정						
자신의 신앙 수준을 개선하고 부부 관계, 가족 관계, 대인 관계 등 관계의 변화를 도모하며 그에 필요한 스킬을 배운다.						
3학기	창 1~10장	독서 과제	성경신학		오리엔테이션	
	창 11~20장	기독교인문학	성경 지리 1		듣기 훈련 1	
	창 21~30장	독서 과제	성경 지리 2		듣기 훈련 2	
	창 31~40장	기독교인문학	구약의 역사 1		듣기 훈련 3	
	창 41~50장	독서 과제	구약의 역사 2		듣기 훈련 4	
	출 1~10장	기독교인문학	구약의 이방 종교		비구조화 집단상담	
	출 11~20장	독서 과제	구약의 이방 민족		비구조화 집단상담	
	출 21~30장	기독교인문학	절기와 제사법 1		비구조화 집단상담	
	출 31~40장	독서 과제	절기와 제사법 2		비구조화 집단상담	
	레 1~9장	기독교인문학	신구약 중간사		말하기 훈련 1	
	레 10~18장	독서 과제	성경 시대의 생활 풍습		말하기 훈련 2	
	레 19~27장	기독교인문학	성경 시대의 생활 풍습		말하기 훈련 3	
	민 1~9장	독서 과제	열두 제자 1		비구조화 집단상담	
	민 10~18장	기독교인문학	열두 제자 2		비구조화 집단상담	
	민 19~27장	독서 과제	하나님 나라의 세계사 1		비구조화 집단상담	
	민 28~36장	기독교인문학	하나님 나라의 세계사 2		의사소통훈련 워크샵 1	
	신 1~9장	독서 과제	이슬람 1		의사소통훈련 워크샵 2	
	신 10~18장	기독교인문학	이슬람 2		의사소통훈련 워크샵 3	
	신 19~26장	독서 과제	힌두교		의사소통훈련 워크샵 4	
	신 27~34장	기독교인문학	종합 정리			
MT						
4학기	수 1~12장	독서 과제	교회사 소개		오리엔테이션	
	수 13~24장	기독교인문학	초대교회사 1		미술치료 1	
	삿 1~10장	독서 과제	초대교회사 2		미술치료 2	
	삿 11~21장	기독교인문학	초대교회사 3		미술치료 3	
	삼상 1~10장	독서 과제	중세교회사 1		미술치료 4	
	삼상 11~20장	기독교인문학	중세교회사 2		비구조화 집단상담	
	삼상 21~31장	독서 과제	중세교회사 3		비구조화 집단상담	

	삼하 1~12장	기독교인문학	중세교회사 4	비구조화 집단상담	
	삼하 13~24장	독서 과제	중세교회사 5	독서치료 1	
	왕상 1~11장	기독교인문학	종교개혁사 1	독서치료 2	
	왕상 12~22장	독서 과제	종교개혁사 2	독서치료 3	
	왕하 1~13장	기독교인문학	종교개혁사 3	독서치료 4	
	대상 1~15장	독서 과제	근·현대교회사 1	비구조화 집단상담	
	왕하 14~25장	기독교인문학	근·현대교회사 2	비구조화 집단상담	
	왕하 14~25장	독서 과제	근·현대교회사 3	비구조화 집단상담	
	왕하 14~25장	기독교인문학	한국 교회사 1	은사발견 및 개발 워크샵 1	
	왕하 14~25장	독서 과제	한국 교회사 2	은사발견 및 개발 워크샵 2	
	왕하 14~25장	기독교인문학	한국 교회사 3	은사발견 및 개발 워크샵 3	
	왕하 14~25장	독서 과제	한국 교회사 4	은사발견 및 개발 워크샵 4	
	왕하 14~25장	기독교인문학	종합 정리		
MT					
			지도자 과정		
자신의 문제와 관계의 문제를 넘어서 사역에 무게 중심을 두며 특히 믿음의 실천과 함께 경건 생활을 습관화하여 성령과 동행하는 삶을 확립한다.					
5 학기	룻 1~4장	독서 과제	기독교 세계관 1	오리엔테이션	
	에 1~10장	기독교인문학	기독교 세계관 1	MBTI 1	
	사 1~10장	독서 과제	기독교 세계관 1	MBTI 2	
	사 11~20장	기독교인문학	기독교 세계관 1	MBTI 3	
	사 21~30장	독서 과제	기독교 세계관 1	MBTI 4	
	사 31~39장	기독교인문학	기독교 세계관 1	자기분석 워크샵 1	
	사 40~48장	독서 과제	기독교 세계관 1	자기분석 워크샵 1	
	사 49~57장	기독교인문학	기독교 세계관 1	자기분석 워크샵 1	
	사 58~66장	독서 과제	기독교 세계관 1	자기분석 워크샵 1	
	렘 1~10장	기독교인문학	기독교 세계관 1	자기분석 워크샵 1	
	렘 11~20장	독서 과제	기독교 철학	자기분석 워크샵 1	
	렘 21~30장	기독교인문학	기독교 철학	비구조화 집단상담	
	렘 31~41장	독서 과제	기독교 철학	비구조화 집단상담	
	렘 42~52장	기독교인문학	기독교 변증	비구조화 집단상담	
	애가 1~5장	독서 과제	기독교 변증	비구조화 집단상담	
	겔 1~12장	기독교인문학	기독교 변증	비구조화 집단상담	
	겔 13~24장	독서 과제	뉴 에이지	비구조화 집단상담	
	겔 25~36장	기독교인문학	뉴 에이지	비구조화 집단상담	
	겔 37~48장	독서 과제	뉴 에이지	비구조화 집단상담	
	단 1~12장	기독교인문학	종합 정리		
MT					
	호 1~7장	독서 과제	영적 전투 실습 및 선교 비전 세우기	오리엔테이션	
	호 8~14장	기독교인문학		비전확립 워크샵 1	

6학기	암 1~9장	독서 과제		비전확립 워크샵 2	
	욜, 옵, 욘	기독교인문학		비전확립 워크샵 3	
	미 1~7장	독서 과제		비전확립 워크샵 4	
	나, 합, 습	기독교인문학		비전확립 워크샵 5	
	학, 슥 1~7장	독서 과제		비전확립 워크샵 6	
	슥 8~14장	기독교인문학		집단상담 리딩훈련 1	
	말 1~4장	독서 과제		집단상담 리딩훈련 1	
	아 1~8장	기독교인문학		집단상담 리딩훈련 1	
	잠 1	독서 과제		집단상담 리딩훈련 1	
	잠 2	기독교인문학		집단상담 리딩훈련 1	
	전 1	독서 과제		집단상담 리딩훈련 1	
	전 2	기독교인문학		집단상담 리딩훈련 1	
	욥 1	독서 과제		집단상담 리딩훈련 1	
	욥 2	기독교인문학	성령치유 세미나 1		
	시 1	독서 과제	성령치유 세미나 2		
	시 2	기독교인문학	성령치유 세미나 3		
	시 3	독서 과제	성령치유 세미나 4		
	시 4	기독교인문학	종합 정리		
MT					

1. 커리큘럼의 내용은 상황에 따라 바뀔 수 있습니다.
2. 독서 목록은 절판된 도서일 경우 다른 책으로 대체될 수 있습니다.
3. 훈련 진행 방식은 때에 따라 자유롭게 적용합니다. 예를 들어 어떤 날은 나눔 위주로, 어떤 날은 실습 위주로, 또 어떤 날은 강의 중심으로 진행됩니다.
4. 훈련 과정은 각 단계마다 개별적으로 등록할 수 있습니다. 예를 들어 1단계 수료 후 1년 쉬고 2단계로 들어올 수 있습니다. 그러나 1단계부터 3단계까지 연속으로 훈련받는 것이 효과를 극대화할 수 있습니다.
5. 과정을 다 마치면 수료증이 발급되며 본 학교를 통하여 새로운 사역의 문을 열어 갈 수 있도록 후원하겠습니다.
6. 수료 후 이 과정을 본 학교 밖에서 행하기 원하시는 분은 동역자로 인정하며 할 수 있는 모든 지원을 해 드립니다. 단, 몇 가지 조건이 충족되어야 합니다.
- 본 훈련을 통하여 신앙, 인성, 자세 등에 문제가 없음이 검증되어야 합니다.
- 신학을 전공하신 분은 별도의 상담 훈련을 받으셔야 합니다. (외부 기관 단기 위탁 교육, 경비는 본인 부담)
- 상담을 전공하신 분은 별도의 신학 시험을 통과해야 합니다. (리포트, 구술 및 논술 시험, 성경고사 등)
7. 본 훈련 과정은 추후에 평생교육원 인가를 통하여 대학 학점으로 인정될 수 있도록 추진할 계획으로 있습니다.
8. 교회와 선교지를 위한 1년 커리큘럼은 추후에 제시될 것입니다. 단, 상담 관련 프로그램은 각 부문별로 지금 사용이 가능합니다.
9. 본 학교의 사역에 동감하여 참여하기 원하시는 분은 따로 말씀해 주시기 바랍니다. 특히 함께 연구하고 교안을 만드는 데 동참해 주시기 바랍니다.

기독교인문학으로
기독교 다시 읽기